六合叢書

清初之遗民与贰臣

谢正光

上海文艺出版社

目 录

小引　　001

遗民与贰臣交游小考三则　　004
清初贰臣曹溶及其"遗民门客"　　020
读万寿祺《野果山禽图轴》
——兼论清初钱谦益朱彝尊于江浙之交游　　073
罗振玉《万年少先生年谱》考论　　101
顾炎武与清初两降臣交游考论　　129
就《秋柳》诗之唱和考论顾炎武与王士禛之交谊　　150
从明遗民史家对崇祯帝的评价看清初对君权的态度　　181
钱牧斋之酒缘与仙佛缘　　200
读方文《嵞山集》
——清初桐城方氏行实小议　　251
楚云：余怀《三吴游览志》解读示例　　304

小 引

本书文字所用之文献,多取自清初别集;铺叙论述,大皆围绕当时之遗民与贰臣间之交游。兹辑成集,用便就正于海内外之方家。

忆余三十年前访书沪上,于范祥雍先生斋头得见曹溶(秋岳、倦圃,1613—1685)《静惕堂诗集》(雍正三年刊本)。曹秋岳于顺、康间,以朱明之旧臣,累膺地方大吏,南起百越,西北至云中,名列《贰臣传》。《静惕堂诗集》乃余久欲得读之书。当日蒙范先生允假归客舍,穷旬日之力,翻读曹集,然后知秋岳于康熙改元至二十四年(1662—1685)之二十余载间,先后有酬赠顾炎武(宁人、亭林,1613—1682)诗作凡九题十一首。其中《答顾宁人》及《得宁人书寄汉唐碑刻至》两题,明言亭林曾有诗歌及书札赠秋岳。然检亭林诗文,乃无片语只字及秋岳。盖相关篇章,为亭林晚年所删,或身后为弟子潘耒移诸集外,可以知矣!

嗣后细读亭林诗文,又知秋岳之外,亭林曾与程先贞(正夫,1607—1673)及史可程(赤豹,崇祯十六年[1643]进士)往来密切。程、史二人亦朱明之遗臣，先降李闯，后复投清，旋于顺治二年乙酉（1645），随多尔衮（1612—1650）南下，为清师招降南明朝廷之钱谦益（1582—1664），又招史可法（1612—1645）未成。其中正夫乞归后，犹以北谒赐蟒腰玉带为荣，失身堕行，廉耻复丧。其人实较曹秋岳更可议！而亭林诗文集中有关程先贞诗共五首，另文《程正夫诗序》一篇。[1] 及程氏之卒，亭林悼诗至有"交情多愧郅君章"之叹。被视为亭林诗权威之"二王"先生，蘧常直指此事为"不可解者"[2]；冀民则认为亭林"律己虽方严不苟，取人则不宜故立厓岸"，况"夷清惠和，各有其志乎"，三复斯义，为亭林辩解，用心亦良苦矣。[3]

二王先生，一疑一辩，细究其因，渊源有自。忠明之遗民与仕清之贰臣之间，界线分明，水火不相容，汉贼不两立，自清初以来，此论调在朝在野，早有共识。史家为清初士人立传，忠明者得入《遗民》《殷顽》之录，仕清者则列《贰臣》《从周》之传。非黑即白，清楚明了。凡此皆世所熟知。

然遗民与贰臣之往还，乃清初一普遍之现象，殊非个别之例证可以概括。即以曹秋岳而言，亭林而外，学有专精之遗民，如傅山（青主，1607—1684）、黄宗羲（太冲，1610—1695）、朱彝尊（锡鬯，1629—1709）、李因笃（天生，1631—1692），秋岳皆尝分别与之通款论交。他如以遗民自居之文士，包括伍瑞隆（铁山，1585—1668）、万泰（履安，1598—1657）、朱鹤龄（长

---

1 王冀民：《顾亭林诗笺释》（北京：中华书局，1998），页670、674。
2 王蘧常：《顾亭林诗集汇注》（上海：上海古籍出版社，1983），页906。
3 《顾亭林诗笺释》，页675。

孺，1606—1683）、张穆（铁桥，1607—1683）、王弘撰（山史，1622—1702）、俞汝言（1614—1679）等，或乐与之诗酒唱酬，甚或曾作秋岳之门客。彼此之情谊，皆多有足述者焉。而尝与亭林论交之贰臣，则尚有沈荃（1624—1684）、孙承泽（1592—1676）、梁清标（1620—1691）等。

再观秋岳之贰臣挚友龚鼎孳（孝升、芝麓，1616—1673）及周亮工（元亮、减斋，1612—1672），亦皆好与遗民往还，芝麓结纳之纪映钟（伯紫，1609—1680）、杜濬（于皇、茶村，1610—1680）、顾景星（赤方，1621—1687）、陈维崧（其年，1625—1682）、邓汉仪（孝威，1617—1689），元亮所与论交之万寿祺（年少，1603—1652）、吴嘉纪（野人，1618—1684）、汪楫（舟次，1626—1689）、余怀（澹心，1616—1696），俱名重一方之遗民。[1]

本书所收各篇，尝试考述所涉遗民与贰臣间之社会关系、治学方向、伦常日用、性情志趣等，推求所处之境，论交之由。自念所得无多，不敢仓促定稿。惟以近年读书方向有所转移，复承友好敦促，勉为成集。因述昔年求学之世缘，以为此集之小引，兼志岁月云尔。

2017年12月22日于北美兰亭渡之渐舍

---

[1] 上举诸例，参见本书有关文字。

遗民与贰臣交游小考三则

程邃与曹溶

罗振玉《万年少先生年谱》崇祯十二年己卯（1639）三十七岁条有云：

> 秋，至南京。八月九日与姜如须垓、钱开少邦芑、程穆倩邃夜宴联句。先生作《建业联句诗序》。
> [罗氏]案：先生与穆倩先生往还至密。穆倩从蕺山讲学，非仅以艺事显者。曹秋岳作长歌赠之，颇言其海桑之痛，而事实不可知。予意亦必与于义师之役者。先生诸友中，若邬处士继思、胡处士介，均必与义师事。惜其事实不可知矣。程、胡名颇显，若邬处士则仅见名姓于先生集及亭林先生赠诗而已。呜呼！当有明末季，士之抱介节而行义不传于当时者多矣。安得一一钩稽而表章之乎？

案语称年少与程穆倩邃（1607—1693）往还至密，甚是。

二人唱酬频繁，年少《诗集》及程穆倩《萧然吟》具在，不赘。

然罗氏据曹溶（洁躬、秋岳，1613—1685）赠穆倩长歌而称穆倩"从蕺山讲学"，则与事实不符。考曹氏长歌见《静惕堂诗集》卷十三，凡三百五十言。开篇第二韵即云"漳浦清江两夫子，姓名独与烟霜寒"。明言穆倩师从福建漳浦黄道周及江西清江杨廷麟。杨即吴梅村诗中之"临江参军"。《梅村诗话》且记杨氏死难事颇详。

穆倩师从黄、杨事，汪丈世清《程邃年谱》载之详矣。谱中顺治三年丙戌（1646）四十岁条：

> 是年黄道周卒，年六十二；杨廷麟卒，年四十九。程邃于明季从黄道周与杨廷麟，深得二人之器重，故知己之感每见于吟咏。（下略）其后于《将无同歌》中备述与黄、杨之交谊，而于二人之殉节犹特书之云："清江按波殉日月，漳浦绝命亦朝腊。俱膺浩气俱归尽，定论悠悠征讻讻。"以舒不平之气。张恂为程邃诗作序，谓程邃之"纵谈今昔，意未尝不在漳浦、清江也"。亦可见程邃于黄、杨之眷恋殊深矣。

钱谦益《题程穆倩卷》一文亦大有感于张恂之序，可为"漳浦清江两夫子"添一佐证：

> 读稚恭先生赠穆倩序，倾倒于穆倩至矣！稚恭之文，三叹于漳海、清江，颇以其不能荐樽穆倩为惜。余于二君

礼先一饭，不以我老耄而舍我。清江自监军还，访余山中，余赠诗有"梅花树下解征衣"之句。漳海毕命日，犹语所知"虞山不死，国史未死也"。嗟乎！吾党心期蕴藉，良有托寄。向令得操化权，运帝车，海内投竿舍筑，讵止一穆倩？今日者驾鹅高飞，石马流汗，穆倩既于旅人栖栖，稚恭亦有客信信。诗有之："谁能秉国成，不自为正，大命以倾"，岂不痛哉！世之有心人，读稚恭斯文，而有感于漳海、清江用舍存亡之故，爰止之悼、百身之悲，盖将交作互发，而稚恭之赠穆倩者，为不徒矣。（下略）（《有学集》卷四十七）

汪丈《程邃年谱》又记康熙七年（1668）六十二岁：秋，曹溶来扬，有长歌之赠。继云：

《赠程穆倩》七古一首中有句云："秋来值我邗关下，绿发依然垂两耳。问年六十余二三，摇笔放言咍不止。"

是载穆倩六十二岁，秋岳五十六岁。

《程邃年谱》所引二韵后，有"予也清江门下士"句，知程、曹二人于晚明皆游于清江之门。秋岳晚年《与程穆倩》札又重提二人同门之谊云：

此身业付之车尘，须留意当世者耳提之，而骤不可以合并。先生不忘清江夫子者，其肯遗弃弟度外欤？（《倦圃

尺牍》卷下，页22上）

扬州之会后十四载，程、曹重晤于南京。《静惕堂诗集》卷二十五《过穆倩小饮二首》其一开篇云："君为秦淮客，重为客洗樽。"其二则有"晚年思数见，况乃各菰芦"。越年正月四日，秋岳招穆倩、杜濬、王安节、孙枝蔚饮于其南京寓斋。孙有诗云：

> 白发萧然坐旧京，纷纷拜节趁天晴。鹫峰寺里僧皆出，桃叶津头草木生。客喜吟诗逢子建，吾知爱酒为公荣。请看六朝繁华地，无数寒鸦古树鸣。（《程邃年谱》康熙二十二年条）

秋岳身事两朝，当日招集遗民故旧于其旧京斋中。主客之共同嗜好，惟诗酒而已。孙氏诗中"客喜吟诗逢子建，吾知爱酒为公荣"一联，以曹子建比喻秋岳。

前引《倦圃尺牍》中收有《与程穆倩》第二札，应作于旧京之会后。时方值穆倩有丧子之痛，秋岳专函为排解止哀。至情文字，皆宜广为流传：

> 长干一月之留，绝无佳事。黄伯老述令子之戚，惊怛久之。前在扬时，知先生钟爱最深，一旦失去，能无痛切？然暮年心事，独于伤感不宜。七情所伤，非修炼药石所能补。先生学道人，洞察因缘去来之理，既无益于死者，

便须自爱其身。天壤间多不朽事，硕果不食，责在伟人。幸善排解。弟丁巳年丧一善读书之子。居家不乐，郁郁成病。今年出游，亦借此以自宽，神气稍稍复旧。身所历者，敬为知己道之。老友苦言，当不深拒。拳切，拳切。(《倦圃尺牍》卷下，页50上、下)

曹溶死于康熙二十四年（1685）。越八载，程邃亦卒。

程穆倩生平所结交之贰臣，尚有龚鼎孳与周亮工，皆见汪先生所撰《程邃年谱》。顺治七年庚寅（1650）四十四岁条，引龚鼎孳《定山堂诗集》卷二十《邗江春夜园次招同定九穆倩集玉琴斋限韵》题，考定程、龚见面在扬州。顺治十八年辛丑（1661）五十五岁条，引《赖古堂集》卷十四吴嘉纪《陋轩诗序》、卷十《同许天玉程穆倩集许力臣师六宿影亭即席分得枫字》，考得穆倩与周亮工聚饮亦在扬州。

顺治十八年扬州之会，亮工尚有《维扬人日同稚恭穆倩集友沂桐楼即席分得晴字》及《平山堂留别稚恭友沂穆倩》五律二首，俱见《赖古堂集》卷十。两题《年谱》失载。

诗中所及稚恭，名张恂，一字壶山。陕西泾阳人，寓居扬州。崇祯十六年（1643）进士。有《樵山堂诗集》。年少有《送王于一广陵兼呈张大稚恭》诗。友沂，名赵而忭。长沙人。父开心，字洞门。甲申后，父子侨居扬州，所居曰桐楼。详《程邃年谱》顺治十五年（1658）条。

忆余尝撰《清初贰臣曹溶及其遗民门客》一文，考述秋岳当年开府岭南与云中，先后网罗遗民近二十人于其幕府，程穆倩亦列名其中。不意近日因读罗振玉《万年少先生年谱》，乃得重新检视穆倩之生平，距先前之作，几二十载矣。世变无常之中，乃有前缘未了如此者，岂天意也哉？

又：前文引《罗谱》案语中尚有年少"诸友中，若邬处士继思、胡处士介，均必与义师事。惜其事实不可知矣。程、胡名颇显，若邬处士则仅见名姓于先生集及亭林先生赠诗而已"等语。其称邬继思仅见名姓于年少集及顾亭林赠诗，立说未免匆遽。盖就予所见，即至少另有二家。

考邬继思字沂公，徐州谷阳人。曾畹《曾庭闻诗》卷三《怀邬沂公》，颇可见沂公平生：

> 黄石祠边客，丹徒老布衣。转粮淮甸去，采药腊前归（自注：邬精岐黄之术）。几夜梅花发，沿江柿叶稀。山阳横铁笛，长啸复何依。

曾畹（楚田，初名传灯、庭闻，1621—1677），江西宁都人。《罗谱》附录收庭闻《题万年伯年少隩西草堂》，当过录自《曾庭闻诗》卷四《题万年少年伯隩西草堂》。

> 歌风台下夜乌啼，郁郁山庄古木齐。半亩桑田人去住，一湖春水屋东西。星临丰沛瞻龙虎，地接青徐杂鼓鼙。独把渔竿凭自钓，门前草色正萋萋。（首句有自注"堂在清江浦"等字，为《罗谱》删去。）

庭闻称年少为"年伯",离江南入秦,年少有《重过京口旧邸有怀钱大兼送曾一入关》诗(见《隰西草堂诗集》卷四)。二人关系似不寻常。

其次,桐城方文(尔止、明农,1612—1669)与沂公交亦笃。《嵞山集》收有与沂公唱酬三题。今为过录,以见彼此交情与襟怀。

卷七《京口访邹沂公感旧》,系顺治三年丙戌(1646):

> 昨岁论交江上村,樱花不离戴公园。月明荒草王孙醉,风起黄沙天地昏。一去湖山甘采药,重来京口暗销魂。独怜肘后方书在,我欲从君隐市门。

同卷又同年所撰《润州将归与邹沂公秦臣溥钱驭少别宿陈尊巳楼头》:

> 晨风倦羽欲归巢,最是难忘尔汝交。寂寞城中寻旧馆,徘徊林下致行庖。四山风雨不能去,一夜琴尊谁忍抛。明发片帆天际远,知君延首立江郊。

明年丁亥又有《卖卜润州邹沂公谈长益潘江如钱驭少玉汝秦臣溥李仙木各有诗见赠赋此答之》:

> 江市聊为贸卜行,敢言踪迹类君平。所求升斗供饘粥,不向侏儒说姓名。四海同人惟道合,一生得意是诗成。何

当日暮垂帘后，共奏商歌金石声。

然则沂公能诗，可无疑矣。惜无集行世。清初选本亦不见收。偶翻近人何耀光《至乐楼书画录》，见有沂公题万寿祺《南涧三图》古风一首，弥足珍贵：

宿禀林泽性，兼爱在诗书。视听畏羯浊，遂与世事疏。考盘南涧滨，可以树吾庐。数椽覆茅茨，动止咸晏如。墙头过村醅，老农与之俱。谈宴日已夕，稚子回柴车。□木渐以森，众鸟日以娱。好风扇良苗，默然忻自舒。躬耕不云疲，精神恒有余。洵此乃真乐，始悟荣名虚。我有招隐山，从兹赋归欤。

姜垓与曹溶

《静惕堂诗集》卷十五《同龚芝麓姜如须张尔唯姜酒民集曼寓即席分赋》：

燕阙星初动，秋庭客易招。凤毛酬贾至，凫影恋王乔（自注：龚以蕲水令入都候考）。珠斗题行遍，关河梦不摇。宴游吾党事，车骑暮萧萧。

读姜垓《浏览堂残稿》卷一《庚寅五月承闻桂岭消息仿同谷七歌并怀同年友方大在平乐府七首》第一首，知龚芝麓以蕲水令入都候考，在崇祯十四年（1641）。

明亡后，曹溶寄寓吴门。顺治八年（1651）迁返秀水故里时，有《申青门招价人圣野如须饮洛如堂有作予以还里不及赴追和一首》，有及与姜垓如须饮宴事：

> 上德乐幽处，尘世寡所务。散心陵泽间，均谢弋人慕。绎雅首和平，筮乾玩贞固。伊维苦寒月，适与赏衷遇。繁圃秀枯荑，潜池狎文鹭。折俎列宾阶，岂以弭兵故。息氛多佚晷，期欢失终怖。殊邦联胜邻，秉艺衍嘉祚。浮湛迹有寄，酬献礼无忤。屡燃庭下薪，欲落云中兔。何虞樗陋姿，盛沐长者顾。伏居穷海湄，轮辔不得具。后时淹水陆，追游眛烟雾。赖闻遗韵清，愿赎授简暮。向日亮微躬，临渚涤澄度。蓬枝当挺生，流性必东赴。回瞻乡社余，宿莽在修路。触景怨年移，近俗恐名仆。古道密交持，至巧鲜自悟。亲故嗣瑶音，冀足慰形寓。（《静惕堂诗集》卷三）

《静惕堂诗集》卷十《对酒行严氏山楼同如须作》，纪二人对饮：

> 日光穿溜山峰出，久晴不雨终难必。褐衣蒸湿厌频浣，连旬闭户春毕毕。落拓萍踪俗尽疑，开怀放意无良术。何期云散复星移，与君海内为胶漆。侨寓正逐三吴滨，藜床土釜贫尤密。隔城数武物候殊，乘闲相访休相失。方塘新水碧于染，轻舠欲似追风质。击鲜买酒荷地主，瓦瓶杂坐

爱真率。虎丘僧舍茶始芽，为我采致美无匹。且贪一饱对
齟齬，随他百事同虮虱。愁人故态那禁得，洗盏凄其翻促
膝。曾是丁年奉使臣，金鱼铁豸陪行跸。忤奸直谏熊与姜
（自注：楚中鱼山司副，莱阳姜如农给事），比肩论事最亲昵。
朝堂盘踞多钜公，鄙躯未肯供呵叱。入殿虽稀雨露恩，当
时颇畏风霜笔。宁解反复存一身，蓬头垢袜不自恤。草间
含涕觅妻子，手除溲渤安家室。凿蹄骄马嘶动地，血暗诸
营吹觱口。塞河只见刍粮船，沿江悉置三边卒。不先不后
太充斥，仰天此理焉能诘。偃然食肉还赋诗，甚愧人呼林
下逸。锦帆泾口□迁居，更拟深村种粳秫。不尔浮沉廛市
中，伴狂窃恐时贤嫉。返照檐前催暝色，苦语沾唇闻清瑟。
座上谁无忆旧情，饮罢微闻声唧唧。

当作于顺治初二人同寓苏州之时。诗中"侨寓正逐三吴滨"、
"虎丘僧舍茶始芽，为我采致美无匹"等句，足证。

姜垓《集外诗》有《对酒行同秋岳》：

今晨雨歇天气新，花墅酒楼逢故人。尘垢扑面力疲钝，
江湖落拓情最真。莺啼燕语春风好，眼底兴废伤怀抱。城
中朱门百万家，慎勿当筵惜醉饱。九州疮痍杀气翳，何况
他乡易速老。割脍荐醪主太切，欲谐客欢神志竭。朋友胶
漆无处无，推心结纳即人杰。时危那能快意游，日暝尚苦
趁船别。西风觱篥并马骄，供给渔夺势愁绝。江南早传庾
信赋，河梁未缴苏卿节。往昔出入黄金台，曹龚比肩皆茂

才。皖桐方大善许与,袖中半字惊风雷。使星直庐故散秩,并马赋诗朝罢回。十月承旨诣天寿,上陵寝殿祠官开。灵衣一举色惨怆,霜露长体皇心哀。此时我行各执事,西山爽气盈蓬莱。草凋骍骍分宜瘦,国危贤哲须自疚。末期朝议最纷纷,兄弟击奸计不就。黄门北寺血染裾,御史中丞疏特救。男儿束缚且倔强,排解涤荡相先后。塌翼一逐甘愚蒙,贼氛昼卷葡萄宫。公等流涕仰乘舆,我亦丧家羁江东。道旁躯命值粪壤,城下枯树藏蛟龙。人生宠辱安可料,忧多蒙蔽成英雄。与君对酒莫啾唧,一息尚存应努力。

《如须招同芝麓颖侯赤方即席限韵二首》:

四海人龙岂易攀,出逢兵革度江关。平郊石濑停轻舸,长笛悲节满故山。漫有客心愁岁暮,能忘国事仅生还。眼中京洛交游在,酒盏逡巡润玉颜。

明星欲出烂生光,急鼓繁筝列两行。宴客关河悲永夜,临流凫雁发中塘。东山黯黯风尘阻,南国冥冥岁月荒。胜会即看终绮席,城隅别路有清霜。

《静惕堂诗集》有《辛卯冬日自吴郡移还故里文公以诗见赠率尔奉答兼感往事二十二首》其十六:

姜君多雅调,叶子辱同盟。索处从兹始,高怀对孰倾。

坐猥津驿晚,过雁荻洲横。好订扁舟约,春波烂熳行。(自注:姜名垓,莱阳人,寓吴。叶名襄,吴人。)

组诗咏羁吴五载之所交,第九首亦堪玩味:

五亩湖南宅,初辞骏马尘。醉携胥岭月,静见越江春。稚子骑梨栗,家祠足藻苹。自令轩冕异,踪迹共遗民。

夫曹秋岳以前明故臣降附新朝,旋遭贬官,移居吴门五载,乃自况其踪迹与遗民无异。则当时之一出一处,似与朋友间已建立之情谊无关,纯为个人之抉择。观秋岳舍苏州之遗民挚友如叶圣野、姜如须等人而就新朝官爵,思过半矣。

台北"中央研究院"史语所藏曹秋岳《倦圃尺牍》卷下收《与姜奉世》札一通;奉世,如须孤子寓节之字也。札云:

拜教稍迟,尊公大疏,遂不得入进呈书内。然此书将传信后世,即图刊刻,与历代名臣奏议并垂,已弁冕拙选之中。秘之石渠,尤不若市之海内也。十七年遗事,逐渐消沉。虽极力网罗,尤多挂漏之惧。年兄箧中收藏不少,尚思造请,用广见闻。青老迫行,草草不备。

札首"尊公大疏",盖指如须于崇祯十六年(1643)三月,上奏详言其父泻里及弟等二十余人被清兵杀戮于莱阳一疏。疏中如须请以身代其兄牢狱之刑,俾如农得归里葬父。原疏收入《姜垓文录》。

至札中所云"十七年遗事,逐渐消沉",指崇祯一朝事。秋岳有志修朱明一代之史。其《寄顾宁人都下》收篇"亭成野史空留约,军幕无心倒浊醪"句,明以金源史自期之元好问自况矣。

万寿祺与钱位坤

罗振玉《万年少先生年谱》顺治八年辛卯(1651)四十九岁条:春,至姑熟。为唐髯孙念祖图其祖君平先生象,并为之赞。是岁昆山顾宁人处士炎武过淮上,至草堂赋诗以赠。

谱但言姑熟,而不及其他,知雪堂先生当年未得读年少第二通《致岳父》书(收入《香书轩秘藏名人书翰》,浙江古籍出版社,2005)。今举其中相关者笺释之。

书开篇云:"一扰百余日,承岳父抚慰庇护备至,解维北上,不任瞻恋。"书末则云:"闻北行途中甚平安可行,岳父母放心,不须垂虑。"知姑熟之行,寄居岳家三阅月有几。书则作于船启航北返之翌日。

书又云:"昨在大鹤家,遂失候临。"大鹤,钱位坤也。钱字与立,常熟人。复社成员。崇祯三年(1630)与年少同科举人。四年(1631)进士,钱与立题年少自写小照,已见崇祯三年(1630)条。

吴梅村为钱与立乡、会试同年,且为儿女姻亲。梅村集中遂有不少有关钱之文字。《祭钱大鹤文》开篇即云:"哀哀与立,竟死请何?匪姻之故,涕泪如沱。"结篇又云:"我女虽幼,君男则慧。"皆钱吴二人结姻亲之明证。考梅村有女九人，原配郁氏所出仲女（1637—1660），嫁海宁陈之遴长子容永，其事最广为人知。据新修梅村年谱顺治二年（1646）条引梅村《避乱》其二："预将襁褓寄，忍使道路捐"，知梅村另一女生于甲申、乙酉之间。不知为继室抑副室所出。梅村《课女》诗云：

渐长怜渠易，将衰觉子难。晚来灯下立，携就月中看。弱喜从师慧，贫疑失母寒。亦知谈往事，生日在长安。

程穆衡《吴梅村诗集笺注》卷四系此题于顺治八、九年（1651—1652）间。叶君远释诗中所指即上文所及之仲女（见《吴伟业与娄东诗传》，页293），疑不确。盖此诗成时，仲女已十七八岁，早过及笄之年；梅村犹尚为灯下课诗文耶？总之，钱位坤子所娶者，即梅村所育生于甲、乙间之女儿。祭文中"我女虽幼"云云，此之谓也。

位坤举进士后，先授兵部郎中，后改职方司于南都，当在崇祯十四、十五年（1641—1642）顷，为时颇暂。旋入京官大理寺丞。会李自成破京师，位坤腼腆事敌，名列《从贼诸臣》。计六奇《明季北略》记当日事有云："城未破时，众以边才推之，已拟昌平巡抚矣。好官未做，恶名已蒙。"

与立失节事，祭文有云：

天轴倒翻，鼎湖髯绝。吴桥攀弓，文忠吭血。吁嗟钱郎，与众陷敌。抵隙脱峨，间关逼仄。自称一鹤，当罪万死。

三、四句"吴桥攀弓,文忠吭血",指河北吴桥人范景文(梦章、质公,1587—1644)殉国事。质公举万历四十一年(1613)进士。官至工部尚书兼东阁大学士。甲申之变,闻崇祯帝自缢,投水死。清廷谥文忠。《四库全书》收其遗文《文忠集》。

祭文先咏范质公以身殉明,继及钱位坤之失节,何故?盖由范、钱尝共官南都,私谊甚深。《文忠集》中《立秋日钱与立诸君送之广陵影园月下听歌次郑超宗韵》《烟霞载为钱与立题》两诗可证。

《祭文》记与立失节后之际遇云:

> 惟南党魁,玉虎钮柱。周内厥狱,惜客顾主。银铛甫脱,宗社已非。君尤偃蹇,病瘵无肥。

考《明史》,福王初立即"治从贼之狱,仿唐制六等定罪",与立名列"四等应成拟赎者"(卷二七五《解学龙》本传)。又记"苏州诸生檄讨其乡官从贼者,奸民和之"(《明史》同卷《祁彪佳》本传)。钱与立连同其他降官之家皆被焚劫。

年少则未尝以钱氏之失节而无视昔年之交情,不但与之相见于吴门,复为序所撰《大鹤山人宫词纪事》一书:

> 乙酉冬,大鹤山人始为宫词百首。暮采兰泽,朝思美人,古人之善怀,亦宫词别解也。大鹤山人曰:"余于去年今年之交,茧足癯胫,走万里之途,投兵戈之隙,夫何为哉?海内贤者,当自知之。"嗟呼,昔之所谓焦心劳思与夫

穷侈极欲者，今皆何在？行迈靡靡，中心摇摇，《王风》不云乎？宁独杨炫过洛阳而纪伽蓝，樊于德往来灯影中扶髻泣下耶？彭城沙门慧寿，前年盟弟万寿祺题辞。

今人丘良任编著《历代宫词纪事》载《大鹤山人宫词纪事》有临川李氏藏精写本之刊本，上虞罗振玉署。年少题词外，另有钱氏自序。书藏中国科学院图书馆，未见。以下过录丘氏书中所引钱氏咏崇祯及弘光各一首，亦一斑窥全豹之意耳：

梦断苍梧不复还，攀龙天半泪潸潸。八音四海皆遏密，鼓瑟唯闻万寿山。(《北都宫词》)

莫愁湖畔柳丝丝，南国佳人日暮迟。美女八千半团扇，浣纱石上网西施。(《南都宫词》)

惟丘氏书称"作者是明季遗老"，可见于钱位坤之平生，茫然不知！

揆以前引梅村祭文中所及家中许字之幼女之年龄，钱氏卒年至迟在顺治十、十一年（1653—1654）左右。

清初贰臣曹溶及其"遗民门客"

乾隆初年浙江山阴人沈冰壶撰《重麟玉册》八卷，用纪传体裁来记述南明诸王的史事。书中《李映碧（清）传》后有"附记"说：

> 当时钱牧斋、吴梅村、龚芝麓、陈素庵、曹倦圃为江浙五不肖，皆蒙面灌浆人也。[1]

所谓"蒙面灌浆人"，该是清初流行的一句骂人的话。"蒙面"一词，孔尚任（字季重，号东塘，1648—1708）在《桃花扇》里便用过。该剧第三折《哄丁》中记吴应箕（字次尾，1594—1645）咒骂阮大铖（字集之，号圆海，1587—1646）的话说：

> 你的罪过，朝野俱知。蒙面丧心，还敢入庙？[2]

---

1 沈冰壶：《重麟玉册》（清抄本，藏上海图书馆善本部）卷三。
2 孔尚任：《桃花扇》（北京：人民文学出版社，1982），页24。又：清初人著《豆棚闲话》（上海：上海古籍出版社，1983）第七则《首阳山叔齐变节》中骂叔齐的话里有说："何反蒙着面皮，败坏心术。"《豆棚闲话》是通俗的话本小说，可见"蒙面"一词，在清初是颇流行的。

这是说阮圆海"虽然蒙着人的面皮。却丧失了人的良心"[1]。至于"灌浆"二字，乃"馒头"的别称；馒头实心无馅，引喻为"无良心"。合而观之，"蒙面灌浆"意即"蒙着人的面皮却无心肝"。用这四个字来骂人，狠毒可见！

沈氏所记被骂作"蒙面灌浆人"的"江浙五不肖"——钱谦益（字受之，号牧斋，1582—1664）、吴伟业（字骏公，号梅村，1609—1672）、龚鼎孳（字孝升，号芝麓，1616—1673）、陈之遴（字彦升，号素庵，？—1662）、曹溶（字洁躬，号秋岳，1613—1685）——都是明清之际以诗歌文辞见重当世的人。但在改朝换代时，这五个人却进退失正，先后以大明的朝臣降附清廷。像这种甘于身事二姓的行检，和儒家的忠君思想是大相违悖的。乾隆朝编纂《贰臣传》，五人皆厕列其中。他们在生之时即广遭物议，甚至如沈氏所记，被骂作"蒙面灌浆人"，骤眼看来，该是情理中的事。

不过，若检读五人之中曹溶的《静惕堂诗集》和《倦圃尺牍》[2]，通过曹氏和别人酬唱的诗作以及往还的信札，便可发现曹氏在顺、康间二十多年的仕宦生涯中，经常与为数不少的明遗民保持着密切的交往。如果进一步将和曹氏有关者的诗文别集相互比对，更可清楚地看出曹氏先后在广东、山西两省任地方大吏的十多年间（顺治十二年至康熙五年 [1655—1666]），他的幕友门客之中，便不乏被目为忠贞不渝的朱明遗民。曹氏的"遗民门客"，包

1　《桃花扇》，页 27，注 39。
2　曹溶：《静惕堂诗集》（雍正三年李维钧刻本）。胡泰辑：《倦圃尺牍》（含晖阁刻本，无年月）。

括籍隶江浙的万泰（字履安，号悔庵，1598—1657）、朱彝尊（字锡鬯，号竹垞，1629—1709）、俞汝言（字右吉，1614—1679）、严炜（伯玉）、顾炎武（字宁人，号亭林，1613—1682），广东的屈大均（字介子，号翁山，1630—1696）和陕西的李因笃（字子德，号天生，1633—1692）。至于曹氏的"遗民之交"，所牵带的范围便更广了。像江浙的朱鹤龄（字辰孺，号愚庵，1606—1683）、归庄（字玄恭，号恒轩，1613—1673）、僧今释（原名金堡，字道隐，1614—1680），广东的张穆（字穆之，号铁桥，1607—1683）、陈子升（字乔生，号中洲，1614—1692）、伍瑞隆（字国开，号铁山，1585—1668），山陕的傅山（字青主，1607—1684）、申涵光（字孚孟，号凫盟，1619—1677）、王弘撰（字无异，号山史，1622—1702），都是曹氏晚年的挚友。至于浙东的遗民领袖黄宗羲（字太冲，号梨洲，1610—1695）及其子弟门生，亦无不与曹氏通殷勤。和梨洲居师友之间的李邺嗣（原名文胤，以字行，号杲堂，1622—1680），甚至曾懿许曹氏为"今日之人师模楷"[1]。

既然顾亭林亦曾作曹秋岳的入幕之宾，而黄梨洲的弟子更许以为"人师模楷"，则秋岳生前在明遗民间的口碑自不当如此的恶劣。又况沈冰壶以乾隆初年人记顺、康间事，中间相距几及百载，"蒙面灌浆人"一说，其可信的程度也是值得怀疑的。

本文依据曹溶及其知交的诗文别集，考察曹氏在明末及入清后的交游层面，意在说明清初士人间的交谊，往往为明末已建立之社会关系的延续与发展。换言之，朝代更替所引发起政

---

[1] 李邺嗣：《杲堂诗文集》（杭州：浙江古籍出版社，1988），《杲堂文续钞》卷二，《寿曹秋岳先生六十序》，页621。

治上的波动，在一般情况下，并未给士人间的交往带来极大的冲击。至少，就曹溶入清后的交游所见，他和他友人间在明朝所建立的情谊，不但足以承受得起明清之际政治上所带来的激荡，也因此造就了一种新的文化契机。

一、秋岳在晚明的科第仕宦与交游

曹溶，字洁躬、鉴躬，号秋岳、秋麓，晚号倦圃老人，浙江嘉兴秀水人。[1] 秋岳生于明万历四十一年（1613），卒于清康熙二十四年（1685）。如果用崇祯帝自缢身亡、清人定鼎中原的 1644 年为分界线，则秋岳在明朝活了三十一年，在清人统治下活了四十二年。清初人有称身事二姓者为"两截人"的说法，就秋岳的仕履与年寿而言，称他为"两截人"该是很恰当的。

事实上，秋岳毕生所建立的人际关系，却不可用朝代的改易来割分。要言之，秋岳在明朝所与交游的朋辈的情谊，在入清以后，在种种情况下，不但依然巩固，甚至有助于秋岳交游网络的扩张。本节所欲考论者，即秋岳在晚明的相知之中而于入清后关系至为密切的若干人物。

秋岳早年家居读书，和里中人结诗社，参加者有俞汝言[2]、

---

1 曹溶的传记资料，至今尚未发现有墓志碑传。参考王锺翰点校：《清史列传》（北京：中华书局，1987）卷七十八，《贰臣传甲》，页 6491—6493；《清史稿》（北京：中华书局，1982）卷四八四，《文苑传》，页 13326—13327；李集、李富孙、李遇孙：《鹤征录》（同治十一年刊本）卷三，页 7 上；《光绪嘉兴府志》（台北：成文出版社，1970）卷五十二，《秀水列传》，页 49 上（有错页）。
2 俞汝言传记资料，参考前引《光绪嘉兴府志》卷五十三，《秀水文苑》，页 39 下—40 上；朱彝尊：《静志居诗话》（北京：人民文学出版社，1990）卷二十一，页 666。

朱茂曒（字子庄，？—1644）[1]、谭贞良（字元孩，号筑岩，？—1645）[2]等。其中俞汝言、朱茂曒二人，尤为重要。

其次，秋岳科名早达。二十四岁时（崇祯九年[1636]）中举，翌年成进士。其乡试及会试的同年之中，亦大有足述者。举人同年有万泰[3]、浙江仁和籍的金堡（卫公、道隐、澹归，僧名性因、今释，1614—1680）[4]及上举的朱茂曒。进士同年中，则有浙江鄞县的李桢（宗海，1586—1647）[5]、广东香山的伍瑞隆[6]和前述所谓"江浙五不肖"之一的陈之遴[7]。

陈之遴后来降附清廷，和秋岳一同以"贰臣"的身份在朝，

---

1 朱茂曒传记资料，参考前引《光绪嘉兴府志》卷五十二，《秀水列传》，页44上—46下。

2 谭贞良传记资料，参考前引《光绪嘉兴府志》卷五十，《嘉兴列传》，页54下。前引《静志居诗话》卷十九，页587。

3 万泰传记资料，参考杜联喆所撰传，收入 Eminent Chinese of the Ch'ing Period, edited by Arthur W. Hummel (Washington D. C.: Library of Congress, 1943), pp. 803-804；前引《静志居诗话》卷十九，页579。

4 金堡传记资料，参考 L. C. Goodrich 所撰传，收入前引 Eminent Chinese of the Ch'ing Period, p. 1600；王汉章《澹归大师年谱》，天津人民图书馆藏有清稿本，见来新夏：《近三百年人物年谱知见录》（上海：上海人民出版社，1983），页30—31。《王谱》未见。

5 朱保炯、谢沛霖合编：《明清进士题名碑索引》（上海：上海古籍出版社，1980），崇祯十年丁丑科（1637），下册，页2614—2616。同榜中知名之士另有高世泰、钱肃乐、王正中、陈子龙、余扬、谢泰宗、庄元辰、柯元芳、王泰征等。李桢传记资料，参考前引《杲堂诗文集》中《杲堂文续钞》卷三，《祭前仪部文》，页673；全祖望：《鲒埼亭集·外编》（上海：商务印书馆《万有文库》本，1936）卷五，《故仪部韦庵李公阡表》，页700—701。又：黄宗羲《弘光实录钞》弘光元年二月庚辰定北都从贼诸臣罪条，列李桢于"六等应杖议赎"类。

6 伍瑞隆传记资料，参考谢正光、范金民合编：《明遗民录汇辑》（南京：南京大学出版社，1995），上册，页125—126；王士禛辑，卢见曾补传：《感旧集》（乾隆十七年刻本）卷二，页23下。

7 陈之遴传记资料，参考前引《清史列传》卷七十九，页6570—6572；《清史稿》卷二四五，页9635—9636；邓之诚：《清诗纪事初编》（上海：上海古籍出版社，1984），页776—777；钱仲联主编：《清诗纪事》（南京：江苏古籍出版社，1987），页1558—1563。

关系密切。及后之遴于顺治中累涉党争,遣戍宁古塔,身死塞外,秋岳也因此官运连蹇,两遭降职,终而去官。这可说是秋岳无形之中为旧交所连累。

其他各人中,谭贞良于清兵下江南后不久即物故,但其子吉璁(字舟石)[1]、瑄(字左羽)[2]在康熙初年游幕及出仕,都尝得到秋岳的照应;李橒死于顺治五年(1648),乃浙东"五君子之役"之牺牲品之一,秋岳不避嫌而厚资其葬;曾参加南明政权、其后薙发披缁的金堡,亦终身与秋岳情谊恳恳;至于万泰和俞汝言,则先后当过秋岳的幕宾。凡此种种,下文均将分别考述。

现在先说朱茂暻和伍瑞隆。

茂暻字子庄,是秋岳同里人。子庄的祖父国祚(兆龙、养淳)于万历十一年(1583)中进士、点翰林,其后官拜礼部尚书,兼东阁大学士[3],秀水朱氏,自此寖成浙西望族。子庄同辈兄弟中,如茂曙、茂昭、茂曜、茂晥、茂晖、茂晭、茂时等[4],于明清之际,咸有文名。朱氏在秀水的物业,像城内碧漪坊的"有容堂"和"介石斋",以及鸳鸯湖畔的"放鹤洲",直至康熙中

---

1 谭吉璁传记资料,参考前引《光绪嘉兴府志》卷五十,《嘉兴列传》,页56下—57下;前引《清史列传》卷七十一,《朱彝尊》传附,页5776—5780;《清史稿》卷四八四,页13340;邵长蘅所撰《传》,见氏著《青门旅稿》(康熙刻本)卷五;朱彝尊所撰《墓志铭》,见氏著《曝书亭集》(《四部备要》本)卷七十六。
2 谭瑄传记资料,参考前引《光绪嘉兴府志》卷五十,《嘉兴列传》页57下。
3 朱国祚传记资料,参考张廷玉等:《明史》(北京:中华书局,1974),卷二四〇,页6249—6251;"国立中央图书馆"编:《明人传记资料索引》(台北:"国立中央图书馆",1965),页138。
4 朱氏兄弟传记资料,参考前引《静志居诗话》卷十九、二十二;《明遗民录汇辑》,上册,页143—146。又:前引《光绪嘉兴府志》卷五十二《秀水列传》有《朱茂暻》传(页44上—44下)、《朱茂时》传(页45下—46上),卷五十三《秀水文苑》有《朱茂晖》传(页37下—38上)、《朱茂曙》传(页38上)、《朱茂晭》传(页39上)。

叶,一直是南北文人在浙西聚会的一个重要据点。[1]

秋岳和子庄年龄相若,早年即同游共砚。崇祯九年(1636)且同时中举,遂又增同年之谊。二人又一同和当时江南名妓柳如是(1618—1664)有过密切的往还。柳氏诗集《戊寅草》有《送曹鉴躬奉使之楚藩》二首,作于秋岳得进士后赴武昌任学使时:

纷纷玄意领群姿,寂寞遥闻向楚时。文学方须重邺下,乘传今更属龙池。澄江历乱吴云没,洛浦阜烟帝子悲。不是君才多壮敏,三湘形势有谁知?

扬舲历历大江阴,极目湘南才子临。楚水月明人澹黯,吴川枫动玉萧森。因看淮幕风云壮,未觉襄郧烽火深。顾吾相逢增意气,如今无事只遥吟。[2]

两诗都以才人目秋岳,似非寻常应酬文字。其中第一首里"文学方须重邺下",用曹操集诸文士于邺下的往事以影带曹溶,和秋岳其他友人的说法,如出一辙,下文还将论及。

柳如是另有《朱子庄雨中相过》一首,对子庄的"才气纵横",亦甚恭维。

---

1 前引《光绪嘉兴府志》卷十五,《山楼》(页7上—7下)、《朱太史第》(页10下—页12下)、《朱文恪公第》(页25上)、《放鹤洲》(页26上—26下)、《东溪》(页27上)等条。
2 柳隐:《戊寅草》,收入《柳如是诗集》(浙江图书馆影印崇祯本,1981),页28上—28下。

朱郎才气甚纵横，少年射策凌仪羽。岂徒窈窕扶风姿，海内安危亦相许。朝来顾我西郊前，咫尺蛟龙暗风雨。沉沉烟雾吹鸾辂，四野虚无更相聚。君家意气何飞扬，顾盼不语流神光。时时怅望更叹息，叹吾出处徒凄伤。天下英雄数公等，我辈杳冥非寻常。嵩阳剑气亦难取，中条事业皆渺茫。即今见君岂可信，英思倜傥人莫当。斯时高眺难为雄，水云濛落愁空蒙。鸳塘蓉幕皆寂寞，神扉开阖翔轻鸿。苍苍幽梦坠深碧，朱郎起拔珊瑚钩。风流已觉人所少，清新照耀谁能俦？高山大水不可见，骚人杰士真我谋。嗟哉朱郎何为乎？吾欲乘此云中鹄，与尔笑傲观五湖。[1]

"鸳塘蓉幕皆寂寞"，指朱氏在秀水鸳鸯湖畔名为"放鹤洲"的别业。而收篇"吾欲乘此云中鹄，与尔笑傲观五湖"，可见柳氏亦未尝无以身相委之意。[2]

柳如是先后和陈子龙（字卧子，号大樽，1608—1647）及钱牧斋的姻缘，陈寅恪先生已有精确的考述。[3] 这里引述柳氏对秋岳和子庄二人的推许，无非在说明二人当年同游共处，柳如是则为彼等之共同女伴。至于柳氏下嫁牧斋以后，秋岳和牧斋始终保持往还，且曾合作刊刻旧籍，这些都是后话了。

秋岳《静惕堂诗集》无一字及柳氏，但却收有和子庄酬答

---

[1] 前引《戊寅草》，页20下—21上。
[2] 此诗开篇第三、四两韵，叙二人西郊相见，所谓"沉沉烟雾吹鸾辂，四野虚无更相聚"，似非纯属写景之笔。
[3] 陈寅恪：《柳如是别传》（上海：上海古籍出版社，1980）。

的诗作。卷二十九有《送子庄北上赴选二首》,第一首有"晋诸公子尽能文"句,尤见秋岳对秀水朱氏的盛许:

> 辞家北指蓟台云,射策恢奇海内闻。楚上大夫多作客,晋诸公子尽能文。筵前夜醉葡萄酿,马背朝穿貔虎车。重忆先朝遗烈在(谓其祖文恪公),芝兰今日又逢君。[1]

诗当作于崇祯十三年(1640)子庄成进士前,二人年俱未满三十。

子庄成进士后,获授宜春知县。秋岳作《送朱子庄令宜春二首》,并于题下注云,"时携广陵姬同行"。第一首云:

> 昔年同学荷情亲,重喜明时早致身。家世汝南冰是镜,丰姿江左璧为人。庞公百里才无限,韦相三传道又新。遥卜讼庭清似水,画帘双燕拂轻尘。[2]

"庞公百里才无限",用三国时鲁肃评庞统"非百里才"故事,见《三国志》卷三十七。"韦相三传道又新",则似出汉韦贤及子玄成,与韦平当及子平晏父子宰相之典。见《汉书·平当传》。前者喻子庄个人之才足当一方,后者则颂其家世之显赫。秋岳之于子庄,盖有厚望焉。

然子庄挟广陵姬到宜春履任后不数年即下世,得年未满

---

[1] 前引《静惕堂诗集》卷二十九,页6下。
[2] 前引《静惕堂诗集》卷二十九,页7上。

三十。秋岳闻讯,伤痛异常,作有挽诗两章。首章云:

> 长夜惨不舒,恸我同乡人。灵帐辟中堂,玉颜难再晨。昔为簪缨胄,今为一丘尘。贤圣有尽期,少壮多悲辛。筮仕出岩邑,抱愤郁未申。戢身槁壤内,万事勿复陈。有子仅垂髫,世业行复振。醴酒泛元席,哀挽盈四邻。大运讵终否,丧此经国宾。[1]

篇终所言"大运讵终否,丧此经国宾",足见子庄非仅有文学之才;自秋岳视之,显然曾以经国大业相期许。这和前引柳如是酬子庄之作里"岂徒窈窕扶风姿,海内安危亦相许",明是同一口气的。

挽诗次章云:

> 总角荷相逢,谦谦踰一纪。王室美翱翔,员阙当天起。并辔越承明,直入邯郸市。挟瑟燕姬床,容貌若桃李。来日殊大难,子去我中圮。膏沐事新妆,弦曲乱不理。覆水裂罗襦,还复返乡里。与子执前欢,绸缪古莫比。惜哉青春姿,独处重帷里。服药媚红颜,终为悦己死。丹凤逝云间,良璧长已矣。蒿里有余情,谁能遽忘此?[2]

此诗述二人交情,叙自总角论交,到子庄物故,岁踰一

---

1 前引《静惕堂诗集》卷三,页6下。
2 前引《静惕堂诗集》卷三,页6下—7上。

纪。其间二人曾"并辔越承明，直入邯郸市"，盖指崇祯十年（1637）自秀水联袂北上入京应试事。秋岳于二人在京都狭邪之游，亦未讳言，此即"挟瑟燕姬床，容貌若桃李"所指。篇末"服药媚红颜，终为悦己死"，是则子庄年少风流，其早逝之因，思过半矣。

子庄有侄名彝尊，于易代之际曾参加抗清运动。事败后，彝尊投靠秋岳门下为幕客多年。这件事的始末，当于下文详叙。

秋岳于明末的知交中另有足述者，则广东香山人伍瑞隆也。

瑞隆字国开，号铁山，生于万历十三年（1585），比秋岳长二十八岁。铁山于天启元年（1621）即中式举人，但十六年后（1637）始成进士，与秋岳同科。崇祯末年历任翰林院侍诏、吏部主事、员外郎等职。其间和金堡、陈洪绶（字章侯，号老莲，1599—1652）、周亮工（字元亮，号栎园，1612—1672）结诗社于京郊[1]，并与秋岳文酒过从，经常唱酬。

近人李洸辑伍瑞隆《鸠艾山人遗集》[2]不见有与秋岳唱酬之作。但秋岳《静惕堂诗集》却保存着不少两人往还的线索。像卷四《铁山诸公过集五首》和卷十《雪中饮铁山白榆官舍》，明显是当时诗社诸成员的社课。至如《简伍民部铁山》《赠铁山》《寄怀铁山》《送铁山备兵大梁》（均见卷二十九）及《铁山惠

---

[1] 《陈洪绶集》（杭州：浙江古籍出版社，1994）卷四有《停云寄伍铁山》四言古诗一首，似作于明亡之后。又：周亮工《读画录》云："辛巳（崇祯十四年[1642]），余谒选，再见（陈洪绶）于都门，同金道隐、伍铁山诸君子结诗社。"转引自黄涌泉：《陈洪绶年谱》（北京：人民美术出版社，1960），页67。
[2] 李洸辑，伍瑞隆撰：《鸠艾山人遗集》（台北：无出版机构，1993），附有李氏撰《明遗民伍瑞隆评传》，页319述秋岳与伍氏唱酬事。

香》（卷十五）等题，均足见两人间深挚的情谊。而秋岳诸作之中，最能道出两人相知之深者，殆莫如卷二所收《留别伍铁山》五古一首：

今日成契阔，时命难独拘。壮翼慕万里，弱志羁一隅。洪流荡危樾，仕宦非良图。熠熠丘中兰，运去摧为刍。奇服激众指，珠徙泽自枯。敦交贵不惑，道合形则殊。整辔适荆土，眷子美皇都。礼庭纵嘉步，玉色截肪腴。一旦舍之去，榛莽罗郊区。仰睹繁星列，始觉长夜徂。悲哽来无端，安用相歌呼。人生有期誓，寿此金石躯。

诗成于崇祯十六年（1644）秋铁山辞官南归时，下距李自成兵破京师，不及一年。诗中"洪流荡危樾，仕宦非良图"，已隐约道出当时山雨欲来的衰飒的政局。"奇服激众指，珠徙泽自枯"，则铁山之辞官，亦不无与人不和、不得不赋归之因素在焉。

铁山南归，路过南京，逗留几及一载。因此，弘光朝廷一幕，铁山虽未身预其中，却是不无闻见的。顺治元年（1644）岁末，铁山有《冬日书感》一律。题下自注云：

甲申之冬，余客金陵。仲驭被系，独居钟鼓楼下，愤而赋此。

诗云：

> 垂手见封侯，何须曲自钩？满朝同一梦，万姓付东流。映岸霜前草，孤城雨后秋。河山与风景，作意与人愁。[1]

对弘光朝被马士英、阮大铖所把持，铁山诗中不免深致慨叹。但他不久亦离开南京，辗转经两湖返抵香山故里，以宦囊所积，卜筑香山峰下，和里人李孙宸、何吾驺等文酒唱酬，以度余年。暇则从肇庆鼎湖僧栖壑习《金刚经》。这已是顺治十三、十四年（1656—1657）的事。适值故人秋岳以新朝命官到广州履任，二人于是又得相见。

二、广东布政使任内（顺治十三年至十四年）的"遗民门客"

秋岳于顺治元年（1644）五月降附清廷，以前明的御史原职复官，后出任河南学政。往后十年间，官运似未亨通。至顺治十二年（1655），始见转机。是年秋岳由左通政使升为都察院御史，继而擢户部右侍郎，旋外调广东布政使。一年之内，连升三级。[2] 秋岳才四十四岁，但已到达了一生仕途的顶峰。

秋岳在广东布政使任内一年间，其幕府之中，至少网罗了

1　前引《鸠艾山人遗集》，页223。诗序中所谓"仲驭被系"，仲驭，周镳之别字也。崇祯十一年（1639）八月《南都防乱公揭》，黄宗羲以为出自周仲驭手笔。参考柴德赓：《明季留都防乱诸人事迹考上》，收入氏著《史学丛考》（北京：中华书局，1982），页7。
2　关于曹秋岳擢升事，见钱实甫编：《清代职官年表》（北京：中华书局，1980），第1册，页542；第3册，页1768。

三名"遗民门客"：万泰、朱彝尊和严炜。这三人都分别和秋岳在晚明的交游网络有极密切的关系。

(一) 万泰（字履安，号悔庵，1598—1657），浙江鄞县人

万泰和秋岳是崇祯九年（1636）同科举人，已如前述。但二人除有同年之谊外，还曾在顺治初年仗义合力为浙东李氏营葬。此事的先后，和秋岳与浙东遗民的交谊的发展至为相关。

顺治五年（1648）夏，浙江发生"五君子"密谋抗清事泄被难一案。[1] 清廷于事后大举搜捕浙江知名文士，前明朝臣之拒不仕清者高斗枢（字象先，号元若，1594—1670）及子宇泰（字元发）和李榴及子邺嗣，都被牵连下狱。

高、李两家父子系狱杭州，幸得万泰"以奇计出之"[2]，遂获释。但甫一出狱，李榴以不甘受辱，绝粒自杀身亡。万、李两家既先有姻亲之约（万泰第七子斯备后娶邺嗣女），万履安遂为料理李榴后事。但丧费则大半得自身为李榴进士同年之秋岳，李邺嗣对此事自然终身不忘。二十多年后，值秋岳甲子大庆时，邺嗣为撰《寿曹秋岳先生六十序》颂寿。文中先叙两家交谊，继即忆述助葬前事：

> 余所闻禾中曹秋岳先生，则今日之人师模楷也。先生

---

[1] 参考前引《史学丛考》所收《〈鲒埼亭集〉谢三宾考》文"五君子起义"、"五君子拘难"两节，页130—139。
[2] 万泰出力事，见陈训慈、方祖猷合著：《万斯同年谱》（香港：中文大学，1991），页42—43。

与先仪部（李楷）同中造士，胤（邺嗣）在弟子行，而以闭门三十年，徒尔怀风，渴于言侍。……先仪部向遭西陵之难，从人仓皇无所告。先生适至湖上，慨然出二万钱为赙，得以助办。[1]

邺嗣所述，有二事足论。所谓"闭门三十年，徒尔怀风，渴于言侍"，可知邺嗣未尝以故人之子奔走于秋岳之门。事实上，邺嗣矢志不应荐举、不仕清廷，终生以"遗民"自处，当时即有定论。[2] 惟邺嗣对身事二姓的秋岳，则始终感念不忘。此其一。

李楷谢世之前五年，秋岳于李自成统治下之北京，屡被敲榨、拷掠，秋岳最终用以赎身的银子，亦不过二百两[3]，和他后来送赠李家的赙仪二万钱，数目如一。则秋岳于故人之慷慨可见。此其二。

秋岳资助李楷丧事，对秋岳往后和浙东遗民的交谊，固当

---

[1] 前引《杲堂诗文集》，页622。
[2] 黄宗羲《李杲堂先生墓志铭》中叙李氏早岁随父牵涉"五君子起义"被捕获释后之行事有云：
    先生虽不逃禅，而酒痕墨迹多在僧寮野庙，木陈、悟留、山晓、天岳皆结忘年之契。四方胜流之至甬上者。先生即匿迹甚深，亦必停车披帷，诗酒流连。否则似垂弃而归矣。(《黄宗羲全集》，浙江古籍出版社，第10册，页400)。
[3] 钱肃：《甲申传信录》，《中国历史研究资料丛书》本（上海：上海书店，1982），卷四《跖餔遗膏》李闯拷掠诸臣条述曹溶在李自成统治下的北京的遭际说：
    曹溶，浙江平湖人。丁丑进士。任御史曾华职。甲申三月，浙直总督张国维题授浙直监军御史，未行被获。重掠，悉索寓中，纳二百两。贼心未厌，直加严刑，伤足，异出，又纳五十两。发王旗鼓再拷。王为山右诸生，尝读溶文，谕杨枝招之授职。以足创不能行，又数日，闻遁。客劝其暂守城以待太子而遇千（应作大）清。
钱肃为浙江平湖人。平湖与秀水同隶嘉兴府治。李自成兵陷北京，钱氏适在京师。

大有裨助。此则由万泰与黄宗羲私交甚深,而黄宗羲与李邺嗣也有"亦师亦友"的关系。[1]

事实上,秋岳与万泰在入清以后,虽然仕隐殊途,但始终通款不辍。李棩之丧后四年,万履安有严州之行,秋岳有诗送之。《静惕堂诗集》卷三十一《送万履安同年之桐庐因谒严州太守二首》云:

> 遥知发兴在桐庐,江上垂竿不为鱼。拨棹饱看潮信好,过城愁比客囊虚。山围战垒行应缓,秋健游人赋有余。到日邦君相劳苦,可无佳事慰离居。

> 三年称病岂无因,实为兵戈碍隐沦。海寨帆樯时拍岸,公家征敛更沾巾。诗书漫卷趋邻郡,药物随宜访故人。旧草怀中忘未得,玉鞭曾踏凤城春。

诗中"山围战垒行应缓"及"海寨帆樯时拍岸",暗指兵气未消,实指郑成功于前此一年夺取金门、厦门,因得于闽海继续与清兵抗衡。与方志所记"闽海未靖,王师进剿,严[州]当孔道,络绎如织"[2]有相合处。

然履安何故以望六之龄走访兵凶战危之严州?一言以蔽之,为谋食耳。此于秋岳诗中亦可探得。合"过城愁比客囊虚"、

---

[1] 黄、李之关系,见前引《李杲堂先生墓志铭》。
[2] 《光绪严州府志》(台北:成文出版社影印光绪刻本,1970)卷十三,《吴兴宗》传,页1上。

"药物随宜访故人"两句以观之,则严州太守,实亦履安旧交;而远道往访,或即为谋一幕职焉。

严州之行后四年,履安复随秋岳入粤,居幕府要职,显为谋食之计而已。履安于从广州寄浙东的《训子书》中即明言之矣:

> 统孙仍在周家读书否?祖父远出,母氏早亡,孤贫已到万分极处。凡事须刻苦勉励,无为人侮也。[1]

所谓"孤贫已到万分极处",自不能与履安之远走岭南为人作幕无关也。

然秋岳邀履安往广州掌其幕职事,浙东人多讳而不言。履安殁后,黄宗羲为作《墓志铭》,亦未及其事。[2] 高斗魁所撰《悔庵万先生行状》也只说:

> 丙寅(顺治十三年 [1656]),客居西湖。有故人之粤官者,偕先生以行。[3]

所谓"故人之粤官者",舍秋岳其谁?高氏之有意隐讳,再明显不过了。

履安同里人中,唯独他的儿女姻亲李邺嗣是直书其事的。

---

1 前引《万斯同年谱》,页 56,引《濠梁万氏宗谱内集》卷十三《祖训录》。
2 黄宗羲:《万悔庵先生墓志铭》,见前引《黄宗羲全集》,第 10 册,页 288—291。
3 前引《万斯同年谱》,页 54,引《濠梁万氏宗谱内集》卷七高斗魁《悔庵万先生行状》。

前引邺嗣《寿曹秋岳先生六十序》里说：

> 吾老友万悔庵先生，人中宿望。先生（秋岳）迎至岭外，与周旋数年。[1]

这里说"与周旋数年"，"数"或为"经"字之误，亦有可能是邺嗣记忆出错。因为履安于顺治十三年（1656）秋冬之间抵粤，翌年九月即离粤返里，不幸途中染疾，客死九江湖口。[2]

其实，履安南走广州，掌秋岳幕职，《静惕堂诗集》里便留下确证。卷三十二《同履安游桐君山》一律云：

> 青峰特起控江关，苔石题名旧有斑。采药拟随仙子去，悲秋不碍旅人闲。鱼龙夜啸亭前水，松栝林空乱后山。鹿柴闻钟云磴远，再游应卜岭南还。

桐君山在浙江桐庐。盖秋岳与履安自浙江往岭南路经之地。结句"再游应卜岭南还"，明指两人结伴往广州，途经桐庐而有君山之游。

同卷另有《同万履安曾旅庵陆孝山游杨历岩二首》一题。杨历岩为山名，在广东省南雄府西北二十里。同游中的陆孝山、名世楷，与秋岳同郡，时任南雄知府。下文当有交代。

---

1 前引《杲堂诗文集》，页622。
2 前引《万斯同年谱》，页56。

(二) 朱彝尊（字锡鬯，号竹垞，1629—1709），浙江秀水人

秋岳在广州的幕府中的浙江籍幕客，除万泰外，则朱竹垞也。[1]

竹垞少秋岳十六岁，其叔父子庄是秋岳早年的知交，因此称得上有两世交谊。竹垞早年和同里的周筼（字青士，号筜谷，1623—1682）、沈进（字山子，1628—1691）、李绳远（字斯年，1633—1708）、李符（字分虎，号耕客，1639—1689）、李良年（字武曾，又名法远，1635—1694）等结诗社，才名早为秋岳所知。但明亡后，秋岳投清，竹垞则"主山阴祁氏兄弟"，和魏耕（字楚白，更字野夫，1614—1663）等人共图恢复明室，曾经参与抗清戎务。事败后，一度走海上，久而得免。秋岳邀他入幕，则或有为故人子弟作掩护的苦心。

竹垞入粤，与秋岳、履安之行同年而较晚。其《曝书亭集》卷三《将游岭南留别故园诸子》诗起句"骊驹长路起秋尘"可证。而竹垞取途入粤，一如秋岳与履安，亦为南雄，故得走访当地知府陆世楷。

世楷字英一，号孝山。与弟世枋（一名莱，号义山），俱有才名。浙江平湖人。与竹垞为中表。[2] 竹垞与义山同举康熙十八年（1679）博学鸿词科。中表联袂高中，一时传为佳话。

然陆孝山与秋岳、竹垞的共同知交，另尚有一相关人物，

---

[1] 朱彝尊传记资料参考房兆楹所撰传，收入前引 *Eminent Chinese of the Ch'ing Period*, Vol. I, pp. 182–185；朱则杰：《朱彝尊研究》（杭州：浙江古籍出版社，1993）。

[2] 陆世楷传记资料，参考朱彝尊所撰《墓志铭》，收入前引《曝书亭集》卷七十八，页1上—3上。陆莱传记资料，参考《清史列传》卷七十，《文苑传一》，页5757—5759；《清史稿》卷四八四，《文苑一》，页13352；钱仪吉：《碑传集》（北京：中华书局，1993）卷四十，毛奇龄所撰《神道碑铭》，页1122—1126。

则浙江仁和籍之金堡是也。金堡与秋岳为同科进士，已见上文。而金堡于明亡后剃发为僧，其于南雄择地筹筑丹霞精舍，即在陆孝山任南雄知府之时。

回头再说竹垞于顺治十三年（1656）冬访陆孝山于南雄事。《曝书亭集》卷三有《南安客舍逢陆郡伯兄世楷以滕王阁诗见示漫赋》长诗一首，历叙二人之交情与动向，颇有异于寻常酬唱之作：

> 忆昨君从柘湖至，扬舲争发吴趋市。京口相逢借问君，舣舟扬子江心寺。晴云缥渺散碧空，欻忽破浪生长风。孤舟如巨鱼，鼓鬣洪涛中。川原迢递不可极，布帆飘忽随西东。我从鹿渚超长薄，君到洪都更栖泊。

以下入正题，述孝山游滕王阁事：

> 远望开襟彼一时，凭高独上滕王阁。兹楼崛起天下雄，珠帘绣柱垂文虹。当年王师此高宴，一时词赋推群公。留题真迹不可见，烟云过眼须臾变。古来文采光焰长，千载王郎信堪羡。

转而盛道陆氏兄弟文词之胜：

> 君家兄弟才难伍，甫里声名动江左。挥毫落纸气凌云，坐令长才失千古。

继述二人客中相逢之快意：

> 我亦天南万里行，白衣摇橹度江城。闲云潭影徒回首，南浦西山空复情。大庾城边日将酉，下马逢君复携手。座上新开北海樽，客中饮我兰陵酒。酒阑相示绝妙辞，九茎胜食斋房芝。曲终定有湘娥怨，读罢如闻帝子悲。

收篇则着笔于聚散无常之无可奈何：

> 当前胜地不得上，使我沉吟一惆怅。舟楫重过定几时，云山满目知无恙。明发梅花岭外看，长从驿使报平安。侧身天地多知己，且莫频歌行路难。

竹垞在广州一年，所与同游共处者，每有诗纪之。如《篷轩落成曹方伯溶招饮纳凉即席分韵》及《羊城客舍同万泰严炜陈子升薛始亨醉赋》两题，纪秋岳幕府中人与当地文士诗酒之乐；《同陈子升过光孝寺》《东官客舍屈五过罗浮之胜》《赠张山人穆》《赠张五家珍》《赠高俨》等题，则竹垞纪其与当地遗民陈子升、屈大均、张穆、张家珍及高俨之交游[1]，都是研治竹垞生平不可忽略的文字。

1　各诗均见前引《曝书亭集》卷三，系"强圉作噩"（丁酉，顺治十四年 [1657]）。

（三）严炜（伯玉，生卒不详），江南常熟人

伯玉系出江南名门。其祖讷，嘉靖二十年（1541）进士，官至吏部尚书兼大学士，死后获谥文靖。[1]故伯玉之出身与竹垞颇相近。然伯玉终其身科名不显，屡橐笔游食于王侯大吏之门。最初为祁阳王客，继入何腾蛟（云从）幕中。直至他的同里人瞿式耜（字起田，号稼轩，1590—1650）出仕永历政权，伯玉乃改投瞿氏于桂林，参其军幕，因得和金堡结识。[2]顺治七年（1650），清兵陷桂林，瞿氏以身殉，伯玉则辗转入粤，投身于秋岳门下。伯玉始则参加抗清政权，继而出为清廷大吏的门客，他的经历，也有和竹垞相似的地方。

伯玉之得入秋岳之幕府，其间为他推引安排者，似非先为秋岳之同年，后与伯玉同官之金堡莫属。再者，秋岳与伯玉之同里人钱谦益及朱隗（云子）亦均有过从。盖牧斋既称伯玉先前之府主瞿式耜为弟子，而秋岳与牧斋则往还不辍（见下文），故伯玉得借牧斋绍介于秋岳，亦极有可能。至朱云子则秋岳与伯玉之共知。《静惕堂诗集》卷十五有《朱云子携酒见过四首》，

---

[1] 严讷传记资料，参考前引《明人传记资料索引》，页946；《明史》卷一九三有传，页5116—5117。

[2] 严炜传记资料，参考前引《明遗民录汇辑》下册，页1210—1211；《静志居诗话》卷十九，页596—597。又：严炜参与永历政权事，见钱秉镫：《所知录》（上海：上海古籍出版社，1987）卷下，《永历纪年》下：

> 二月，北兵始至。大帅马蛟麟遣官赍书币见招，避不敢出，始知曼公（方以智）为僧在梧州城。……其（曼公）家人被执，问公所在，则以与予同往仙回洞严伯玉家对。随发二十余骑往仙回。而公（曼公）亦迳奔仙回，骑传伯玉，拷掠备至，公乃自薙发僧装出，以免伯玉。（页325）

《瞿式耜集》（上海：上海古籍出版社，1981）卷二有《叠前韵一首示伯玉》（页177—178），"前韵"一题作《己卯首春和牧师除夕元旦二诗》，己卯为崇祯十二年（1639），时瞿氏家居。知二人于明亡前已订交。

诗系顺治四年（1647）[1]，时秋岳休官在江南。而伯玉于此前后，亦有《秋日过万里桥见朱云子寄诗因忆旧事怅然有作》[2]，可见秋岳于伯玉入幕之前，亦不能毫无所知。

秋岳之任广东布政使，开府广州，前后一年而已。按：布政使者，为次于督抚、管掌一省民政之要职[3]，实与民国以后之民政部长等同。[4] 秋岳当年之政绩如何，已无可考。但从种种迹象看来，秋岳和他的幕客曾与广州当地知名的明遗民有过密切的往还，却是可以确定的。

当时粤东的遗民中，较著名的计有薛始亨（字刚生）、邝日晋（字无傲，号檗庵）、陈子升（字乔生，号中洲）、张穆（字穆之，号铁桥）、屈大均（字翁山）、张家珍（字璩子）以及秋岳在明末的知交伍瑞隆等[5]。其中除伍瑞隆外，均曾在顺治四年（1647）参加过当地的抗清运动，也分别是这些活动的领导人物"广东三忠"（陈子壮、陈邦彦、张家玉）的子弟门生或故旧。事败以后，有的薙发披缁，寄身浮图（如邝日晋、屈大

---

1 《静惕堂诗集》卷十六第一首题作《戊子初春试笔四首》。戊子为顺治五年（1648），上推卷十五《朱云子携酒见过一首》，当作于顺治四年（1647）。又：陈子升《中洲草堂遗集》（香港：何氏至乐楼影印《粤十三家集》本，1977）有《珠江与严伯玉话旧》一首（卷十二，页 4 下），伯玉与子升，则似亦旧交。
2 伯玉诗见朱彝尊：《明诗综》（台北：世界书局影印康熙刻本，1970）卷七十，页 13。
3 《续文献通考·职官考》布政使司条；Charles Hucker, *A Dictionary of Official Titles in Imperial China* (Stanford University Press, 1985), p. 487.
4 临时台湾旧惯调查会编：《清国行政法泛论》（东京：金港堂书籍株式会社，明治四十二年），页 452。
5 关于清初粤中遗民的研究，近人汪宗衍先生所著年谱三种所收资料最称全备：《屈翁山先生年谱》（澳门：于今书屋，1970）。此书之修订本收入《屈大均全集》（北京：人民文学出版社，1996）第 8 册；《天然和尚年谱》（澳门：于今书屋，1968）；《张穆年谱》（与黄莎莉合撰，香港：香港中文大学文物馆，1991）。

均）；有的入山为道士（如薛始亨）；有的择地归隐（如陈子升、张穆）。[1]然遗民之间，偶亦不免有文酒之会，借通声气，或以诗文，或以书画，于沧桑之后，怅往忆旧，隐居淡然。

秋岳以兴朝贰臣之身，膺地方大吏之任，又何以能和广东的明遗民交接无间呢？这便和秋岳昔年的知交伍瑞隆及金堡所起的作用是分不开的。而最能说明个中关系的，则莫如秋岳及其幕府与广东佛门人士联手翻刻明末高僧憨山大师《梦游集》一事。

原来秋岳抵广州履任后不久，便值他的好友（也是上文所及"江浙五不肖"之一）龚鼎孳"颁诏入粤"。[2]龚孝升来粤前，钱牧斋托他顺便访寻明末德清憨山大师（字澄印，1546—1623）[3]《梦游集》的岭南刻本，以便和他所藏的虞山刻本相勘校。孝升抵粤后，即邀秋岳合作。经过秋岳幕客和当地佛门人士的努力，此事终抵于成。牧斋事后撰有《岭南刻憨山大师梦游全集序》，对此事的原委，有清楚的说明：

> 憨山大师《梦游集》，吴中未有全本。丙申（顺治十三年[1656]）冬，龚孝升入粤，余托其访求海幢华首和尚，得鼎湖栖壑禅师藏本。曹秋岳诸君集众缮写。[4]

---

1 邝、屈、薛、张诸人传记资料，参考前引《明遗民录汇辑》页1177、391、125、632。
2 龚鼎孳传记资料，参考杜联所撰《传》，收入前引 *Eminent Chinese of the Ch'ing Period*, Vol. I, pp. 182-185。孝升有《过岭集》，收其入粤诗作。又：钱谦益有诗《送龚孝升入粤兼简曹秋岳》，见《有学集》（上海：上海古籍出版社，1996）卷七，页357—360。
3 德清憨山大师，参考吴百益所撰传，收入 *Dictionary of Ming Biography, 1368-1644*, edited by L. C. Goodrich and Chaoying Fang (Columbia University Press, 1976), Vol. II, pp. 1272-1275。
4 前引《有学集》卷二十一，页871—872。

"集众缮写",究竟包括些什么人呢?牧斋另在《憨山大师梦游集序》中留下了记录:

> 其在岭表共事搜葺者,孝廉万泰、诸生何云、族孙朝鼎也。其次助华首网罗散者,曹溪法融、海幢池目,及华首侍者今种、今照、今光也。[1]

牧斋两序,于此事的原委及参与工作诸人,均为说明如上。但牧斋始终未尝亲预其事;其中访书过程之甘苦,亦惟当事人之一——秋岳之故交金堡得其详。金堡所撰《录梦游全集小纪》对栖壑禅师慨然应允出示藏本一事,有颇详细的记述:

> 丁酉(顺治十四年[1657])人日,中丞龚公孝升,过海幢,出宗伯钱公牧斋书,其于大师遗稿流通之心,真切莫比。华首和尚观之,亦赞叹无比。既以所藏者付之龚公矣,复刊布诸刹。为访全收之计,又以八行致端州栖壑禅师,索其全集。禅师虑失原稿,未发也。二月之望,前孝廉万公履安来,以钱公曾有专嘱,为谋之方伯曹公秋岳,作书重请。于是再奉华首书,遣喻如筏。知客往,稿乃发。[2]

《小纪》中所说曹秋岳"作书重请",自是栖壑终于将藏书公之于世之一重要原因。而促成栖壑如此决定者,伍瑞隆必曾

---

1 前引《有学集》卷二十一,页871。
2 《憨山大师梦游全集》(香港:南华佛经会,无年月)卷一,页11—13。

居中说项玉成。

原来伍铁山此时已与栖壑缔为"方外交"。上文述及铁山于南明弘光政权灭亡之前南返故里,隐居于香山峰下。不久,铁山即与栖壑订交。时在顺治二、三年间(1645—1646)。铁山当时有赠栖壑诗云:

> 我岁乙酉夏,师年丙戌春。所争九个月,同作七旬人。老宦曾何补,名僧自有真。鼎湖山月白,为照劫灰尘[1]

可见二人年龄相若。后铁山有意皈依,复赠诗栖壑曰:

> 昔日从师断二愚,别来原自当斯须。肉身喜见生菩萨,法座前称老腐儒。满月一帘天在水,春风万里露成珠。凭师试展琉璃臂,入我冈城立雪图。[2]

颈联"肉身喜见生菩萨,法座前称老腐儒",则铁山于栖壑之备极敬仰可见。

收篇"入我冈城立雪图",知铁山隐居后习丹青。而秋岳在粤中,且尝为其所作画题诗。《静惕堂诗集》卷四十一《题伍铁山云山图》云:

> 夷门归骑海桑青,眼倦金戈作酒星。自篇游仙多闭户,

---

[1] 前引《明遗民录汇辑》上册,页125。
[2] 前引《鸠艾山人遗集》,页278—279,此诗题作《送栖壑和尚还鼎湖》。

好山还许列云屏。[1]

事实上，秋岳甫抵任，铁山即自香山来访。秋岳有诗纪其事说：

> 一叶随风度越台，又传消息素交来。诗书隔代桓荣老，山海联床庾信哀。机尽乍看溪鸟下，官贫细数瘴花开。留君共住三冬暖，肯使南天半草莱。[2]

第二句"又传消息素交来"，明言铁山为"素交"。颈联"诗书隔代桓荣老"，以拒仕王莽的桓荣比铁山，而"山海联床庾信哀"，则秋岳以梁臣而仕周的庾信自况了。清初贰臣之中，像秋岳那样坦然自附于庾子山者，似尚不多见。

总之，秋岳得知交金堡及伍瑞隆代向栖壑求请，因得不负牧斋所托重刻《梦游全集》。至于上文所引录牧斋及金堡的相关文字中，还有两人值得注意：一、万履安以秋岳幕府的身份，参预其事；二、广东佛门中人，有法名"今种"者，即屈大均（翁山）也。翁山后来北上，和竹垞同人秋岳在山西大同的幕府作客，下节当考述之。

秋岳及其幕客与广州一地的明遗民文酒唱酬，在秋岳和竹垞及其他相关人物的诗集里，处处可见。以下略举一二，用见当年贰臣与遗民间亦有交谊，以为此节作结。《静惕堂诗集》卷

---

[1] 《静惕堂诗集》卷四十一，页14上。
[2] 《静惕堂诗集》卷三十三，页12下。

三十二有《赠邝无傲二首》,盖为邝日晋而作:

十年乡国荷相逢,梦想音书不厌重。野水挐舟随雁鹜,寒城携客访芙蓉。花边槛就违斋禁,霜后堂开净海峯。人事物华看岁暮,那能归棹独从容。

百战南天始放春,拂衣大雅见全身。风云少壮游难再,鸡黍留连约自真。龙气潮回频啸夜,鸥群波阔未依人。颠狂且倚江山力,竹叶冬青共葛巾。[1]

第一首起句"十年乡国荷相逢",似暗寓二人本是旧交,但缔交于何时何地,已无从考得。

此题龚鼎孳有和作,题为《佛山过访邝无傲和秋岳韵》,知当时秋岳与孝升盖联访无傲于佛山者。诗云:

停帆宝地快初逢,珠海莺花到几重。门对晴沙开薜荔,人疑苍雪削芙蓉。林泉春细增游福,烟水鸿归饱战烽。三径求羊还卜夜,狂夫态许醉乡容。

邺下论诗岭峤春,芳洲容与得间身。披帷琴帙阴偏惜,求友河山远更真。二晋韵留瓶拂语,一林天合啸歌人。壮

---

[1] 《静惕堂诗集》卷三十二,页12上—12下。

怀徙倚横江楫，暂卧东皋折角巾。[1]

秋岳另有《陈乔生谈西樵山之胜寄讯》，则为陈子升而作：

> 粤野幽多玉磴连，羁心难泛杪春船。常从客语思攀葛，更喜禅栖远控弦。松下鹤驯双涧雪，峰头花覆五城烟。旧时樵舍今余几，不改长林伴醉眠。[2]

陈乔生有和作《曹方伯闻予谈西樵之胜有作赋答》：

> 十载移家叠嶂前，心期五岳尚悠然。白云楼倚松间月，碧玉琴挥石上泉。学道定须龙作友，还城应见鹤为仙。谁兼济物高情在，为问洪厓几拍肩。（自注：白云、碧玉俱洞名。）[3]

乔生与秋岳幕府中人之往还，则可于其《端午别万履安严伯玉朱锡鬯还山却寄》一题见之：

---

[1] 龚鼎孳：《定山堂诗集》（龚氏瞻麓斋重印本，1924）卷二十五，页10上—10下。第二首起句"邺下论诗岭峤春"，亦影带曹溶。孝升另有《秋岳偕至佛山同张登子饮邝无傲斋中》五律两首（卷十一，页26上—26下），当亦作于此时。又：康熙九年（1670），邝无傲入京访乡人程可则（周量、湟溱），与孝升重逢。临别，孝升作《送邝无傲还岭南二首》。第一首起句"十四春呈换，珠江首重回"，盖记顺治十四年（1657）二人在粤订交事。第二首结句云："归舟过倦圃（自注：秋岳园石），一为感劳薪。"是时秋岳罢官居秀水，筑"倦圃"。无傲曾否访秋岳于秀水，待考。孝升诗见《定山堂诗集》卷十五，页22上—22下。
[2] 《静惕堂诗集》卷三十二，页13下。
[3] 《中洲草堂遗集》卷十二，页5上。

> 楚水遥遥浸钓矶,江楼归兴傍鸟飞。辟兵是处逢端午,望气何人识少微。花压长林麋鹿过,泉深曲沼鲤鱼肥。风流飘泊同湖海,期尔名山一掩扉。[1]

顺治十四年(1657),秋岳奉命北调山西为按察副使,他在广州的幕府于是结束。三个主要的幕客:万履安卒于北归旅次,严伯玉留居岭南,别寻府主,惟朱竹垞随秋岳离粤北返。广东遗民薛始亨有《留别朱锡鬯》七律一皆,颇足见两人深挚的交谊。

> 黯然挥手向江干,暮雨凄凄失笑欢。鸿鹄怜君翻远举,芙蓉使我佩忘餐。素心晨夕幽居好,青岁飘零行路难。龙性岂堪邻马队,风趋何日问渔竿?[2]

秋岳之别岭南北返,亦有诗赠故人伍铁山。诗中有句如"玉颜照晨光,忆昔同朝权"[3],忆往日也;"大义贵终始,迹异情不离"[4],则言出处虽殊途,情谊终不改也;至如"何当临别语,策我仍奋飞"[5],则知铁山虽已归隐,尚勉励秋岳努力仕途。然最能体会秋岳当时怀抱者,当莫若下录一首了:

---
1 前引《中洲草堂遗集》卷十二,页 8 上。乔生另有《寄澹归上人》(卷十二,页 7 上),题下自注云:"上人尝与予同官,时在罗浮。""同官"云云,当指永历政权。
2 薛始亨:《南枝堂稿》(香港:南华社刊,无年月),《七律》,页 21。另有《送朱锡鬯还秀水兼讯其令叔子葆》,页 15 上,则薛氏与秀水朱家固旧好也。
3 《静惕堂诗集》卷五,页 6 上—7 上,《别铁山六首》第三首。
4 前引《别铁山六首》第二首。
5 前引《别铁山六首》第六首。

与君不相见，荏苒十岁余。代变谷为陵，还复同衣裾。饮酒闲谈笑，少壮良不如。乃知怀抱开，时命非所拘。我独好愁叹，不愿樊笼居。濯缨五湖水，戢志眠田庐。[1]

三、山西按察使任内（顺治十七年至康熙五年）的"遗民门客"

秋岳在广东布政使任内，忽被降调为山西按察副使，任命下发于顺治十四年（1657）九月。秋岳之贬职，与其进士同年兼贰臣知交陈之遴在前一年被革职流戍不无关系。然秋岳于顺治十四年冬离粤北上，并无直接赴山西之任，却先归秀水故里休息达三数年[2]，当朝廷恩准之假期。秋岳到大同履任，应在顺治十七年（1660）左右。六年之后，山西按察副使一职遭裁撤，秋岳亦罢官而去，从此终老故里。故秋岳在山西服官的时间，实际六年而已。

秋岳开府边塞，先后任其幕职的遗民共有五人：朱彝尊、屈大均、顾炎武、李因笃及俞汝言。五人之中，亭林及翁山均素以忠贞于大明见称，乃甘心为贰臣之门客，其事之终始，有作详细考述的必要。

有关秋岳在大同幕府中"遗民门客"的资料，自以其同乡挚友俞汝言所提供者最为可靠。汝言（右吉）与秋岳早年同结

---

[1] 前引《别铁山六首》第四首。
[2] 顺治十六年（1659）后两三年间，朱竹垞在浙江秀水经常与秋岳有诗酒唱酬，见《曝书亭集》卷四相关诗题。

诗社,和朱子庄及谭元孩等俱为总角交,已如前述。右吉于入清后未再应试,以游幕终其生。其诗文集《俞渐川集》,似未刊布,惟天津市图书馆藏有抄本,盖近代藏书家周叔弢之故物也。

《俞渐川集》中收与同时人唱酬往复的诗文颇多,其中《二子篇贻顾宁人李天生》七古一首(卷三)记秋岳幕府中人士最详。诗之开篇五韵,先述秋岳边郡开府事:

> 边郡诸侯谁好士?云中雁门称第一。同开幕府句阴山,共脱貂裘礼宾客。笳闻鼓卧烽息烟,尊罍楚楚屏筝瑟。甲朝丙夜恣探论,如石投水胶在漆。邺下梁园彼一时,安论轩车与遗佚?[1]

"邺下梁园彼一时"句,用曹操集诸子于邺下事以影带曹溶,此与上引柳如是诗中"文学方须重邺下"意正同。而"安论轩车与遗佚",照应秋岳以"轩车"礼遇"遗佚"之"宾客",亦即本文"遗民门客"一词之所从出。至"甲朝丙夜恣探论,如石投水胶在漆",则记幕府中人论文谈艺之彼此相得。秋岳与右吉信中,亦有类似的描述:

> 介常至止,锡老踵来。署中惟闻吟诵之声。弟亦聚经

---

[1] 俞汝言:《俞渐川集》(清抄本,天津市图书馆藏)卷三,无页码。

史书，濡首作老博士。[1]

贰臣开府边塞，聚遗民学者于一堂，谈经论史，切磋艺文，治清初史者，似尚未见及此。右吉《二子篇》继述秋岳幕府中人云：

> 就中宾客谁最奇？顾朱屈李无异辞。屈五朱十我好友，顾李未面神为驰。[2]

"顾朱屈李"之中，朱十指朱彝尊；右吉与竹垞同里，早便认识。屈五指屈大均；翁山曾于顺治十七年（1660）访竹垞于秀水，因得识右吉。竹垞有《同杜濬俞汝言屈大均三处士放鹤洲探梅分韵》诗[3]，记翁山与右吉等同游秀水朱氏园林事。故右吉诗说"屈五朱十我好友"。

屈翁山于秋岳在广州搜辑《梦游集》一事，出力颇多，上文已有考述。翁山之得邀入幕，是顺理成章的。两人年龄虽相差十七岁，但秋岳对翁山始终敬重。《静惕堂诗集》收有秋岳酬翁山诗四题六首，其中《怀屈翁山》七律一首，尤见秋岳对翁山之爱重：

---

1 前引《卷圃尺牍》卷上，页44下。同卷页75上另有一札与右吉，札首有云：
  三年塞上，贱同候吏，冷过广文。卧雪吞毡，殆难名状。又遭逢恶岁，斗米二镪，而鬻妻子者接踵于道。竭力尽心，始毕赈事，地方晏然。与锡老、介老斋盐相对，讨论艺文，此等情怀，家乡故人必不料其若此者也。
2 《俞渐川文集》卷三，无页码。
3 《曝书亭集》卷四，页11上，系"上章困敦"（庚子，顺治十七年[1660]）。

凤城冠盖列如麻，作手今归处士家。九塞诗篇浑剑镞，十年踪迹半龙蛇。烟迷白鹤峰头宅，潮打黄陵庙口花。漫遣加餐情倍切，索居无地寄瑶华。[1]

至于秋岳与朱竹垞两代世好的关系，既始于明末，入清以后，曹朱两家，又发展到姻亲的关系。所谓"曹、朱，戚也"，方志中早已明言。[2] 近人潘光旦撰《明清两代嘉兴的望族》一书，更考出秋岳之兄弟曹清，以其女嫁朱茂时之子德遴；而秋岳之子彦栻（康熙三十三年 [1694] 进士）则娶朱茂时子彝叙之女朱魏云为妻。[3] 此外，秋岳与竹垞两人的私交亦不比寻常。二人集中所收酬赠的篇章，多至不能尽举。以下略拈较鲜为人引用之一二史料，以见两人的交情非比寻常。

竹垞为清初一大词家。然其初习倚声之道，秋岳实为之先导，盖秋岳亦精于此。竹垞晚年序秋岳《静惕堂词》，追忆早年追随秋岳于岭表及大同事，犹津津道出：

彝尊忆壮日从先生南游岭表，西北至云中，酒阑灯灺，往往以小令、慢词，更迭唱和。有井水处，辄为银筝檀板所歌。[4]

---

1 《静惕堂诗集》卷三十六，页7下—页8上。
2 前引《光绪嘉兴府志》卷五十三，《秀水文苑》，页40上。
3 潘光旦：《明清两代嘉兴的望族》（上海：上海书店，1991），表22"朱氏"，页31。
4 陈乃乾编：《清名家词》（上海：上海书店，1982），第1册，《静惕堂词》，页1。

秋岳罢官南归后，竹垞留在北方游幕。二人虽分处南北，然鱼雁频通。今存《倦圃尺牍》中尚可得见。如康熙九年（1670）前后，秋岳有致竹垞短柬一通，于其出处，有所教导。词简情挚，足见秋岳于彼爱护之深：

> 两得手书，欲暂返东山之驾，此知己所期也。读书适志，过软尘中百倍，最于今日相宜。特绿野未成，少紫神虑耳。凉秋昼鹢，跂而望之。惠借诸书，皆敝所乏。近年江左藏书绝少，偶有所见，辄为大力所先。承命采入《道古录》，恐无足以报拳拳者。统俟骖车息轸，悉出资搜罗耳。[1]

康熙十八年（1679），清廷诏举鸿博，秋岳及竹垞均在荐列。然秋岳以丁忧故，未能与试。竹垞则中式，获授翰林院检讨。其由反清而事清，至此终结。后五年，秋岳卒于秀水，得年七十三。竹垞时方在京参修《明史》，为撰挽诗凡六十四韵。结篇八韵，最足见二人肝胆之契：

> 磨灭频年札，凄凉一束茭。赋成栖舍鵩，梦断入怀蛟。遗草知盈箧，悬车定覆罦。空床吟蟋蟀，暗牖网蟏蛸。签帙无由借，人琴自此捐。茫茫千古恨，惘惘寸心恔。愧后

---

[1] 前引《倦圃尺牍》卷上，页90下—页91上。此札后一札有云：
　　年翁在客，方复萧然，过损弃中，饫及童孺，当之愧汗，莫喻名言。家人初十南行。宅报已付，日苦襟肘，未能即副所期。息壤在先，敬俟异日，谅之。
札末"日苦襟肘"以下，似朱竹垞尝向秋岳借金以缓急。

兼金赙，惟将渍酒酸。平生知己泪，亟欲反衡茅。[1]

右吉《二子篇》"顾李未面神为驰"，指的是顾炎武与李因笃。继而对二人大为推许：

关中博物因笃冠，操管滔滔濯江汉。曹刘沈宋未足多，古词郁郁星辰烂。东吴布衣顾炎武，山经星志指掌数。古文穿穴鄙夹漈，冥搜碑版考石鼓。好奇尚侠大略同，李诗顾笔凌千古。[2]

前四句所及李因笃（字天生，号子德），陕西富平人。天生少孤，得外祖田时需（？—1641）抚养成人。时需弟时震，明天启二年（1622）进士，崇祯朝尝任御史，为秋岳早年从宦京师的前辈。[3]秋岳在山西，天生遂以"故人之子相从"为门客。[4]

秋岳与天生在诗歌创作上，尤相互推重。天生尝以四十韵赠秋岳，秋岳叹曰："数百年无此作。"[5]且许为"《风雅》以来，仅有斯制"[6]。故秋岳论诗，推天生为一代之首。[7]天生于秋岳所作，亦推挹备至。识《静惕堂诗集》所录天生题词，约略可见。如

---

[1] 《曝书亭集》卷十二，页18上，诗系"旃蒙赤奋若"（乙丑，康熙二十四年[1685]）。
[2] 《俞渐川集》卷三，无页码。
[3] 田时震传，见《明史》卷二六四，页6830。
[4] 吴怀清：《关中三李年谱》（北京：中国书店影印民国十七年刻本，无年月）卷六，《天生一》，页18下引《鹤征录》。
[5] 前引《清诗纪事》，第5册，页2763，引王士禛。
[6] 杨钟羲：《雪桥诗话》（沈阳：辽阳书社，1991）卷二，页9上。
[7] 前引《清诗纪事初编》，页869。

康熙四年（1665）题五古一体说：

> 比年以来，得交曹秋岳先生，观其近体，便已折腰。及读古诗，如置身黄初元嘉之上，觉子美"得失寸心知"，遥有会心，而非过矣。[1]

其后又说：

> 如羚羊挂角，无迹可求。而浑金璞玉，太羹元酒之风，未尝不存乎其间。气候已到，欲不目之为汉，岂可得哉？[2]

秋岳罢官后，天生另觅府主，继续以游幕为生。鸿博一役，与竹垞同高中，惟以母老故，坚辞不就。至秋岳卒时，二人终未得再聚，惟诗歌信札，依然往还不辍。秋岳有《云中杂诗二十四首》，其二十二首怀李天生云：

> 代郡联嘉客，三旬一寄书。隔峰沉夜柝，烂醉忆春舆。别梦烟尘恐，劳生海岳虚。会当勤绝学，敢负岁寒初。[3]

康熙八年（1669），天生自河北返陕西，过山西大同，追忆旧日幕府盛况，作《归过云中怀秋岳先生》：

---

[1]《静惕堂诗集》卷五，页15上。
[2]《静惕堂诗集》卷七，页10上。
[3]《静惕堂诗集》卷二十，页17上。

塞草寒犹发，春泉去不移。鼎钟孤岳在，风雨十城知。朔碛开樽远，江楼对弈迟。几时除蒋径，亲看采陶篱。[1]

像这样彼此怀念的篇什，在二人的诗集里，是俯拾可得的。

俞右吉所述秋岳在大同幕府中的成员还有顾炎武。

亭林于康熙元年（1662）十月初访秋岳于其大同官署，盘桓数月。其后亭林遍游山陕，返北京，仍路过大同。未几二人于京师聚首，秋岳且挈亭林访著名之贰臣孙承泽（字北海，号耳伯、退谷，1592—1676）于其京郊退谷别业。康熙五年（1666），亭林二访秋岳于大同。以上种种，笔者均已别作考论。[2] 于此但略叙秋岳与亭林对金石碑版之共同嗜好。

右吉《二子篇》中咏亭林有曰，"冥搜碑版考石鼓"，亭林所撰有关金石的文字，世多能举其目。然亭林以其在山东邹县访搜所得之汉唐碑刻珍藏举以赠秋岳一事，则知者不多。秋岳《得宁人书寄汉唐碑刻至》诗云：

圭璋席上珍，不乐处幽翳。东游陟梁父，西与流沙际。稽古见斯人，旷野独挥涕。不逢故所欢，安救齿发敝。曜灵感推迁，长绳莫能系。跌荡车马间，史迁有遗制。临文

---

[1] 李因笃：《受祺堂诗集》（济南：齐鲁书社，《四库全书存目丛书·集部二四八》，1997）卷十，页17下；卷十三，页5下，《河南府梦曹侍郎》云：
见说嘉禾郡，司农久退耕。江湖孤枕得，节序百愁生。雨断闻黄鸟，春迟怅白蘋。馨香满怀袖，肯寄洛阳城。
盖亦作于秋岳罢官家居后。

[2] 谢正光：《顾炎武溶论交始末——明遗民与清初大吏交游初探》，《中国文化研究所学报》1995年第4期。

助豪雄，考索表孤寄。知我嗜琳琅，穷搜到遥裔。济上剥荒苔，孔林出深瘗。龙蛇灿盈箱，仆夫走迢递。重令齐鲁邦，菁华冠六艺。斯篆俨云虬，扁刻或如蛎。谁云野火焚，想象猝难继。巍巍上圣傍，神妍亦相俪。末技苟成名，足以寿千世。况秉大道区，绚等日星丽。及时当努力，撰述绍微系。君子相勖勤，金石有潜契。[1]

诗中"知我嗜琳琅，穷搜到遥裔。济上剥荒苔，孔林出深瘗"知亭林所举赠者，原是他在山东邹县与当地学者马绣（字宛斯，号骢御，1621—1672）搜访所得之物。[2] 而秋岳之"嗜琳琅"，可在其山西服官期内对三晋碑刻之留意，即见一斑。

《倦圃尺牍》有《朱竹垞书》云：

> 三晋古都会，金石之刻，自当伯仲关中。特无好事之人，几与蔓草俱没。[3]

《致俞右吉书》中亦云：

> 中岳碑半皆箧中所有，当贮以奉吾兄。外目数种，求长

---

1 《静惕堂诗集》卷七，页6下—页7上。
2 亭林山东访碑事，见张穆：《顾亭林先生年谱》，收录于存萃学社编：《顾亭林先生年谱汇编》（香港：崇文书店，1975），顺治十五年条，页219。
3 《倦圃尺牍》卷上，页91上。

者劳我一访。觅得烦寄。如长老好古碑,弟亦以副本奉答也。[1]

就亭林厚赠秋岳碑刻一事,二人之交契,从可知矣。

右吉诗作于康熙六年(1667),所述殆前一年之事;四人之同在秋岳幕府,乃在康熙五年(1666)也。

亭林于此事,终未有片言述及。其余诸人,则皆未尝讳言。竹垞《十月十四日夜同曹使君云州对月》《雁门关》《再度雁门关》等诗[2],均作于此时(秋岳亦有《甲辰冬月朱十访我塞上赋对月诗奉答三首》[3])。天生之《长至前二日同右吉翁山陪曹秋岳先生宿雁门关即事》[4],亦记诸人同游事。其后天生作亭林挽诗,自注中尚有于前事之忆记:

先生初同曹司农公过雁门,晤余于陈使君席上。[5]

这和秋岳《寄陈祺公二首》诗所述,同为一事:

---

[1]《倦圃尺牍》卷下,页1下。此札后另有一札,亦追言前事:"中岳古碑未备者众,不敢以烦当事。烦吾兄随便觅之,弟自补上烟楮费耳。"(页2上)。
[2] 各诗分见《曝书亭集》卷六,"阏逢执徐"(甲辰,康熙三年[1664])及"旃蒙大荒落"(乙巳,康熙四年[1665])条下。
[3] 收入《曝书亭集》卷六,页11上—页11下,竹垞诗《十七夜月》后。又见《静惕堂集》卷六,页9上—页10上,题作《锡鬯远访云中赠诗三首》。第一首起句叙竹垞先前随秋岳入粤事云:
　　昔我登罗浮,灵云翼飞轩。炎光扇四序,晔晔神芝颜。有美俨相从,盛作游览言。
同卷另有《十五日夜月同锡鬯作》,页10下。
[4]《受祺堂诗集》卷十,页16下—页18上。
[5]《哭亭林先生一百韵》,见《受祺堂诗集》卷二十五,页3上。诗题"亭林先生"四字被删去。

> 大有应刘供宴席（自注：谓天生、宁人），肯无铙角奏肤功。[1]

秋岳以应玚（字德琏，？—217）、刘桢（字公干，？—217）比附天生、亭林，则主客之意明白无隐矣。

屈翁山诗作之中，亦有《雁门关与天生送曹使君返云中四十韵》《送宁人先生之云中兼柬曹侍郎》《岁暮送李天生》[2]等相关篇什。其《送宁人先生》末五韵记秋岳之开府大同，与前引右吉《二子篇》中所述，可为互证：

> 云中魏尚旧宣威，今日曹公肃鼓旗。绶带投壶垂雅颂，彩毫题赋掩晴晖。容仪欲见如琼树，书礼相将聚紫微。八月龙沙飞急雪，中军置酒琵琶咽。令德高言相献酬，君欢好把酡颜啜。[3]

起句以汉文帝时云中太守魏尚[4]，比附曹秋岳，盖秋岳在大同之官守，乃"山西按察副使备兵阳和道"故也。

至于秋岳幕府中诸人，彼此之间，私交亦笃，此于亭林、竹垞、天生、翁山及右吉之诗文，尚可知见，故不再赘。

秋岳于山西服官，亦如其在广东，皆与当地之遗民保持密

---

1 《静惕堂诗集》卷三十三，页 13 下。
2 各诗分见《屈大均全集》，页 1035、1510、246。
3 《屈大均全集》，页 1510—1511。
4 《汉书》（北京：中华书局，1975）卷五，《冯唐传》有云：
　　今臣窃闻魏尚为云中守，军市租尽以给士卒。出私养钱，五日一杀牛，以飨宾客军吏舍人，是以匈奴远避，不近云中之塞。
翁山诗典盖出于此。魏又暗寓曹魏，以影带曹溶也。

切往来。顺、康之际，山陕地区的遗民，如傅山、申涵光、王弘撰，都和秋岳有诗酒唱酬，其中傅山得名最高，和秋岳及其幕客交谊亦较深。兹考述傅青主与诸人之交游，以为本节结。

秋岳酬赠傅青主之诗篇，共有三题四首。此外尚有《南乡子·访傅青山》小令一阕，述其访青主于傅岩所见：

> 泪红为谁点？曾踏天街柳絮风。执手松庄春恨晚，冥濛，倦向河山数晋宫。
> 逃世转情浓。破衲闲披虋篆中。谁是道人终不信，豪雄，白发难令酒榼空。[1]

秋岳擅倚声，乃清初词坛一重要作手。《南乡子》一阕，以简要之文字，写青主于乱后避世之生计与情怀，与其《留别傅青主》诗中所述，皆能曲尽其情：

> 拟扣松庄日一卮，断笳哀角已如斯。九州不乏悲秋士，万古当传送别诗。石洳塞前留泪远，鸥香江杪入群迟。许携梵册凌尘去，鹊尾炉烟对汝时（自注：青主以所书《金刚经》赠我）。[2]

亭林亦尝客青主之松庄，时在康熙二年（1663）别秋岳于

---

[1] 南京大学中国语言文学系《全清词》编纂委员会编：《全清词》（北京：中华书局，1994），第2册，页805。
[2] 《静惕堂诗集》卷三十四，页16下一页17上。

大同之后。亭林《赠傅处士山》云：

> 为问明王梦，何时到傅岩？临风吹短笛，劚雪荷长镵。老去肱频折，愁深口自缄。相逢江上客，有泪湿青衫。[1]

青主亦报以诗，题作《顾子宁人赠诗随复报之如韵》：

> 好音无一字，文彩会贲岩。正选高松座，谁能小草镵。天涯之子遇，真气吾不缄。秘读朝陵记，臣躬汗浃衫。[2]

后此十一年，亭林由易州到汾州访碑。时值三藩之乱，山西亦鼎沸不靖。亭林怀忆故人，寄诗致意，有《寄问傅处士土堂山中》一律：

> 向平常读易，亦复爱名山。早跨青牛出，昏骑白鹿还。太行之西一遗老，楚国两龚秦四皓。春来洞口见桃花，傥许相随拾芝草。[3]

秋岳幕中之朱竹垞亦与青主有深交。《周郡丞令树迁太原守诗以送之兼怀傅处士山》云：

---

[1] 王冀民：《顾亭林诗笺释》（北京：中华书局，1998），页593。
[2] 傅山：《霜红龛集》（太原：山西人民出版社影印宣统三年刻本，1984），上册，页244。
[3] 前引《顾亭林诗笺释》，页824。

>　　五马西归日，铜符领晋阳。川临潆洊近，山转崛崫长。童子争骖筱，邦人尚咏棠。凭君寻傅叟，暇即过松庄。[1]

然秋岳幕客中与青主交深者，殆莫如李天生。天生虽少于青主三十岁，然对青主平生治学与操守，都敬佩无已。此于其《得傅征君信》一律中即可见之：

>　　河汾文献未全空，盅上乾初有是公。不卜同舟瞻郭泰，徒知中论拟王通。芳期虚讯春来鸟，剧饮犹传雪后鸿。他日筚门相候处，下车应拜采桑翁。[2]

颈联以青主比附汉末得士的郭林宗以及隋末大儒王通，当非寻常的套语。

天生于青主之书道，亦甚推崇：

>　　傅老耽高尚，临池早入微。僧麈盈翰墨，壁粉有光辉。帝梦还能否，仙源谅不违。兴移杯物遽，原囷竟先归。[3]

反之，青主于天生亦爱奖备至。其《为李天生作十首》中

---

[1] 《曝书亭集》卷八，页3上。诗系"重光大渊献"（辛亥，康熙十年[1671]）。
[2] 《受祺堂诗集》卷五，页21。诗中用汉末郭林宗事，见范晔：《后汉书》（北京：中华书局，1973）卷六十八，页2225—2227；隋末大儒王通，传见欧阳修、宋祁等撰：《新唐书》（北京：中华书局，1975）卷一九六，《王绩》传附，页5594。
[3] 《同傅征君公他刘明经舆甫米侍御辅之陈公子端伯家刺史舅饮崇善寺十首》第七首。见《受祺堂集》卷七，页9上。

第一首，对天生之诗作尤为激赏：

> 空同原姓李，河岳又天生。律即三千首，钟消十二声。旧京才足赋，新庙颂难清。潦倒词场里，风云万古情。[1]

所谓"空同原姓李"，盖比天生于晚明的李梦阳（字献吉，1493—1529）；"律即三千首"，指天生才捷无比。至"旧京才足赋，新庙颂难清"，则犹不免遗民相勖相惜之心态也。

同题第八首有述顾亭林对天生之推许，亦堪注意。诗云：

> 南山塞天地，不屑小峰峦。灌薄冥苍翠，神仙谢羽翰。心原滂浩绰，胆岂大江寒。何事亭林老，朝西拟筑坛。[2]

青主于篇末自注云：

> 宁人向山云：今日文章之事，当推天生为宗主。历叙司此任者至牧斋。牧斋死，而江南无人胜此矣。[3]

考钱牧斋卒于康熙三年（1664），亭林所称当在是年之后。亭林以天生为当日文坛第一，当不无私意在焉。然出乎人意者，殆为亭林对钱牧斋之推崇，盖世但知亭林于牧斋有不屑者而已。

---

1 《霜红龛集》，上册，页235。
2 同上。
3 《霜红龛集》，上册，页236。

天生晚年追忆平生，尝效杜少陵"故人积日所为，爱而不见，积有余悲"之意，撰为《存殁口号一百一首》，所及亲友故交，不下二百余人。其中第四首即咏傅青主：

> 松庄长卷蹈东涛，华下欣传晚节高。白马横汾终有日，黄花入岳不辞劳。[1]

天生以遗民子弟，出应鸿博，中式之后，虽以母志力辞新朝官守，得以放还，然名节终亦不免有亏。晚年回思前事，忆及傅青主之为人，自亦有愧赧之情也。

四、结语

上文提及秋岳早年和朱子庄的共同女伴柳如是，曾在诗歌里将秋岳来比附邺下曹氏。这种比附，原来不过是朋辈间的戏谑，可能是由于秋岳的诗作和曹氏有近似的地方。及至中年以后，秋岳以贰臣开府边塞，招纳"遗民门客"，他的同乡知交以"邺下梁园彼一时，安论轩车与遗佚"一诗咏记其事。而秋岳本人，也在寄友人诗中将门客李天生和顾亭林比附应场和刘公干。两事合观，则贰臣和遗民间的主客关系，是再也明显不过的了。

在顺、康之际，像秋岳这种招纳"遗民门客"的行径，也不能算是独特的。如龚鼎孳和周亮工，便也分别有自己的"遗

---

[1] 《受祺堂诗集》卷二十七，页10下—页11下。

民门客"。龚的门下,有纪映钟(字伯紫,号戆叟,1609—1681)、杜濬(字于皇,号茶村,1610—1686)、顾景星(字赤方,号黄公,1621—1687)、陈维崧(字其年,号迦陵,1625—1682)、邓汉仪(字孝威,1617—1689)等;周的门下,有孙枝蔚(字豹人,号溉堂,1620—1687)、吴嘉纪(字宾贤,号野人,1618—1684)、汪楫(字舟次,1626—1689)、余怀(字澹心,号无怀,1616—1696)等。这些都是清初名重一方的明遗民,而都分别在诗文艺事上有卓越的成就。

历来研究清初诗文的学者,对像曹秋岳、龚孝升、周元亮等贰臣结纳明遗民一事,往往以"宏奖斯文"或"振恤孤寒"一笔带过,更不作解释。这种观点,未免失之于轻易或固蔽。即以秋岳为例,他和自己的"遗民门客"之间,便存在着种种牢不可过的关系,如:

他和万泰在明末同年中举;

他和朱彝尊的叔父子庄是总角之交,早年同学共砚,后来同年中举;

他和金堡是进士同年,金堡介绍同官严炜入秋岳在广州的幕府;

他和俞汝言是同乡兼总角交;

他是通过进士同年金堡和伍瑞隆而结识屈大均的,翁山后加入他在大同的幕府;

秋岳与李天生的外叔父田时震在崇祯朝同官御史。

可见除顾亭林外,秋岳和他的"遗民门客"都有同乡、亲属、同年或同官的关系。这些关系,无论是直接的或间接的,都足以说明所谓"宏奖斯文"及"振恤孤寒"也者，似乎都应该从其他不同的层面上去理解。

其次，除了这些关系之外，秋岳和他的同乡中的朱氏、陆氏及谭氏之间，还有错综复杂的姻亲关系。上文利用潘光旦的研究已指出曹、朱两家的姻亲关系。再细按潘氏的研究，还知道朱氏和陆氏之间、朱氏和谭氏之间，以至陆氏和谭氏之间，也都有姻亲关系：

朱彝尊的叔父大烈娶陆氏女为妻，而陆氏之兄启璘有孙世楷（即秋岳、万泰及朱彝尊入粤时任南雄知府者）；[1]

陆世楷之母为谭氏；[2]

朱彝尊有姑嫁谭贞良（贞良与秋岳及俞汝言早年同结诗社）；[3]

谭贞良子吉聪以女嫁陆世楷子大勲。[4]

秋岳因和朱氏有姻亲关系，而朱氏和陆氏及谭氏两族有姻亲关系，以故秋岳与陆氏、谭氏自然带上关系。这是再也明显不过的了。

像这种士族之间错综复杂的姻亲关系，是足以抵挡得住改朝换代之际所衍生的政治冲击的。

再就本文所及的"遗民门客"而言，他们之投靠秋岳，其实际动机，各有不同：有的出于谋食，如万泰、严炜；有的可能出于谋求政治掩护，如朱彝尊、屈大均；有的出于情谊，如俞汝言；有的出于问学，如李因笃；也有的出于治学的共同兴

---

[1] 前引《明清两代嘉兴的望族》，表48"陆氏"，页58。
[2] 同上。
[3] 前引《明清两代嘉兴的望族》，表69"谭氏"，页74—75。
[4] 前引《明清两代嘉兴的望族》，表48"陆氏"，页58。

趣，或谋取行旅上的种种便利，如顾炎武。然彼此似乎都有一共识，亦即：投身秋岳之门并不等同于降清。况且顺、康之际，正是大乱已平、小乱方兴，政局仍未彻底稳定的时候，秋岳以地方官的身份，一面招纳遗民于其门下，一面和辖治区域下的遗民通款论交，这种"礼贤下士"的作风，和满清新政权对汉族士人的笼络（包括上文所及龚鼎孳的"颁诏入粤"），是里外一致的。

贰臣和遗民间的主客的名分，在某种程度上，也另有其不容忽视的积极意义。首先，两者之间已建立的关系，往往有助于在新的环境中推动以及扩大彼此交谊的网络。秋岳在广州，能于短时间内顺利完成钱牧斋的嘱托，将《梦游全集》校勘重刻，自然是得力于他和当地遗民伍瑞隆和金堡在明末所建立的同年情谊。同时，秋岳又借助伍、金二人的关系，得以遍交当地的遗民俨然领袖者。而其门客之中，朱竹垞因与当地遗民有类似的经历，兼以年龄相若，嗜诗文如一，他在广州的遗民中，得交像屈大均、陈子升等，归根结底，都可说是得秋岳的启途推毂之力所致。

同样地，秋岳在山陕一带，亦曾促成遗民之间的交往。朱竹垞、屈翁山、顾亭林、李天生四人同在秋岳幕中作客，自是显著的例子。即便是此四人和西北的遗民如傅山、申涵光、孙奇逢、王弘撰等人的往来，秋岳也都曾为之推波助澜过的。

其次，贰臣与遗民之间，或为主客，或止于一时之游侣，诗文的唱酬，自是一主要的活动，无待烦言。但除此之外，彼此间在论学上通声气、书籍上通有无，以至对古彝器之搜求与鉴赏，均具有积极的文化创造的意义。上文所考述秋岳对竹垞在倚声之学的诱导和提示，以及他和幕客对金石碑版的着意访寻，不过是其中的一些例子而已。以下再就秋岳及其遗民之交对修史一事的相勖勉作进一步的考察。

秋岳以修明代史书自期，在罢官之后，表现得尤其强烈。他的幕客顾亭林和俞右吉，也分别有此志愿。秋岳赠亭林诗有云，"亭成野史空留约"[1]，用元好问晚年筑"野史亭"于家，以修金源氏一代之史自期的典故[2]，可见二人曾有修朱明一代之史的相约。右吉则撰有《崇祯大臣年表》一种，惜未得刊行。秋岳与顾、俞二人就修明史一事，必曾交换意见。可惜已是文献不足征了。

秋岳晚年与浙东的黄宗羲就修史一事曾互通声气，倒是尚有端倪可寻的。《倦圃尺牍》有《与黄太冲》一札云：

> 河上干旄，不足动高贤之盼。国史蹉跎至今日，海内有余望焉。弟衰后始解读书，荟蕞末年事七八种，得之亲见，稍异剽闻。终苦双腕颓唐，不称颂扬之意。频思刺舴艋、登著作之堂而请焉。萍踪飘摇，望先生如天上。近知绛帐东来，雨中丞公以通志相属，借班马之才，施之郡国，似为小屈。然一乡文献，借以不朽，所系甚大，太史方折衷于此，岂特各省修志者视律度为步趋乎？[3]

---

1 《静惕堂诗集》卷三十五，页 19 上。
2 元好问传记资料，参考脱脱等修：《金史》（北京：中华书局，1975）卷一二六，《元德明》传附，页 2742—2743。传有云：
　　好问曰："不可令一代之迹泯而不传。"乃构亭于家，著述其上，因名曰"野史"。
秋岳诗中典故盖出于此。关于"野史亭"，今人的考证，见徐崇寿：《从徐松龛先生〈过野史亭〉诗篇中对元遗山先生认识的略得》，收入中国元好问学会编：《纪念元好问八〇〇诞辰文集》（太原：山西人民出版社，1992），页 362。
3 《黄宗羲全集》第 11 册所收《交游尺牍》第 17 通，页 402。

考梨洲为当路者请修通志，事在康熙十年（1671）。[1] 梨洲固辞。秋岳此札，当作于其时。札内自称"荟蕞末年事七八种"，今所知秋岳著述如《明人小传》《崇祯五十宰相传》及《明漕运志》等[2]，当在其中。

外如康熙十九年（1680）顾亭林外甥徐元文（字公肃，号立斋，1634—1691）荐秋岳于朝廷佐修《明史》，时秋岳有服在身，部议俟服满，牒送史馆。秋岳虽终未身预史馆，然其史才已为当世所重，可无疑矣。

秋岳自山西罢官后，至康熙二十四年（1685）物故为止，二十年间，足迹不出江浙一带。而大部分时间是在秀水故里经营"倦圃"，作为读书待客之所。细读《静惕堂诗集》，便可发现秋岳晚年亦殊不寂寞；他和各地的明遗民始终保持着密切的往还。他和广东的屈大均、张穆、陈子升，山陕的王弘撰、傅山；同乡的朱彝尊、俞汝言等人，都有诗歌投赠。先后到"倦

---

1 参徐定宝：《黄宗羲年谱》（上海：华东师范大学出版社，1995），页195。
2 《明人小传》（抄本），收入《八十九种明代传记综合引得》（北京：中华书局，1959），未见。《崇祯五十宰相传》及《明漕运志》均见存目。
　秋岳著述见于著录者，尚有下列十一种：
　《刘豫事迹》一卷（《昭代丛书》庚集埤编，道光本）；
　《金石表》一卷（《四库存目》）；
　《倦圃莳植记》一卷（《四库存目》）；
　《流通古书约》一卷（《知不足斋丛书》，乾隆—道光本，第五集《澹生堂藏书约》附）；
　《静惕堂书目》（《古学汇刊》第二集《目录类》）；
　《古林金石表》一卷（《赐砚堂丛书》新编乙集）；
　《砚录》一卷（《学海类编》集余六）；
　《曹秋岳诗》一卷（《皇清百名家诗》收）；
　《曹秋岳诗选》一卷（《名家诗选》，邹漪选）；
　《静惕堂词》一卷（《清名家词》收）；
　《寓言集》一卷（《百名家词抄初集》）。

圃"作客的，有陈子升、张穆、金堡，以及新交的江南遗民、顾亭林的挚友归庄和朱鹤龄。偶然到南京，或渡江入扬州，与歙人程邃（字穆倩，号垢区，1607—1692）、汪士鋐（字扶晨，号栗亭，1632—1706）、张潮（字山来，号心斋，1650—？）等人[1]，交谊亦深。

秋岳和江浙明遗民中俨然领袖的顾亭林及黄梨洲，则有异

---

1 《中洲草堂遗集》卷十四，页11上有《访曹秋岳侍郎》，起句云，"鸳鸯湖口橹声催"，知秋岳时在秀水，其家盖近鸳鸯湖也。同卷另有《夜集曹秋岳啬斋同俞右吉项嵋雪次韵》，页12上。秋岳原唱题作《乔生嵋雪右吉夜过》，见《静惕堂诗集》卷三十五，页6上。秋岳又有《陈乔生自海南见访作此答之》（卷三十五，页5下），皆为陈子升访"倦圃"之证据。张穆来访，汪宗衍先生考定在康熙十九年（1680），见前引张穆《年谱》，页63。

秋岳罢官后，金堡经常作客"倦圃"。《同天友超然陪澹公饭兴福庵用超然将字韵三首》《澹公房值濮高士共饭二首》（均见《静惕堂诗集》卷二十四，页2下）。金堡《秋岳有兴福茶集诗用张超然将字韵次答》《次韵秋岳邂逅澹轩过半塘共饭》（均见《遍行堂集》国学扶轮社本，卷十四，页19），不过二人唱酬之一鳞半爪而已。

《归庄集》中《看花杂咏》有《曹秋岳司农招集倦圃赏桂同徐兰生姜西铭薛楚玉俞右吉朱子葆子蓉及金校书文璧》一题，《年谱》系康熙九年（1670）。分见《归庄集》（上海：上海古籍出版社，1984）页91、572。

《静惕堂诗集》卷三十六，页13上有《朱长孺以〈尚书埤传〉见贻因伤右吉》。考俞右吉卒于康熙十九年（1680），故云。又：朱长孺《愚庵小集》（上海：上海古籍出版社影印康熙刻本，1979）卷二有《献曹秋岳侍郎三十韵》，均足见二人交情。

《倦圃尺牍》卷下《与程穆倩》，作于康熙十六年（1677）之后，时程氏有丧子之痛。秋岳札中，再三劝其节哀，情词恳切：

　　令子之戚，惊恒久之。前在扬时，知先生钟爱最深，一旦失去，能无痛切？然暮年心事，独于伤感不宜。七情所伤，非修炼药石所能补。先生学道人，洞察因缘去来之理，既无益于死者，便须自爱其身。天壤间多不朽事，硕果不食，责在伟人，幸善排解。（页50）

《静惕堂诗集》卷三十八有《癸亥正月四日于皇穆倩豹人安节过饮限韵二首》。癸亥为康熙二十二年（1683），下距秋岳之逝，不过两年，程氏犹为"倦圃"座中常客。同卷另有《汪扶晨吴安道邀同梅定九耦长吴介兹黄师魏僧天池携酒寓楼限芦字二首》《拟游黄山示扶晨》《扶晨走使相讯惠茶墨佳瓷寄谢二首》及《同扶晨山行限雄字》等题，则秋岳晚年与汪士鋐往还之诗纪也。

张潮《幽梦影》（广州：光绪十年《翠琅玕馆丛书》刻本）卷上第一及第二十三条均有秋岳批语，即此一端，可知张山来与秋岳亦形迹甚密也。

乎寻常的情谊。亭林客死晋南曲沃，秋岳有诗悼之：

> 朔风栗冽未曾停，吹落关南处士星。车马未酬秦筑愤（自注：宁人以避簪入北），文章足浣瘴云腥。贞心慢世冰花洁，异物催人鹏鸟灵。幽魂故园招未得，只随华岳斗青荧。[1]

后三年，秋岳亦卒。死前一月，尚与黄梨洲聚首。梨洲有一札与亭林之甥徐乾学（字原一，号健庵，1631—1694），其中述及闻秋岳死讯后之心境云：

> 曹秋老健甚，相别一月，即尔奄逝。人生不可把玩如此！传闻其藏书尽归先生。若然，亦是可喜一事。弟虽老病，亦当力疾一读也。[2]

时梨洲已七十有六，故不免有人生飘忽之感慨，另询及秋岳生前之藏书。札中所及，仅此而已。于秋岳身仕两朝的政治操守，终未置一辞。

从秋岳晚年与亭林及梨洲的交谊来看，他在世时的声名，或不至如本文开端所引沈冰壶所说的那样不堪。所谓"蒙面灌浆人"之说，又焉知不是乾隆初年人"想当然耳"的捏造之辞呢？

2000年7月12日清晨于爱荷华州郡礼县之荒村

---

[1] 《静惕堂诗集》卷三十七，页16上。
[2] 《黄宗羲全集》，第12册，页70。

读万寿祺《野果山禽图轴》
——兼论清初钱谦益朱彝尊于江浙之交游

《中国古代书画图目》第四册《上海博物馆》卷,有题作《山鸟》之水墨画一幅(沪1-2379)。[1]画者不留一字一印,但有钱谦益(受之、牧斋,1582—1664)及朱彝尊(竹垞,1629—1709)手题。画乃苏州顾氏过云楼旧藏,经楼主顾麟士(鹤逸、谭一),著录于《过云楼书画记·续记》,题作《万年少野果山禽图轴》(以下简称《野果山禽图轴》)。1998年出版之《上海博物馆藏历代花鸟精品集》亦收此图,则恢复《过云楼》著录原名。《野果山禽图轴》为纸本,水墨,纵74.5cm,横41.8cm。[2]过云楼主人顾麟士描述图上所见有云:

> 此写萑苇渑渑,螳螂垂翅不飞,冯于败芦,将丧栖托,或以自况邪?石后野树,叶且尽矣,微存硕果,一鸟敛翮下视,不作长鸣远飞之态。[3]

---

1 中国古代书画鉴定组编:《中国古代书画图目》(北京:文物出版社,1986—2001)。
2 《上海博物馆藏历代花鸟精品集》(上海:上海书画出版社,1998),图54说明。
3 顾文彬、顾麟士:《过云楼书画记·续记》(南京:江苏古籍出版社,1999),页55—56。

从画之尺寸、构图、内容来看，此乃画者不经意所作之小品一幅而已。然是轴所包涵之历史意义，则似非尺寸足以衡量。一者，图乃万寿祺（年少，1603—1652）于明亡后所作。年少以抗清著名[1]，然画上题字之钱谦益，于乙酉年清人兵临南京城下时，群同其同党官僚，出城迎降，后且北上出仕新朝。当时被称作"蒙面灌浆之不肖人"[2]。牧斋不数年又密谋抗清，其事近得陈寅恪为发其覆。自是对牧斋公平之论，似应为先降清、后反清。与后来题字之朱彝尊恰好相反：盖竹垞浙江秀水前明故相之后，早岁抗清，事不成，游幕于大江南北。南至粤，东至鲁，西北至云中。年五十，应荐赴博学鸿词科，授翰林院编修，乃康熙朝之一名臣。[3]

夫一幅朱明遗民所画之小品，先后得在清初政局翻云覆雨之钱牧斋及朱竹垞题字其上。年少此图，遂将明末清初士人所可作之政治抉择浓缩而尽包涵为一矣！与彼之严分"楚河汉界"力持"汉贼不两立"者，大异其趣。历史之反讽，尚有逾于此者耶？

诚如下文所述，《野果山禽图轴》最早现身于苏州周葵斋中，时在顺治十一年（1654）秋，上距年少身殁未及三春。周葵字子丹，长洲人，有弟名荃，乃牧斋门人，值牧斋过吴门，乃出示此图；牧斋欣然题字于画右上侧。后此四十余载，图由吴中辗转入

---

1 万寿祺，徐州人。崇祯三年（1630）举乡试。乙酉（1645）五月，清师陷江南诸县，投身抗清行伍。兵溃被执，不屈，将加害。有阴救之者，囚系两月余，得脱。明年春，祝发礼佛，改名慧寿。久之，弃去。顺治九年（1652）卒，得年五十。
2 沈冰壶：《重麟玉册》（清抄本，上海图书馆庋藏）。
3 孟森：《己未词科录外录》，收入《明清史论著集刊》（北京：中华书局，1959），页494—518。

浙，竹垞于康熙三十九年（1700）得观画海宁马思赞家，并题字于画之左上侧。下及清季，此画复由浙返吴门，为过云楼所藏，楼主顾麟士及其后人多有题跋。迨新中国成立，过云楼藏品全归上海博物馆，年少此图由是得传诸永久。

本文先考述题画者与藏主之关系，进而重构明清间钱、朱于江浙之交游网络，盖估量先后所及诸人多有获观此画者焉。简言之，牧斋部分，起崇祯末年讫康熙初元；相关人物有周葵周荃兄弟、钱曾、钱陆灿、徐波、木陈道忞、继起弘储、苍雪读彻、熊开元、冒襄、邓旭等。竹垞部分，尽康熙一朝；所涉者查慎行查嗣瑮兄弟、陆嘉淑、黄宗羲黄宗炎兄弟、马思赞及妻查惜、杨雍建及子中讷、清廷重臣明珠及子揆叙等。至顾麟士之著录，所倚者仅《过云楼书画记·续记》中所收。笔者至今无缘得见原作，故上及《上海博物馆藏历代花鸟精品集》说明中所载有关沈同樾及其他顾家子弟之资料，遂亦未得过目为憾耳。

一、钱谦益手题

牧斋手题《野果山禽图轴》云：

> 万年少孝廉，隽才绝世。每见写生，皆度越古人。此幅韵趣生动，真化工也。甲午秋日，舟过虎丘至于邻藿斋中手题。虞山叟钱谦益（朱文方印"钱氏谦益"）。[1]

---

[1] 字作真书，标点为笔者所加，下同。

甲午合顺治十一年（1654），牧斋时年七十三。《年谱》记牧斋是年及后一载均访吴门。[1]《有学集》卷五有《虎丘舟中为张五稚昭题扇得绝句八首》诗，系甲午[2]，与手题中"甲午秋日，舟过虎丘"云云，如合符契。末署"邻藿斋"，知轴为邻藿所藏。邻藿即上及之周葵。年少此图为吴中人所得，自与年少累访其地有关。盖年少累过吴门，且曾置产其地。[3] 故明亡前后，或短留，或长住，俱详年谱。《野果山禽图轴》或即其侨吴中时之作。

周葵与牧斋早有过从。崇祯十四年（1641）夏，牧斋柳如是来归，牧斋撰《六月七日迎河东君于云间喜而有述四首》，和者十八人，得诗三十二首，与原唱均收入《东山酬和集》[4]；邻藿与下文所及之徐波，均有和作。

牧斋族曾孙钱曾（遵王，1629—1701）亦与邻藿相善。邻藿移居苏州凫溪，遵王过访，邻藿为撰《立夏日喜遵王见过》诗。遵王答诗，题作《周邻藿移居凫溪，扁舟过访，赋诗见赠，依韵和之。是日立夏，晚携尊同饮二丘堂，追思徐元叹，并话当代词人》，二诗均见遵王《判春集》。邻藿不见有集行世。今录其赠遵王诗云：

1　金鹤冲：《牧斋先生年谱》，收入钱仲联标校：《钱牧斋全集》（上海：上海古籍出版社，2003），附录，第8册，页944。
2　《钱牧斋全集》，第4册，页241。
3　年少苏州中城寓庐在板厂西街，今锦帆泾。城郊有房产在斜江。俱详拙作《万寿祺年谱会笺》（待刊稿）。
4　《东山酬和集》（虞山丛刻本）。

衔碧灯花待五更，隔林钟鼓报新晴。故人远道扁舟至，昨夜残春卷幔行。柳絮飘零粘素发，树荫匼匝长初莺。与君共话居山意，辟世从来并辟名。[1]

"隔林钟鼓报新晴"句中之"钟鼓"，当来自周家邻近之白椎庵。遵王题中所及之徐元叹，名波（1590—1663）[2]，晚年居苏州天池落木庵[3]，与中峰苍雪读彻（1588—1656）[4]、灵岩继起弘储（1605—1672）[5]及钱牧斋、毛子晋等往来频繁。康熙年间刻成之《宗统编年》顺治丙申十三年（1656）条：

秋。中峰读彻苍雪法师寂。……落木庵主徐元叹波、灵岩退翁储和尚，晚年俱相往来。储住灵岩。每岁二三月间，草花满田野，八九月间，白雁青枫天气，一竹舆由中峰而天池，饭于落木庵。……虞山毛隐湖居士晋，及宗伯红

---

1 钱曾著，谢正光笺校，严志雄编订：《钱遵王诗集笺校》（台北："中央研究院"中国文哲研究所，2007），页264—269。
2 徐波，字元叹，江南吴县人，传世有《浪斋新旧诗》《天池落木庵存诗》，均藏上海图书馆。
3 徐崧、张大纯：《百城烟水》（北京：北京古籍出版社，1979），卷三，白椎庵条：
在鸭脚浜。初名清照，万历间湛明法师建，文湛持太史为书"晋生公放生处庵"，更今名。湛之徒闻照传衣，苍雪继住。顺治末，闻之徒雪邻传衣，玄道住持。
4 读彻，字见晓，又字苍雪，号南来，云南呈贡赵氏子。幼落发于妙湛寺。南来吴郡，创中峰寺于天池山。有《南来堂诗集》四卷。书前有陈乃乾《苍雪大师行年考略》（上海：出版者不详，1940）。
5 弘储，南通李氏子，号继起，又号退翁。崇祯二年（1629）从汉月法藏出家，时年二十五。前后十坐道场。住苏州灵岩时，最得人望。详柴德赓：《明末苏州灵岩爱国和尚弘储》，收入氏著《史学丛考》（北京：中华书局，1982）。

豆蒙叟,皆善彻。彻将寂,以山茧袍及诗文集,属晋行世。[1]

遵王诗题中所及"二丘堂",邻藿堂名;"追思徐元叹"知时在康熙二年(1663)徐波下世后。至牧斋、子晋、徐波、苍雪、弘储等人之往还,见诸人集中。不赘。

今所欲指出者:元叹《天池落木庵存诗》有作于顺治二年(1645)《深冬送周邻藿赴开封并寄同行令弟太守(时河决已四年)》题,与年少此画至为相关。[2] 题所及"令弟太守"指葵弟荃。太守,在清即知府,官四品。荃字静香,善书画而佞佛,为牧斋门客,乃最早随牧斋降清者。吴修(1724—1867)《昭代名人尺牍小传》卷四《周荃》条:

字静香,号花溪老人,长洲人。大兵南下,荃首先向道,以功授开封府,迁[襄阳]观察。善山水花鸟。用齐楚观察印。[3]

《小传》成于道光六年(1826),所记不如清初人撰述详尽。嘉定人朱子素《东堂日札》有云:

明怀宗殉国之次年五月初九日,南都破,弘光出走,礼部尚书钱谦益率群臣降。有周荃者,吴郡人,谦益客也;

---

1 《宗统编年》,《续藏经》(台北:新文丰出版社影印本,1993),第147册,页246。
2 徐波:《天池落木庵存诗》。
3 吴修:《昭代名人尺牍小传》(藏修书屋道光六年刊本)。

078

密受谦益旨，谒大清统军大帅豫王，具言吴下民风柔软，飞檄可定，无烦用兵。王大悦，即日拜官。[1]

"明怀宗殉国之次年"，与元叹诗题中自注"时河决已四年"，年份正合。盖河决在崇祯十五年（1642）。谈迁《国榷》记该年九月李自成决河灌开封，"水大溢城。文武吏卒各奔避，士民仅存者百无一二"[2]。后此四载，即顺治二年（1645）。是年冬，周荃北上任开封知府，邀乃兄葵同行，为参其幕府。《山东通志》则列周荃为入清后青州道第五任道台[3]，周荃当年宦星高照，任知府后不久即获升道台。周荃迁襄阳观察，在顺治五年（1648），《湖北通志》记静香是年"辟荐副使兼右参议分守荆西兵备道"[4]。徐元叹《深秋送周邻藿赴楚抚辟之襄阳》诗，纪送静香兄葵往湖北服官事。[5] 周名葵而字邻藿，"葵藿"云者，典出曹植（192—232）《求存问亲戚疏》中输诚于其兄王曹丕之语："窃自比于葵藿，若降天地之施，垂三光之明者，实在陛下。"[6] 周氏兄弟俱先后异心之人无疑。其姓名皆刊落于乾隆朝所修《贰臣传》，盖"漏网之鱼"耳。前引吴修记周荃于自作翰墨，皆钤"齐楚观察印"。以官兴朝自矜，事亦鲜见！

---

[1] 朱子素：《东堂日札》（台北：中华书局，1967）。
[2] 谈迁：《国榷》（北京：北京古籍出版社，1958）卷九十八，页5943。
[3] 《山东通志》（上海：商务印书馆，1915）卷五十四，《国朝职官表四》，页1858下。未注明到任年份。
[4] 《湖北通志》（上海：商务印书馆，1921）卷一一五，《职官表三》，页2758下。
[5] 徐波：《天池落木庵存诗》。
[6] 严可均校辑：《全上古秦汉三国六朝文》（北京：中华书局，1958），《全三国文》卷十六，页1138下。

静香佞佛，乃灵岩继起弘储及门。康熙初元，木陈道忞（1596—1674）与继起弘储有所谓"密云弥布"扁诤。事缘继起于顺治十八年（1661）住密云旧道场金粟[1]，改建祖堂，将旧扁"密云弥布"卸下。木陈闻之，著文声讨。继起弟子蘖庵为本师缓颊；蘖庵者，即前明朝官、因忤崇祯被杖、入清后投继起之熊开元（1598—1675）也。而木陈竟予以一掌。[2] 继起不得已，遂遣静香出于木陈折冲樽俎。静香两度致书木陈，文辞委婉雅致。历时逾两载，而诤始得解。

熊开元与静香，同为继起弟子，木陈何故予前者一掌而甘与后者周旋？其初不得其解。及细读木陈《布水台集》，始知静香与木陈早于顺治初年间即有鱼雁往还，二人相互敬重。《布水台集》卷三十一有《复静香周观察讳荃》札两通。[3] 第一札对静香之主青州，恭维备至：

炎荒器乱，北地灾仍。唯青齐四境之中，赖德星高照，屡见丰季穰穰，夜户不扃矣！复轸念苍生之盲无慧目者，必欲僭大法金錍而开凿之，非内圣外王之道备，乃厥躬何以臻此？

1　陈垣：《清初僧诤记》（北京：中华书局，1962）卷二。
2　陈垣：《清初僧诤记》卷二。又：木陈《布水台集》（台北：明文书局，《禅门逸书初编》第 10 册，1980 年）卷五《世祖章皇帝哀辞有序十首》其三有句云："因说嘉鱼亟叹忠"，自注："明臣熊鱼山讳开元"。盖追记顺治十六年（1659）九月至翌年五月间木陈在清宫与清世祖往复交谈事（参拙文《新君旧主与遗臣》，《中国社会科学》2009 年第 3 期，页 186—203）。
3　木陈：《布水台集》卷三十一，页 284。

末云：

> 既承呼召，敢不前趋？……行将曳杖就徒矣，相见匪遐，率尔报命。

知静香函邀木陈北上青州弘法，木陈已安排就道矣，然终不果行。遂有第二札：

> 勉承台命，竭蹶赴青。不谓遽逢居士之大故，弗克安止檀阴之下。

因静香丧服在身，二人未得相见。事当在顺治三、四年（1646—1647）间。自北都之陷，每值三月十九崇祯之忌辰，木陈累有诗歌哭祭先帝，泪眼欲枯；[1]然一旦得闻兴朝一地方官吏之"呼召"，则又亟亟不及待。木陈热中用世，习于奔竞，此其中一例耳。

迨顺治十六年（1659）九月，木陈应诏晋京前，二人终得相见。《布水台集》卷四《赠静香周观察讳荃》诗：

> 鲜烹大国艺通神，小技诗文画可人。休怪毗耶能慧巧，大千手掷若陶轮。[2]

1　木陈：《布水台集》卷一，《毅宗烈皇帝哀词》，页11；卷四，《戊戌暮春十九之作五首》，页33。
2　木陈：《布水台集》卷四，页34。

081

首二句称许静香主政及诗文画诣,末两句则暗喻静香言语慧巧、手段通圆。"密云弥布"扁诤起,静香能代表本师,好言好语劝说木陈息怒,诤乃得解。事岂偶然哉?扁诤息后不久,静香有甲子之庆,木陈为撰《寿静香居士六旬初度》四章。第四章云:

> 乐归智者寿归仁,水活山灵性自亲。齐楚勋名何足论,清闲赢得鹤随身。[1]

前文记静香以"齐楚观察"自矜自喜,今木陈偏以"齐楚勋名何足论"挠其痒处,此人亦可谓善颂谀矣。

静香致仕归里,颇得园林之乐。尝作书招周亮工饮:

> 仆所居园,虽无奇观,然是顾青霞宿构,颇为懒散客所称。石不奇,映以老梅,颇有致。树不多,参错以石,颇有映带。池不广,然垂柳拂之,颇如縠。室不甚幽,然不燥不湿,颇可坐卧。室中所悬画,虽太旧,然是李营丘手迹,董文敏三过而三跋之,颇为识者所赏。酒不甚清,然是三年宿酝,多饮颇不使唇裂。主人虽老,然不惫,颇能尽夜奉客欢。栎园以公事至,虽忙,颇可偷半息暇,一徘徊树石间,看旧人画,听老夫娓娓述吴中逸事以佐饮。天下无不忙者,况服官?然天下事亦忙不得许多,偷半息

---

[1] 木陈:《布水台集》卷五,页50。

暇，且过我饮为是。[1]

《同治苏州府志》记周荃所居顾氏旧筑名"芳草园"又名"花溪"在定跨桥之北。周氏故后，为昆山徐乾学所得。周氏购园所费当不赀。园至同治年间尚有数百年古木云。[2]

周氏兄弟又与邓旭（元昭，1609—1683）、吴梅村相善。元昭《林屋诗稿》卷五有《忆丁酉中秋，梅村、敉庵、松交、子京、邻霍、静香、蒨来诸公，邀余上方看月。画船箫鼓，诗酒赠答，洵一时高会，今俱即世。晚泊遇雨，兴怀口占一绝》诗。丁酉合顺治十四年（1657），题中所及，梅村及周氏兄弟而外，敉庵，汪时泰，湖光汉川人，顺治十八年（1661）进士；松交，顾予咸，长洲人；子京、蒨来，不详。

同书卷七《壬冬闻周邻霍先生至白门，即由菱水返棹，赤石矶去城如咫，不敢入。承同钱湘灵过晤，追述顾松交、周静香诸亲旧，强半物化，夜寒不寐，感而成咏》一题。[3] 壬冬之"壬"，指康熙十一年壬子（1672）。知静香卒时或未到七十。有《自香池上集》，未见。又：钱湘灵，名陆灿，牧斋族曾孙，与遵王同辈。上及受木陈一掌之熊开元之法子。

冒襄（1611—1693）寄静香诗有"青齐棨戟雄诸镇，白社

---

[1] 《藏弆集》，《周亮工全集》（南京：凤凰出版社，2009）卷十六。顾青霞，名凝远，自号远度、幽梦斋、挐荫阁、诗瘦阁、蟋蟀草堂，吴县人。爱蓄商周秦汉法物，一时名士多与为云霞交。与徐波尤密。前及周荃、徐波和《牧斋六月七日迎河东君于云间诗》，顾青霞亦有作（参徐波《浪斋新旧诗》）。
[2] 《同治苏州府志》（台北：成文出版社，1983）卷四十六，《第宅园林》，页33。
[3] 邓旭：《林屋诗集》卷七，《四库未收书辑刊》第7辑第22册，页7。

风流剩此生"[1]一联,寥寥两句,点出周荃一生之成就。诗人运笔,果尔不凡!

总体而论,牧斋及门于明亡后之政治抉择,实薰莸同器。如周氏兄弟颡颜事敌者有之,以朱明之遗民自处者亦有之。后者若顾苓(云美,1609—1682年以后)与归庄(玄恭、恒轩,1613—1673),于北都沦亡后,均与万寿祺累通声气,彼此以道义相勖。顾云美为万寿祺自画像题"扶要(腰)道人"四大字,云:"道人扶要,要不可折,杖而扶之。"[2]此世所熟知。

若归庄之与年少,论交后之遭际尤非寻常。考顺治九年(1652)四月,年少得顾炎武居中安排,亲临昆山,力邀玄恭与之同归淮上清江浦万家作馆。玄恭欣然携子与年少同行。不意抵清江浦万家后,不数日年少得急疾而身死。玄恭无奈,为协助年少身后事,客居万家至年终,始返昆山度岁。翌年春,玄恭尝入虞山,哀请其业师牧斋为归家三世之丧赐以碑版文字。事成,玄恭二上清江浦,为万年少卜地发丧。[3]

此外,年少有婿名唐允甲(祖命)者,乃父君平与牧斋为进士同年;君平之墓志铭即出牧斋手(《初学集》卷六十一)。

---

[1] 冒襄:《巢民诗集》卷五,《续修四库全书》集部第1399册,页19下—20上。诗系康熙四年乙巳(1665)。
[2] 顾苓题万寿祺自画像事,参段拭:《万寿祺自画像》,收入《艺林丛刊》第10编(香港:商务印书馆,1974)。顾苓《斜阳集》(北京:国家图书馆藏)有《与万年少杂诗三首》(万寿祺:《远问顾云美》《游顾氏塔影园记》《隰西草堂诗文集》诗卷三,《续修四库全书》集部第1394册,页210、224)。
[3] 《归庄集》(北京:中华书局,1962)中《勃斋诗》《彭城万年少流寓淮阴特来吴中延余教其子遂絜琨儿与偕行》及卷中玄恭淮上诸作(详拙文《归庄北游淮上诗纪》,待刊稿)。

祖命诗稿亦得牧斋为撰前序（《有学集》卷十八）。因有此种种因缘，可断定万年少于明清后间之遭际，牧斋不惟知之，且或知之甚详。观牧斋手题此帧，开句即断言画乃万寿祺所作。继曰"每见写生，皆度越古人"苟非熟读年少画作，何能出此言？牧斋誉此帧"韵趣生动，真化工也"，则称许至极矣！

《有学集》有跋画者六条：《题李长蘅画扇册》《跋顾与治藏大痴画卷》《题郑千里画册》《题闻照法师所藏画册》《吴渔山临宋人缩本题跋》《王石谷画跋》。跋文虽有长短，而长蘅、与治、千里、闻照、渔山、石谷等，皆与牧斋交好之时人（《牧斋杂著》有为黄子羽《题檀园墨戏册》、为谢象山《题黄子久画》、为周栎园《题程孟阳画》，亦皆为友生题也）。牧斋过眼古今书画，想来何止万千；而画跋寥寥，且有"题今不题古"之倾向，信乎不苟作。[1] 此题年少画卷，心许其人，当无可疑。

至牧斋顺治十一年（1654）秋吴门之行，实身负特殊任务一事。《年谱》乙未七十四岁条有云：

> 自去年（甲午）以来，先生常往吴门，盖国姓有五大商在京师、山东、苏、杭等省，经营财货，以济其用。此先生所以常往还苏、杭也。

陈寅恪《柳如是别传》亦言其时"牧斋之屡游苏州，或与

---

[1] 牧斋《题郑千里画册》(《有学集》，《钱牧斋全集》) 有云："余观古今人书画，不轻加题识。"此文1996年《有学集》本，作"余观古人书画"，无"今"字。今从1996年本。香港中文大学陈建铭先生读书细心，承以此事相告，谨志于此，以表谢意。

通海之举动有关"[1]。牧斋重任在身,尚扁舟过周府观年少画。以予度之,牧斋心中,此时或已视年少为抗清复明之偶像。当其拜观年少画作,一以稍赎先前之愆尤,一以祈求年少之灵护。牧斋手题年少《野果山禽图轴》,实非偶然!

二、朱彝尊诗跋

朱竹垞跋《野果山禽图轴》云:

> 藉甚淮南万孝廉,人琴亡后笔踪淹。唯余野果山禽在,能事丹青水墨兼。竹垞彝尊坐小葫芦山书屋题。时年七十有二,康熙庚辰八月也。

诗流畅自然,清新可喜。人琴之痛,毫不讳言。首句"藉甚"云云,当指年少因抗清而赢得之声名,末句言其艺能乃其余事耳。第三句"唯余野果山禽在"或即后来过云楼顾氏题此画作《野果山禽图轴》之所本。末署康熙庚辰,即三十九年(1700)。时竹垞罢官里居已八载。秀水密迩海宁,皆当时浙江人文之渊薮。竹垞遐则累访其地,盖与海宁查兄弟慎行(初名嗣琏、夏重,后改名悔余、初白,1650—1727)、嗣瑮(德尹、查浦,1652—1733),谊属中表,情谊亦深。

查氏海宁望族。六世祖秉彝(性甫、近川)明嘉靖十七年

---

1 陈寅恪:《柳如是别传》(上海:上海古籍出版社,1980),页1044。

（1538）进士，顺天府尹。高祖志文（鸣周、岐峰）明隆庆元年（1567）应天举人，官庐州同知。曾祖允揆（舜佐、斗南）明邑诸生。祖大纬，号蓬庵，明崇祯六年（1633）顺天副榜，官兵部武库司主事。[1] 父名崧继，邑诸生，国亡后改名遗，字逸远，号学圃；名与字皆以明遗民自视。清兵南下，蓬庵父子均身预抗清活动。[2] 事败，归隐于家。逸远为黄宗羲（太冲、南雷、梨洲先生，1610—1695）挚交。逸远下世，梨洲为撰墓志铭。[3]

查逸远教子弟"不为科举干禄之学，而读书为诗古文，士林望风推服"。初白兄弟二人皆师梨洲。[4] 初白年十八，婚同里陆嘉淑之女；陆字冰修，号辛斋，以抗清破家。能诗，于初白有所指点。[5] 冰修与梨洲亦知交；梨洲集中有诗文纪二人之往还。[6]

初白祖、父，及妇翁既皆尝抗清，宜乎初白年至十九始习括帖之文。而首次赴科场，年已三十五。五十以前，科第终不得意。[7]

康熙十七年（1678），查逸远卒于家，得年五十三。翌年，初白服尚在身，只身离家走荆州，投奔里人杨雍建。杨氏日后追记云：

---

1 陈敬璋撰，汪茂和点校：《查慎行年谱》（北京：中华书局，1992），页11—12。
2 吉川幸次郎：《吉川幸次郎全集》（东京：筑摩山房，1968），第16卷，《查初白》，页166—205。
3 黄宗羲：《黄宗羲全集》（杭州：浙江古籍出版社，1985），第10册，《查逸远墓志铭》，页366—368。
4 黄宗羲：《查逸远墓志铭》，页368。
5 说见吉川幸次郎：《查初白》，页173—174。
6 《黄宗羲全集》，第11册，《南雷文补遗》，《范文园水镜集序》："盖文园以孝义闻于郡邑，吾友陆冰修曾为觐缕序之。"（页78）
7 《查慎行年谱》，页15、18。

己未(1678)春,余奉命抚黔阳,而同邑查子夏重短衣挟策,自吴涉楚,追及之于荆江梦渚之间。其时疆场未启,豺虎塞涂,余提戈束马,自铜仁间道崎岖,溪谷嵯箐,孤军转战,一旅深入,帐下健儿能从者不过数十人,而夏重独慷慨与俱,经年而后抵贵治。[1]

杨雍建(自西、以斋,1631—1704),长初白十九岁。举顺治十二年(1655)进士,授广东高要知县,得朱竹垞同过岭,馆其官舍,教其子中讷读书。故竹垞尝以杨雍建之"老宾客"自居。[2] 初白之投奔杨雍建,事前得朱竹垞居中为安排,可以想见。[3]

初白值乃父新丧而离家,以游幕为稻粱谋,实因家中经济拮据,有不得已焉者。自吴头奔楚尾,从杨雍建辗转于西南达三年有几,得诗二百五十三首,纪行役之劳苦,自题曰《慎旃集》,取义于《诗经·魏风·陟岵》孝子行役,思念父母之意。[4] 今传世《敬业堂诗集》中四千六百余首,即置《慎旃集》于卷首。[5]

前文述初白三十五岁入都,游太学,秋闱被放。旋即馆相国明珠,教其子揆叙读书。考前此一载,竹垞入京应鸿博,家书中有"明中堂相见,待我甚好。据彼竟云朝廷第一注意是我"

---

[1] 《敬业堂诗集》附录《杨雍建序》,页 1754。
[2] 朱彝尊:《曝书亭集》,《清代诗文集汇编》第 116 册(上海:上海古籍出版社,2009),页 540。杨氏生平又见李元度《杨以斋侍郎事略》(《国朝先正事略》,《四部备要》本,卷四,页 7 上—9 下)。
[3] 参见吉川幸次郎:《查初白》,页 166—205。
[4] 参陆嘉淑序初白《慎旃集》,《敬业堂诗集》附录,页 1756。
[5] 《四库全书总目提要》(北京:中华书局,1965)称《敬业堂集五十卷》乃查初白"编哀其生平之诗",不确。盖三十岁前诗,已为初白尽删。

等语。[1]然则明珠之聘初白,或由竹垞之推介。初白年五十三,始得奉康熙帝御旨"每日进南书房办事",翌年即举进士。初白六十岁前之经历,殊不寻常![2]

回头说竹垞与查氏兄弟同居于京师时,过从频繁。三人集中所收当日酬赠之作,几于展卷皆见。前及之《腾笑集》,初白尝为作序。晚岁复序《曝书亭集》,言自中年起从竹垞"问学质疑,请教受教最深,又幸托中表,称兄弟"[3],皆见情谊之深。竹垞致仕后累访海宁,固人情之所在。

竹垞之访海宁,亦与初白同为嗜书之人有关。此前不久,竹垞得松江李延昰赠书二千五百多卷,初白闻之,作七律一首纪其事。诗中两联云:"自怜老友今无几,且喜藏书得所归。万卷又增三箧富,千金直化两蚨飞。"[4]况海宁又另有马思赞者,收藏极富。时人称马氏"插架皆宋元旧本,为东南藏书之冠"[5]。叶昌炽《藏书纪事诗》,朱、马、查各占一席,不为无因。三人踪迹甚密,以皆嗜藏书之故!

上文引竹垞所撰年少此图之跋诗,末署"小葫芦山书屋",即马思赞之书斋。检初白诗:"君家葫芦山,我家菖蒲港。"[6]竹垞《跋新莽钱范》亦云:"岁在丁亥,观于衎斋上舍小葫芦书

---

1 转引自张宗友:《朱彝尊年谱》(南京:凤凰出版社,2014),页228。
2 参见《年谱》相关年份。又:周劭点校《敬业堂诗集》之《前言》一再指出"查慎行的生平比较平凡"(页1、7)。周说似有未安。
3 范道济辑校:《新辑查慎行文集》(郑州:中州古籍出版社,2012),页39—40。
4 《敬业堂诗集》卷二十三,《闻李辰山藏书多归竹垞》。
5 叶昌炽:《藏书纪事诗附补正》(上海:上海古籍出版社,1999)卷四,马思赞条《补正》引《杭郡诗辑》,页407。
6 《敬业堂诗集》卷十八,《雨后过马寒中山居》。

屋。"[1] 丁亥合康熙四十六年（1707）。所言俱合。

马思赞字仲文，又字寒中，号衎斋（？—1721）。父麟翔，尝任扬州推官，半载而归。此寒中《作先公年谱成》诗"无数仁慈有数寿，廿年书卷半年官"[2] 所指也，然家业素丰，寒中早岁因可弃举业，专志于学。筑南楼、道古楼皮藏书画古器图书。寒中妻查惜《题家园南楼》一律，言楼之秀丽宜居：

庾亮有南楼，斯楼不与侪。屏开山似画，卷月帘如钩。诗思凭高得，晴光入望收。自应仙使驻，仿佛凤箫留。[3]

寒中《南楼即事》写楼中岁月优悠：

蛛丝牵网拨难开，高着梧桐低着槐。自劚竹枝才扫罢，一双蝴蝶正飞来。[4]

---

1 朱彝尊：《曝书亭集》卷四十六。
2 诗见阮元：《两浙輶轩录》卷七，马思赞条，《续修四库全书》第1683册，页37。
3 查惜：《南楼吟香集》（康熙二十八年刻本）卷三，页1上。前有马思赞所作记云：
　　《南楼吟香》旧刻于硖川西山，起自乙丑（康熙二十四年[1685]）正月，至戊辰（康熙二十七年[1688]）二月，得诗六十四首，已经问世，阅今一岁。复刻于邑中清远堂，删抹增订，共得诗乙百零首，每体各为一卷。大约五年内，诗之可存者略备矣。至旧时本子舛伪甚多，见者幸勿置案头。时康熙己巳年闰三月一日马思赞仲安甫记。
按：此书入藏南京图书馆古籍善本部。辱承李丈金堂代阅全书，复远道寄赠查氏诗及寒中前记。谨再表谢意。
4 阮元：《两浙輶轩录》卷七，马思赞条，页37。

初白弟嗣琛诗则咏道古楼庋藏之富[1]：

水北山南各一村，每因连壁启蓬门。人才有数输心少，农事粗登卒岁喧。行乐直须忘富贵，买书初不为儿孙。乘槎纵有通天路，银汉风波孰与论。（自注：道古楼积书万卷，兼充秘玩，颇有忘世之乐。）

又云：

寒中窥经史，旁及百家，以至二氏、六艺、虫鱼、鸟兽、山水、草木、法书、名画、篆刻、组绘、珍怪、玩好之奇，无一不探索。而遍交东南名下士，一时争相把臂。[2]

寒中所藏宋元名画精品，则更足令世人艳羡矣：寒中集中题宋、元人画轴，谓约选百种有几，而可与生命俱者又惟十数轴，各以诗记。如郭河阳（熙）《春耕图》、李伯时（公麟）《蛮王酣乐图》、刘松年《春山雨雾图》、夏禹玉（圭）《华山看瀑图》、黄子久（公望）《乱石古木图》、王叔明（蒙）《山村图》、赵子昂（孟頫）《春流放船图》、王若水（渊）《芦雁图》、钱舜举（选）《女仙夜会蓬莱图》、倪元镇（瓒）《江渚蜗牛庐图》，

---

[1]《寒中素村次韵寄诗四迭前韵》题第一首，见《查浦诗钞》卷七，《清代诗文集汇编》第 8 辑第 20 册（上海：上海古籍出版社，2009）。
[2] 阮元：《两浙輶轩录》卷七，马思赞条引，页 36。

皆其铭心绝品也。[1]

寒中夫妇皆有诗集行世。寒中有《皆山堂诗》一卷、《寒中诗集》四卷。查惜字淑英，初白宗人，有《南楼吟香集》。俱未见。寒中同里后辈吴骞（槎客、兔床，1733—1813）《拜经楼诗话》记马氏夫妇于道古楼中唱和，"世望之若神仙中人"。兔床记寒中夫妇唱和诗：

> ［寒中］又尝游吴氏，经时始归。淑英谑以诗云："杨花岂向一人开，此去吴家笑几回。惆怅西山归棹后，问他可有阿谁来？"寒中和答曰："杨花原是路旁开，且爱柔条看一回。假使春风恋个煞，可知今夜未归来。"[2]

寒中系出朱氏，本即竹垞宗人。此事《曝书亭集》中，即藏有明证。盖竹垞先后有《君平遗镜为家上舍思赞赋》题，咏西汉人严君平（公元前86—前10）事，系康熙三十八年（1699）[3]，及《查编修弟嗣瑮家上舍思赞书来许以七夕见过愆期不至漫赋》题，系康熙四十八年（1709）[4]，皆称思赞"家上舍"："家"犹言本家；"上舍"指思赞早年所得监生一第。

朱竹垞晚年与寒中往还，查氏兄弟多在场。初白《同竹垞

---

1 徐世昌：《晚晴簃诗汇》（北京：中华书局，1990）卷三十九，马思赞条诗话，页1494。
2 吴骞：《拜经楼诗话》（《丛书集成初编》本）卷一，页3。此诗又见施淑仪辑：《清代闺阁诗人征略》（上海：上海书店，1987）卷三，查惜条。
3 朱彝尊：《曝书亭集》卷十九。
4 朱彝尊：《曝书亭集》卷二十三。又：参查慎行《题扶风琬琰录后》，收入《新辑查慎行文集》，页82。

德尹过马寒中山居》,系康熙四十年(1701)[1],即竹垞诗跋《野果山禽图轴》之明年:

> 马氏好兄弟,卜居傍层崖。青山满墙头,罗列如髻钗。杖藜约朱老,兴到相与偕。不辞步屧远,及此秋光佳。款我非俗情,赴君有奇怀。筮易得酒食,遂以衎名斋。既饱还读书,桐阴落空阶。人生贵称意,作计殊未乖。(自注:寒中书屋名衎斋。)

此题前一题为《喜竹垞先生至》,知竹垞甫抵海宁,即随查氏兄弟往访寒中。盖竹垞大著《经义考》成书于是载,其汲汲于与寒中相见者,当与此事有关。

初白另有《立夏日吴山寓楼偕竹垞朱先生及郑息庐马衎斋素村家德尹为樱笋之会竹垞有诗和答一首》:

> 夏木阴中夏日长,小楼西面吸湖光。帘栊昨夜犹春雨,花事今年偶故乡。佳节重逢知几度,白头一笑抵千场。朱樱紫笋家园味,容易山厨得饱尝。[2]

竹垞和答题作《饮查编修寓楼二首》:

> 颠毛初白与僧同,逐队仍趋朵殿东。恰喜行厨樱笋熟,

---

1 《敬业堂诗集》卷二十八。
2 《敬业堂诗集》卷三十四。

系鞋且对一渔翁。

高馆江湖左右开,三瓶檐酒倒官醅。十年旧事篝灯话,此夜方舟泊钓台。[1]

诗系康熙四十六年(1707)。立夏樱笋会,盖援唐人先例。吴山,在杭州西湖东南,初白有别业在焉。竹垞是行尚访寒中于小葫芦山书屋,已见前文。

又:前引诗注中所及寒中筮易后自号衍斋事,吴骞子寿旸(虞臣、苏阁,1771—1835)集云:"寒中先生筮易,得渐之二爻,因以衍斋为号,并有坐盘石小影。"[2] 虞臣所记,或仅本诸其父辈之传闻,故有不详尽处。盖初白《马衍斋筮易得渐二爻,既以名其居,复绘小影坐盘石旁,竹垞老人旧书于盘二字,今以图来索题,附缀数语。义尽于卦,无取旁求也》诗[3] 明言寒中"坐盘石小影",有"竹垞老人旧书于盘二字"。"旧书"题于何年不详,惟所题与渐卦之爻辞有关:"鸿渐于盘,饮食衎衎,吉。"明乎此,方可读初白此题:

离于干,既于盘,起居无时,惟石之安。止以为巽兮,木因乎山。于陵于陵兮,抑岂鸿之所难。[4]

---

1 朱彝尊:《曝书亭集》卷二十二;《敬业堂诗集》卷四十五。
2 《敬业堂诗集》卷四十五。
3 《敬业堂诗续集》卷二,《哭马寒中四首》,康熙五十一年(1712)。
4 转引自《藏书纪事诗》,页406。

诗系康熙五十五年（1716）。题中所云"以图来索题"者，指寒中后人。盖寒中下世在此题撰成之前四载。[1] 竹垞之下世，又在此诗前七载。初白《寄祝竹垞先生八十寿二首》，系康熙四十七年（1708）五月，时初白在京。翌年冬，竹垞卒于秀水小长芦居。得年八十一。

一言以蔽之，竹垞、初白、寒中三人之往还频繁，无可置疑。竹垞与查氏兄弟为中表，寒中本竹垞宗人，妻为慎行宗人，关系重叠。"《竹垞初白二先生尺牍》凡六十通，与寒中者十九。"[2] 知竹垞桑榆晚境，文采风流，不殊曩昔。

三、顾麟士著录

牧斋与竹垞手题外，年少画上别无文字。惟轴归元和顾氏过云楼后，藏主麟士撰《过云楼书画记·续记》，收《万年少野果山禽图轴》一题。今节录麟士之著录如下：

> 此写萑苇淠淠，螳螂垂翅不飞，冯于败芦，将丧栖托，或以自况耶？石后野树，叶且尽矣，微存硕果。一鸟敛翮下视，不作长鸣远飞之态，亦为自道无疑。倘谓写黄雀螳螂，逸民庸有是机心哉？上有康熙壬辰八月朱竹垞坐小葫芦山书屋题诗，又有甲午秋日钱牧斋舟过虎丘，至于邻蕚

---

1 《敬业堂诗集》卷三十六。
2 《藏书纪事诗》，页406，引吴寿旸《拜经楼藏书题跋记》。《朱彝尊年谱》录朱、马晚年书札往还甚详，不知所据即《竹垞初白二先生尺牍》否？

斋中手题……按海宁马思赞字仲安,又字寒中,号衎斋,又号南楼,与竹垞辈踪迹甚密,家有道古楼外,又有小葫芦山书屋……据志称,花山一名小葫芦山,多白鹇火鸠,亦茂松竹。《拜经楼题跋记》称"插花山马寒中上舍",然则花山亦名插花山矣。又据初白《敬业堂文集·跋扶风琬琰录》谓"衎斋系出于朱,其祖某为后于马,始改姓"云云。故竹垞跋衎斋印谱称吾宗也。此帧作者竟无一字,微垞翁、牧翁,谁知孝廉手笔?[1]

与牧斋与竹垞手题相比,顾氏著录乃一用心之作,非如钱、朱之题信手写来者也。开篇七十余言,先就画上所见,细为描述。继而对年少作画寄意之所在,及其画中所欲传达之语言,娓娓道来。以此推之,此画乃万氏晚年之作无疑。然画上不留一字一印,或为未竟之作亦未可知。至篇中述竹垞与海宁马寒中之交往,为天壤间保留一件相关之文献,麟士功不可没。

惟吴寿旸《艺风藏书续记》北山小集条有云:"亡友马寒中先生秘藏。先生殁后,其子好挦撦,已准百钱落博徒之手矣。悲乎!"然则《野果山禽图轴》果落谁家?此帧何时得自海宁返吴?过云楼得藏此轴之原委,麟士无一字及之,不无憾焉。

迨新中国成立,过云楼藏品尽归上海博物馆收藏,从此得传诸永久。然《中国古代书画图目》之编纂诸公,于顾氏为此轴所撰著录,乃竟视而不见,且自作主张,以《山鸟》名之,

---

[1] 顾文彬、顾麟士:《过云楼书画记·续记》,页56。

混人视听,至不可解!劳继雄《中国古代书画鉴定实录》中《历经八年话鉴定》一文[1],亦不及此轴。

余初疑编纂者未及见麟士所撰著录,致有此失;盖《中国古代书画图目》之《上海博物馆》卷出版于1986年,后十三载《过云楼书画记·续记》始得印行。及后细读《过云楼书画记·续记》书前薛正兴《弁言》引顾笃璜致薛氏函,始知所疑不当。顾函有云:

> 贵社出版的《过云楼书画记》所据的是家版木刻本,《续记》过去未及刻印,解放后(1959年)因捐赠书画,上博(上海博物馆)作为回报,内部印过线装排印本。原稿于"文革"中散失,唯此排印本可据。以上均藏我处。[2]

然则《续记》一书,上海博物馆早有"内部印过线装排印本",且曾于1959年寄赠顾家,作为对后者"捐赠书画"之"回报"。编纂者何以不读麟士《续记》而遽尔另立新题?且麟士明言此画为"轴",新题何故但作《山鸟》?岂上博入藏此画时,"轴"已不复存耶?至旧题与新目之高下,识者自判,奚待置喙?

四、结语

竹垞《题钱宗伯谦益文集后集杜》五律:

---

1 劳继雄:《中国古代书画鉴定实录》(上海:东方出版中心,2011)。
2 薛正兴:《弁言》,收入《过云楼书画记·续记》,页4。

> 海內文章伯，周南太史公。衣裳判白露，门巷落青枫。兴与烟霞会，人今出处同。白头无籍在，愁坐正书空。[1]

诗成于康熙五年（1666），上距牧斋之逝两载，时竹垞客北太原曹溶幕。钱丈仲联对此诗有独到之解读：

> 钱氏抗清之迹，莫大于与瞿式耜、李定国、郑成功之联系。郑成功进军长江之举，祁理孙、班孙，以及魏耕、朱士稚、屈大均等在山阴祁氏院秘密参与谋划，竹垞亦奔走其间。《曝书亭集》所载当时踪迹，可以隐约窥寻。而屈大均、魏耕则奔走于钱氏之门者，则钱氏心事，竹垞不难于二人处得之。故此诗有"人今出处同"之语，盖引钱为抗清之同路人也。……钱由降清而抗清，朱由抗清而降清，"出处同"竟成谶语，惟前后异矣。[2]

苟推衍钱丈之说，则抗清之事，出处同者，钱、朱之外，尚有万年少焉。简言之，三人皆尝抗清，惟其事发生于其人生命中之不同时段耳。万年少郁郁不得志以终，然所遗画作，乃先后得钱、朱二"同路人"为题字，此冥冥中之安排也。三人手迹，三百余年之下犹尚得见，安能无说？

次者，本文考述牧斋于吴中及竹垞于海宁之交游网络，前者自明末至康熙初叶，后者尽康熙一朝。所涉史事，容或不

---

1 朱彝尊：《曝书亭集》卷六。
2 《清诗纪事》，第5册，页2722，引《梦苕庵诗话》。

同——前者涉士人之降清而反清,及佛教僧侣之纷争,后者则不过书画文献古器之藏庋——交游所涉社会之关系,则同为至亲、族属、姻亲、师生、同里、知交等而已。然论明清间人之交游,似不宜止步于一人与一人间之单线式考求。以牧斋晚年在吴中而言,所涉族属有遵王、湘灵;门生有周氏兄弟、归庄、顾苓;方外有苍雪、继起、木陈;知交有徐元叹、冒襄等。众人之间关系密切,自成网络。竹垞在海宁所交者,如查氏兄弟、马氏夫妇、杨雍建父子,以及明珠父子等,相互之间,亦关系重叠,则又一网络也。

所可憾者,余读古今人所述明清间事,每兴无奈之感。上文所及《中国古代书画图目》编者之无视于顾麟士《野果山禽图轴》之著录,仅其中一事耳。今再举三两例,兼为本文作结。

一者,前文述万年少于顺治九年(1652)四月邀归庄一同北上清江浦,月底到家,不数日而猝死,次年归葬徐州。[1] 又越载之秋日,《野果山禽图轴》出现于苏州周葵之家中。牧斋为手题之前,周氏知此画为朱明遗民之画作否?

二者,《曝书亭集》卷七十二《五经进士谭先生墓表》,为其姑父谭贞良而作。故竹垞称贞良子吉璁为表兄。然竹垞与查初白兄弟为中表一事,不见有类似记载。近代潘光旦于《明清两代嘉兴的望族》中,亦未作说明。

三者,陈廷敬《日讲起居注翰林院检讨朱公彝尊墓志铭》有云:

---

[1] 王猷定:《四照堂集》卷五,《祭万年少文》,《四库未收书辑刊》第5辑第27册,页22。

客游南北，必橐《十三经》、二十一史以自随。已而游京师，访孙公于退谷。公过君寓，见插架书，谓人曰：吾见客长安者，务攀援驰逐。车尘蓬勃间不废著述者，为秀水朱十一而已。[1]

孙承泽（北海，1592—1676）称竹垞"秀水朱十一"，而查初白诗中则称竹垞"朱十表兄"。事关竹垞之排行耳，亦可有二说耶？

因有上举诸事，知本文遗漏尚多。无奈之感既积，遂终不免深生不同时之恨矣！

---

[1] 钱仪吉：《碑传集》（北京：中华书局，1993）卷四十五，页1268。

罗振玉《万年少先生年谱》考论 *

一、前言

上虞罗振玉（1866—1940）在考古学和文献整理方面所取得之成就，学术界早有定评。罗氏亦尝研究明遗民之诗文，成果累累。[1] 所撰《万年少先生年谱》，导乎先河，尤足重视。

万寿祺（年少，1603—1652），徐州人。崇祯三年（1630）中乡试。五上公车不第。顺治乙酉（1645），南都破，年少身预抗清行列，兵败被执。有阴救之者，得北归。携家徙清江浦，灌园自给，号所居曰"隰西草堂"。晚年披僧服，自称明志道人。年少工诗文，擅书画。世称其琴棋剑槊，百技通晓。卒年五十，后事得昆山归庄（玄恭，1613—1673）料理，殡葬南村，

---

* 本文撰写期间，承南京沈丈燮元、香港余兄汝丰、香港中文大学中文系陈君建铭鼎力支持。谨志谢忱。
1 罗氏研究明遗民，以人为主。因景仰其人而遂及其诗文，尝增订丁宝铨《傅青主先生年谱》，整理万寿祺《隰西草堂集》、徐枋《居易堂集》、李确《李鹿园集》，合刻成《明季三孝廉集》。继据其人之诗文分别撰成《徐俟斋先生年谱》及《万年少先生年谱》。又刊印张尔岐《蒿庵集捃逸》、顾苓《塔影园集》。另辑有姜实节《鹤涧先生遗诗》。

详下文。

近读罗氏文孙继祖审定之《罗振玉王国维往来书信》(以下称《往来书信》),见有关罗氏于民国八年(1919)春修订旧稿《万年少先生年谱》事,罗、王往复讨论,几于推心置腹。因起念撰写一文,考述《万年少先生年谱》(以下称《罗谱》)成书之始末,举其得失,并推论罗氏刊行此书与其人当年之政治计谋间之关系。其意固在为罗氏研究明遗民一事发覆,盖亦重有感于世之博学之士,每有利用治史为手段,以达取其现实政治中之目的。

二、自成书至刊行

《罗谱》之撰,始于民国八年(1919)春,逾月即成,《往来书信》中言之详矣。惟罗氏自承早年即得读年少诗文,且尝属稿年谱。《罗谱》自序云:

> 予生长淮安,乃彭城万年少先生寄迹之地也。少读顾亭林处士赠先生诗什,每慨慕其为人……光绪乙未,府君佐郡彭城,邮寄临川桂氏新刊《徐州二遗民集》,因得读先生遗文,而苦多删节……后数年,始得秦邮所刊足本,稍稍悉先生之平生,欲编辑先生年谱,而《江南通志》及《淮安》《清河》两志所载先生传颇苟略,考先生卒年不可得,以是中辍。[1]

---

1 罗振玉:《万年少先生年谱》(《永丰乡人杂著》本,民国十一年刻)。

光绪乙未,合二十七年(1895),当罗氏而立之年。秦邮足本,指孙运锦所刊《隰西草堂集》。罗氏于此书用力甚勤,先后辑有《隰西草堂集拾遗》《隰西草堂集续拾》,故于年少诗文,殊为娴熟。序中称谱中"事实多根据本集",非虚语也。

同文述谱之作意云:

> 呜呼!先生一明季孝廉耳,非有一民尺土之寄,而怀抱忠愤,起兵草泽。天命已移,身遭囚系。颠沛隐遁,垂死而志不衰。千载以后,尚论之士,有余慕焉。即其余艺流传,亦足千古。每披览手迹,芳懿孤迥,如见其人,辄自恨生晚,不及执鞭。予与先生遭遇,先后同揆。而才谢古人,势殊往昔。八年浮海,寸心莫白。文章余事,亦复无成。以视先生,抚躬增报。此谱之作,非敢云尚友古人,亦聊寄其景行之私云尔。

《罗谱》传事论人暨褒贬抑扬之间,胥以儒家忠义之大伦为依归;撰谱之目的,实在于塑造成一忠臣之典范。既自置此一框架,凡与此相违或无关者,概阑而不入。去取之际,或出于有心,或出于无意,无不为此一大前提所规范。下文另有论述。

文中"先生遭遇,先后同揆",此罗氏自况之辞。其欲借年少之行事,表白对大清之忠义,昭然若揭,即序所谓"八年浮海,寸心莫白"者是也。

文末署己未,即民国八年(1919)。西代,日本神户辖区,罗氏旅居京都末期之第二寓庐在焉。此则研治罗氏生平者所未前知者。[1]

《罗谱》成书后，即寄王静安于沪上，嘱其立即付印。同年三月十九日，书印成。此《罗谱》之第一版。罗氏未几抵上海。四月朔撰《万年少先生年谱补正》附谱末。同月十七日，另有短记云：

> 此谱既印成，宿迁黄伯雨以霖为抄得铜山孙绣田广文运锦所撰万先生传。其文虽芜杂，而记先生卒年在壬辰，与予所考正合。又记先生归葬徐州凤凰山，足补鲁传阙……并为之记。[2]

此谱之第二版。后两载，值民国十一年壬戌（1922），《罗谱》收入《永丰乡人杂著》，又跋：

> 此谱之成，在戊午岁末，今年春寄沪江印之……比寓居津沽郊外，寒夜寂寥，爰取旧稿一一补正，付京师手民再刊之。

《万谱》初刊后，经两次修订，始得定本。竣工之时，先后寒暑四易。

---

[1] 《罗振玉致王国维》（1919/1/30）："初二即携（小女）知西代。医者言西代空气多含养素盐素，与调摄甚宜也。内子亦同往。弟则往来两间。"王庆祥、萧立文校注，罗继祖审定：《罗振玉王国维往来书信》（北京：东方出版社，2000年），页437。又有："近以编涧上、隰西二贤年谱自遣。否则碌碌京都西代间，如此而已。"（页438）
[2] 《万谱》前后三版之《补记》，均见《永丰乡人杂著》本。

三、访求万年少书画

罗氏撰谱期间，多方访求年少书画。民国九年（1920）春王静安致乃师书有云：

> 孟苹处万年少书画有《悬网图立轴》及扇面二。其一书画皆具，其一诗扇具一寿字，而有迈寿二字朱文印。字复与年少先生相类，必为先生书无疑。另纸录呈，祈詧入为荷。颂清为孟苹购一万年少册尚未到，此册至必大有所裨（原注：二诗皆集中所无），俟到后再录呈。[1]

孟苹，即密云楼主人乌程蒋汝藻（乐庵，1877—1854）。王静安尝为编《藏书志》。蒋家与沈曾植（子培、乙庵、寐叟，1850—1922）两代交情：孟苹父锡绅之墓表，出乙庵手；[2] 孟苹《乐庵写书图》，乙庵为撰七律两首题其上。俱见情谊。[3] 罗氏师徒与沈乙庵间之交情，下文另有交代。

书中所及之《悬网图立轴》，乃万年少顺治八年（1651）所作。后归张伯英（1871—1949）。段拭（1914—1969）记图上年少题字云：

---

1 《往来书信》1920/2/10，页490。
2 沈曾植：《蒋君墓表》，收入钱仲联：《广清碑传集》（苏州：苏州大学出版社，1999），页1161—1162。
3 沈曾植著，钱仲联校注：《沈曾植集校注》（北京：中华书局，2001），页1365—1366；另有《题密均楼所藏张二严画册》五绝七首，页1366—1368。

105

辛卯二年廿九日，是为春去，余亦北归。樱豆满野，鲜鲥上市，予方持斋，食指虽动无益也，因图悬网，使京口之人皆不得鼓刀，亦一快耳。寿。(《笺补》附《书画篇》注二十九)

静安所见年少书画，罗氏似终失之交臂。翌载民国十年（1921）冬，罗氏撰《万年少人物卷跋》，有感于年少书画之难求：

万年少先生书画流传至少。此卷为北平李芝陔太守旧藏，款署崇祯辛未。时先生二十九。先生年二十八中杨廷枢榜举人，文名已大噪矣。此图笔墨冷隽，少作而能臻此境，即以画论，亦当千秋不朽矣。辛酉十月。[1]

"即以画论，亦当千秋不朽矣"，与《罗谱》自序中所谓"即其余艺流传，亦足千古"，同一论调。惜乎罗氏于作跋之缘由、画卷之名称、所画人物，乃至画上款署等，皆不作交代。

罗氏侨居京都时编有《宸翰楼所藏书画目录》，其中《资闻录》列有《顾禹功万年少先生合册》一种。[2] 考顾禹功名殷，少

---

1 罗振玉：《贞松老人外集》(《民国丛书》第5编第97册，上海：上海书店，1996)卷三，页10上、下。
2 罗振玉：《贞松老人遗稿》(《民国丛书》第5编第97册)，页19下。
　罗氏不及见段拭于1932年所刊布其突破性之《万年少先生事迹汇辑》一文，诚一憾事。段拭之后，如郭味蕖之《宋元明清书画家年表》(1958)、徐邦达之《历代流传书画作品编年表》(1974)、《中国古代书画图目》(1986—2001)，乃至日人铃木敬《中国绘画总合图录》(1983)、户田祯佑与小川裕充《中国绘画总合图录续编》(2001)、小川裕充与坂仓圣哲《中国绘画总合图录三编》(2014)等书，著录庋藏于中国香港澳门，日本，以及欧、美诸国之公私藏家之年少作品。则皆非罗氏当年所可梦见者矣！

年少九岁。长洲人。邵松年（1848—1923）《古缘萃录》著录此册归"顾殷等二十家"。近人徐邦达（1911—2012）尝见之。记云："山水册。十页。横。"[1] 顾殷画作存世者尚有《仿王蒙山水》《山斋读书图》《松斋送茶图》等。[2]

罗氏所藏，以《寿徐君平五十书画册》之史料价值较高，《罗谱》中尽录矣。其中顾殷一跋，述与年少及徐君平间之因缘甚详。末署戊午，即康熙十七年（1768），时距年少之卒，已二十六载。禹功时亦望七之老翁矣。[3] 文长不录。

此册原属开封一藏家，罗氏倩其内侄崔海帆物色而得之，后"竟以易米弃去"，辗转归前及之张伯英。徐一士《一士谈荟》述其事云云。[4]

另藏有年少《白描观世音像》及《书吴郡沈载写经葬亲启后》。他人藏品之得见者，则有山阳何氏六桂堂藏《写金刚经》及长洲章钰（1864—1937）四当斋藏《自书诗画卷跋》。均见《罗谱》。其中《书吴郡沈载写经葬亲启后》一种，罗氏所撰跋文，于年少平生交游，有他人所不及知者：

[卷]前有顾云美隶书"明发不寐"四字。卷中首有南

---

1 徐邦达：《历代流传书画作品编年表》（香港：中华书局，1974），页151、378、465。邵、徐均记此册于顾殷名下。作年则邵作康熙十年（1671），徐作康熙十一年（1672）。估计此册乃年少生前所作，死后为顾殷及其知交补成二十人。
2 中国古代书画鉴定组编：《中国古代书画图目》（北京：文物出版社，1986—2001），天津市艺术博物馆条。
3 《笺补》附《书画编》。
4 徐一士：《一士谈荟》（《近代中国史料丛刊》第1辑第6册，台北：文海出版社，1966），页246。此条承香港中文大学陈建铭君提供。谨致谢忱。

岳大师，次万年少，次姜如须，次夏雪子五人，皆明之遗贤也。

顾苓，字云美。年少下世前一年尝游云美所居塔影园，有记。姜如须名垓，山东莱阳人。崇祯末进士。明亡，隐居吴门。夏雪子，名缁，浙江嘉善人。天启年间诸生。与钱枅、僧扈芷等相善。皆以气节名满江南。南岳大师，不详。跋见《永丰乡人稿丁集》所收《雪堂书画跋尾》。

罗氏访求年少书画，可谓不遗余力。然亦有近在咫尺反不及见者，如万年少赠顾亭林之《秋江别思图》是也。翁同龢（叔平、松禅，1830—1903）《瓶庐诗稿》卷八《摹万年少赠顾亭林〈渡江图〉》诗序记原图"今在梁节庵所"[1]。节庵，粤人梁鼎芬（星海、心海，1859—1919），与罗氏关系不寻常。读罗氏于梁氏卒后二日致王静安书，可见一斑："顷闻节老委化，为之惊痛，其身后不堪设想。兹作书，乞交章太史（一山）。此君热肠，当能为之援手。"[2]

四、《罗谱》缺失举隅

夫创者难为功，因者易为力。著述亦然。《罗谱》导乎先路，

---

[1] 翁同龢：《翁同龢集》（北京：中华书局，2005），页908—909。此条承香港中文大学陈建铭君提供，谨致谢忱。
[2] 《往来书信》1920/1/5，页483。有关梁节庵后事，参许全胜：《沈曾植年谱长编》（北京：中华书局，2007），民国八年己未（1919）十一月二十、二十四日条，页484。

功不可没。惜其成书匆遽,故校勘未精,往往有之。全书又自设藩篱,不免片面之讥。嗟乎!求古今完整无瑕之作品,每使人废然意沮。今略举《罗谱》缺失之较显著者于下。

(一) 校刊不精,一字之差

《罗谱》初版第一条:"明万历三十一年癸丑先生生。"[1] 癸丑为癸卯之讹。若癸丑,则为万历四十一年。顺治七年庚辰四十八岁条,"辰"乃"寅"之误。

又:崇祯五年壬申三十岁条:游沙室。"沙"实为"少"之讹。其证有三。

按:谱所据者,乃《隰西草堂文集》卷二《跋达摩面壁图》一文:

> 壬申,余游沙室悬面壁图洞,见达摩真相。面如满月,与世所画绘不同焉。独此近之。

赵宋人善卿《祖庭事苑》:"嵩山少林,初祖面壁之处。"跋文中"面壁图洞",所在乃少室,而非沙室。一也。

元顺宗至元四年(1338)百丈山德辉禅师奉敕编成《敕修百丈清规》有云:"播扬少室之家风。"少室,山名,达摩所居。嵩山在县东十里,五岳之中岳也。其山有三峰,中峰最高,曰峻极峰。东曰太室,西曰少室,而嵩其总名耳。(页321)二也。

---

[1] 罗振玉:《万年少(寿祺)先生年谱》,收入《近代中国史料丛刊》(台北:文海出版社 1971 年影印本,第 71 辑),页 1 上。

清康、雍间人景日昣所著《说嵩》卷八《面壁影石》条有云：

> 塑祖像，白皙，修眉凤目，乃太子东渡像也。后尝六毒，面遂稍赤，非今所传巨眼胡僧云。[1]

年少当日所见，与景日昣之所记正同。三也。

访少室归来后二载，年少绘《达摩面壁图》，今归日本小幡醇一。铃木敬著录此帧，题作《达摩图》[2]纸本。画身 104.9cm×50.3cm。无款。右侧有一楷书"寿"字。下钤一方章，字不能辨。图所画达摩，一如年少所称"面如满月"，及景日昣所记"修眉凤目"。服则宽袍大袖，褒衣博带，与梁朝时士大夫间流行之服饰无异。盖初祖甫抵中土，刻意模仿社会上层之习俗，其事与明末来华耶稣教士之故作士人面貌出现者，道理相同。

罗氏所刊《明季三孝廉集》本，已误"少"为"沙"。其后民董士恩刻本，以及李辅中《万年少先生年谱》，均从罗氏之误，以讹传讹矣！"少室"而误作"沙室"，当与刊书匆遽有关。何以言之？

上文所及之沈乙庵，对罗氏之匆遽成书，颇不以为然。罗氏自光绪二十四年戊戌（1898）与乙庵订交，对之敬重有加。尝盛称乙老"学行巍然，为海内大师。辛亥以来，侨居沪上，

---

[1] 景日昣：《说嵩》（康熙间刻本，收入《四库全书存目丛书》史部第 238 册）卷八，页 104。
[2] 上引铃木敬：《中国绘画总合图录》，IV/445；638。

冰霜之节,岁寒弥厉"[1]。民国十年(1921),罗氏次子君楚夭卒,静安为撰传,而撰《墓碣》者即乙庵。[2] 二人关系可知。

据王国维呈乃师书,乙庵与静安面谈时,尝对罗氏"急促无从容"之刊书态度表示不满:

> 前日乙(沈曾植)问及《竹添全集》,永(静安自号永观)谓彼中人办事亦甚濡缓。乙谓濡缓甚佳,近人乃急促无从容,其意盖谓我辈。然使此谱不出,错误亦何由校勘?人之意见故有不同如此者![3]

《竹添全集》,日本汉学家竹添光鸿(1842—1917)之遗稿。竹添,字渐卿,号井井。[4] 乙庵于光绪三十二年丙午(1906)赴日本考察学务时与之订交。[5]

静安言"先刊后校勘、后增补",意在为乃师护短。罗氏数日后覆书,承认错误:

---

[1] 罗振玉:《五十梦痕录》,转引自《沈曾植年谱长编》民国四年乙卯(1915)二月二十九日(4月13日)条,页408。
[2] 《沈曾植年谱长编》民国十年辛酉(1921)九月三十日(10月30日)条,页505;《往来书信》,页521。
[3] 《往来书信》1919/6/12,页457。
[4] 《沈曾植年谱长编·人物小传》,页598:"竹添光鸿(1842—1917),字渐卿,号井井,又号进一郎。日本肥后人。汉学家。有《左传会笺》《栈云峡雨日记》。"又参明杰:《关于竹添进一郎及其〈栈云峡雨日记〉并诗草》,收入张氏《栈云峡雨日记》中译本(北京:中华书局,2007),页3—14。
[5] 沈乙庵有《寄日本竹添井井》七律二首,系民国二年癸丑(1913)。第一首"十年槎客归来梦"句,乙庵及门钱仲联先生注引其同门王蘧常(1900—1989)《沈寐叟年谱》:"光绪三十二年丙午(1906)四月,简安徽提学使,八月始赴新任。随赴日本考察学务。"见《沈曾植集校注》卷五,页609。

乙老所言从容甚佳，甚中弟之失。不得以其异己而非之也。[1]

罗氏当年著书，何故"急促无从容"，一至于此？下文另有论述。

（二）《罗谱》补阙——遗民与贰臣间交游

年少之遗民气节，生前身后，未尝有人置疑。然其于入清后，累与失节之贰臣相往还一事，《万谱》既失记，其他学者，亦无人言及之者。今略举数例以明之。

1. 周亮工（元亮、栎园，1612—1672）

周元亮，河南开封人。举崇祯十三年（1640）进士，授浙江道试御史。顺治二年乙酉（1645），清师下江南，元亮迎降。累官至户部右侍郎。名入《贰臣传》。所撰《赖古堂集》卷七有赠年少诗，题作《陈阶六坐中次王雪蕉韵与万年少》：

但歌莫听夜跫清，乱后逢人意已倾。天外梦魂今夕话，杯中涕泪故园情。淮流古岸伪余咽，秋到荒城别有声。笑尔杖藜何所适，始怜雨雪一身轻。

"乱后"、"故国情"，知诗作于沧桑之后。"淮流古岸"、"秋到荒城"，知饮于初秋之淮安。"笑尔杖藜何所适"，点出当时

---

[1] 《往来书信》1919/6/18，页 457。

"自负瓮,灌园以自给"之万年少。

诸人饮酒赋诗事,亦见元亮《书沙门慧寿印谱前》:

> 酉、戌间,余官淮扬,王雪蕉官泗。数以事偕至淮,予同年陈阶六饮予辈,必延若(万年少又字若)俱。雪蕉不能饮而好为诗。每饮恒分韵为诗。若诗既工,书又美好。予得其麂子,辄藏之。

酉、戌间,即顺治二、三年乙酉、丙戌(1645—1646)。盖元亮降清后,旋官两淮盐运使,故曰"官淮扬"。丁亥四年(1647)四月,升福建按察使。知诗应作于顺治三年(1646)秋。

前此一载乙酉,元亮降清得官,而年少则抗清而被囚。乃春去秋来,二人竟得同堂聚饮。况贰臣赠遗民诗中乃竟有"杯中滫泪故园情"之句。然则世事果如浮云,变幻无常,一至于此耶?

后此二十载,元亮重访旧地,追忆前事,为之凄然:

> 后予颂系生还,过隰西草堂访之,则久归道山矣。雪蕉既殁,与若相约共隐隰西之胡介,共若避地公路浦之翁陵,皆相继化去。戊申,予再过淮,饮阶六越庵中,追念昔游,独阶六与予在耳。予与阶六效昔年酒间分韵事,予有"雨余扫径看黄叶,灯影含毫忆故人"之句,阶六读之,凄然不乐,为之罢饮散去。

元亮诗见《赖古堂集》卷十，题作《陈阶六谦六招同孙惟一张虞山杜湘草集恭恕堂即席得频字》。诗颇凄婉：

青女初回客路迍，劳劳又拂去来尘。雨余扫径看黄叶，灯影含毫忆故人（自注：同王雪蕉万年少赋诗此堂二十年矣）。渐老难期谋面数，将离不厌举杯频。萧条河水终年阔，莫倚渔舟好问津。

戊申，合康熙七年（1668）。上距赠年少诗二十二载。

元亮诗文中所及之陈阶六，名台孙，自号楚州酒人（1611—?）。年少郡人。二人私交甚笃，且有姻亲关系。顺治三年（1646）三月年少《致岳父书》末有"俟兵过已完，陈阶六亲翁即南来"语，则万、陈二家互为姻亲。惜其详不得而知耳。

周元亮与阶六为崇祯十三年（1640）进士同年。然则元亮得与年少相见，当由阶六居中安排无疑。

阶六在明官浙江富阳知县，擢六科给事中，后晋陕西陇右道。（李元庚撰《望社姓氏考》，见《国粹学报》第71期）明亡后，先隐而后仕，与吴梅村之行事，同出一辙，惟不如梅村之摇摆不定耳。况阶六何年出山，亦无考。惟顺治十六年（1659）顷以礼科给事中升工科给事中，旋奉命帅漕闽中，则时人多有诗纪其事。如徐元文《送陈阶六给谏帅漕闽中》、冒襄《送陈阶六黄门参藩八闽》、方文《闻陈阶六给事丘曙戒编修俱外转怅然有作》等皆是。不赘。

年少有《为陈台孙歌楚声》古风一章，不见《隰西草堂集》

中，弥足珍贵：

> 泯泯酒百壶，坎坎筏大鼓。我为若楚歌，若为我楚舞。日月不知落何处，蛟螭上天龙为脯。乾坤浩浩碛风沙，□□群游□为伍。天帝自深醉，山川独劳苦。嗟哉三户民，尔无忘尔楚。（李辅中《万年少先生年谱》）

元亮记顺治三年（1646）淮安诗酒之会之第三人为王雪蕉，名相业，字子亮。关中三原人。有《泗滨近草》，未见。平生好为诗，清初选本，收录子亮诗作者有七种之多。

2. 龚鼎孳（孝升、芝麓，1616—1673）

龚鼎孳，合肥人。崇祯七年（1634）进士，授兵科给事中。明亡，先降大顺，后投清，历官刑、兵、礼部尚书。亦《贰臣传》中人，世所熟知。

芝麓《定山堂诗集》卷三十三有《季夏集万年少隰西草堂同祖命于一伟南阶六愚山诸子赋》诗。题中诸人之出处，可谓薰莸同器。愚山（施闰章）以顺治初进士为兴朝新贵，余众则俱以遗民自居。此年少与贰臣聚饮之又一例。所不同者，与元亮饮，年少为客，今则变作主人矣。

此题前有《万子年少自清江过访值余同友他出阙焉倾倒返舟既迫后晤未期临发惘然赋此寄谢》七律四首。[1] 知隰西草堂宴前，年少尝主动访芝麓于其客舍。

---

1 《定山堂诗集》卷七，页128。

二诗均作于顺治七年（1650）。考芝麓于顺治三年（1646）丁父忧，携顾横波归里守制。后得朝廷贬官讯，索性留滞江南，至顺治八年（1651）始北归。此数年间，芝麓与横波享尽湖山文酒之乐，近人孟森所撰《横波夫人考》，有细腻描述（见氏著《明清史论著集刊续编》，北京：中华书局，1988）。惜不及芝麓赴隰西草堂之宴事。

万、龚订交当在崇祯七年（1634）会试之时。是科年少落第，芝麓高中。世变之后，彼此出处殊途；年少主动访芝麓，足见其人之性情与襟怀。

3. 钱位坤（与立、大鹤山人）

钱与立，出常熟鹿苑钱氏，与陆灿（湘灵、圆沙，1612—1698）同宗[1]，年少崇祯三年（1630）之举人同年。榜后，诸同年会饮秦淮舟中。钱与立为年少题自写小照云：

> 若个书生，当封万户。淮阴年少，彭城尚父。出其悬河，淳于色土。挝以智囊，项王负弩。肝胆冰雪，文章玑组。天壤之间，谁与比数。大儿文举，小儿德祖。

> 题万若盟兄小照，即乞印可。年盟弟钱位坤具。[2]

翌年，钱位坤得进士，先授兵部郎中，后改南都职方司，

---

[1] 钱陆灿：《调运斋文钞》，《祝族弟妇瞿夫人六十初度序》，《四库未收书辑刊》第7辑第23册，页680—681。
[2] 《罗谱》崇祯三年庚午（1630）条列钱位坤名。钱题年少自画小照，见李辅中《万年少先生年谱》崇祯三年庚午（1630）条，收入万寿祺著，余平、王翼飞点校：《万寿祺集》（杭州：浙江人民美术出版社，2014），页441。

在崇祯十四、十五年（1641—1642）顷。《陈子龙诗集》卷十四有《赠留都钱大鹤职方》，即撰于其时。旋再入京官大理寺丞。会李自成破京师，位坤腼腆事敌，谈迁（1593—1657）《国榷》列其名于《降臣》[1]。计六奇（1622—？）《明季北略》记当日事有云："城未破时，众以边才推之，已拟昌平巡抚矣。好官未做，恶名已蒙。"[2]

大顺败亡后，钱位坤南归，择居吴门。位坤与吴梅村会试同年，且为儿女姻亲。梅村集中颇有叙位坤晚景之文字。详本书顺治八年辛卯（1651）四十九岁条笺补。

钱氏先前之失节，亦未引致年少舍弃昔年之交情。顺治八年（1651）年少《致岳父》书中明言访钱氏于其吴门居处：

> 一扰百余日，承岳父抚慰庇护备至，解维北上，不任瞻恋。昨在大鹤家，遂失候临。[3]

明亡后，年少尝为位坤序其所撰《大鹤山人宫词纪事》。末署"彭城沙门慧寿，前年盟弟万寿祺题辞"。以一方外之人，犹尚耿耿于其前身与钱氏之交谊。此其为性情中人之又一例证。

夫遗民与贰臣，薰莸同器，其事岂仅见诸友朋之间？即同一族中之子弟，于江山易代之际，亦往往显隐殊途。清初江南

---

[1] 谈迁：《国榷》（北京：中华书局，1958），第6册，页6058。
[2] 计六奇：《明季北略》（北京：中华书局，1984），下册，页635。
[3] 据《万寿祺集》，页335，录自《香书轩秘藏名人书翰》（杭州：浙江古籍出版社，2005），页19—20。

桐城方氏、张氏、姚氏及太仓王氏四族之子弟，莫不如是。余尝著文详论之矣。[1] 不赘。

4. 年少之死及其后事

罗氏考证年少卒年，迂回曲折，艰苦备尝，卒不得其详。盖不知年少在世之最后三十余日中，归庄无时不在其身边；年少之丧，亦归庄一手经理。归庄诗文，记之详矣。[2]

归庄与顾炎武（亭林，1613—1682）生同年，两人情谊深厚，世所熟知。乙酉（1645），清兵下江南，玄恭身预抗清义举，事败，僧装亡命。与年少于国亡后之遭逢，颇为相似。惟直至年少死前一月，二人始得相见。

先是，年少于顺治十年（1653）春，自淮上往吴门访顾苓于塔影园。旋于四月初走昆山归庄寓庐，邀之一同北上，到隰西草堂课年少之二子。玄恭欣然同意。盖前此一载，顾亭林早为居中安排故也。

顺治九年（1652）四月六日丁未，玄恭撰《别故庐诗》。后六日，玄恭即携独子离玄随年少北上。有《彭城万年少流寓淮阴特来吴中延余教其子遂挈琨儿与偕行》三首。第一首开篇"一椽安僻壤，千里来高轩。友道如君少，师模我独尊"，纪年少亲临昆山事。二、三首咏启航前后事，俱可诵：

---

[1] 谢正光：《读方文〈嵞山集〉——清初桐城方氏行实小议》，收入《清初诗文与士人交游考》（南京：南京大学出版社，2001），页109—181。
[2] 本节引用诗文，见归庄：《归庄集》（北京：中华书局，1962）卷一，《勃斋诗》，页69—78；卷五，《书》，页315—319。

授经儒者事，淮浦路何长！别妇收缃帙，呼儿负锦囊。风帆殊迅疾，云水正苍茫。樽酒论心曲，新知乐未央。

落日照江津，河桥别故人。山川前路换，朋好异乡亲。凉月邮亭色，长风贾舶尘。乱离知未已，飘泊此闲身。

昆山至淮上，水程九百里，挂帆旬日可达。玄恭以四十之年，首次渡江北上，旅中未免兴奋。有诗如"初离铁瓮城，旋过金山桥"，又如"自笑江南客，今始渡扬子"。抵扬州前则云"弭节蜀冈头，息驾长淮涘"。弭节，停行也；蜀冈，在扬州，纪三人在扬州停航，同访年少知交王猷定。

自扬州至清江浦，水程一日。年少等于四月二十日停扬州一晚，翌日安抵清江浦之隰西草堂。玄恭有《过万年少淮浦隰西草堂次元韵题赠》诗二首。今录其一：

千里来登君子堂，苍苔阶砌绿萝墙。已看高士难逃竹，也识浮屠不宿桑（自注：年少本流寓于此，又常僧装行脚四方）。避世尚嫌知魏晋，潜身空复梦羲皇。袁闳土室休相拟，男子生来志四方。

抵家后五日，年少发病，再七日，即五月初三，猝亡。疾来之速，非料所及！玄恭前诗墨沈未干，旋即提笔撰《哭万年少诗五首》。末首写年少遗孤之境况及其个人之怀绪：

> 孺子一在抱，长者我门人。我岂好为师，贤主实择宾。异地托同心，倾盖如密亲。同舟旬日间，叮咛何谆谆。悉君付托重，感君情分真。敢不竭心力，诲之以立身。明德必有后，遗志终获申。长言慰九原，魂兮毋苦辛！

年少早年从王立毂习"内外止观之学"，继习医理、集医方。以一懂医术之人，五十岁前，或已测知己身不久于人世。其远道访玄恭于昆山，或不仅为其子延一塾师；所访求者，实为一可托妻寄儿之人；得顾亭林之推荐，遂得之于玄恭。钱牧斋尝谓"玄恭骨腾肉飞，急人之难甚于己"[1]，洵知人之语。古人风义，实不可及。

年少遽然长逝，玄恭在隰西草堂处境之艰辛，从其当时寄友人书中，可略窥一、二。如《与王于一》：

> 别后不一月，有一札附万年少告讣之使，计已彻览。此子既丧，淮浦遂无人矣！又地处嚣尘，无高山茂林，可容展齿。终日闭门闷坐而已。

又如《与蒋路然》：

> 弟自渡江抵淮，主年少家，千里授经，豪士气短。所幸主人是我辈人，可与共商耳。亡何而年少长逝，门人乳

---

[1] 钱谦益著，钱曾笺注，钱仲联标校：《牧斋有学集》（上海：上海古籍出版社，1996）卷十九，《归玄恭恒轩集序》，页821。

臭，此地复少人才，闭门兀坐，昏昏而已。

所幸者，年少生前之故旧门生，包括前文所及之陈台孙、梁以樟，陆续登门吊丧。玄恭与其淮上新交，遂偶亦有文酒之乐，因得暂解客中之寂寥。

年少之后事，皆玄恭一手经办。除亲为撰行状外，复致书年少生前友好，为撰墓志表章。他如相地、择日、启殡诸事，亦玄恭一一安排。玄恭《答梁公狄》记云：

> 万年少行状，既多瞻顾，复有遗轶，殊未尽其平生，全赖墓志表章。曾子固所谓蓄道德而能文章者，今日舍道兄而谁？愿勿谦让。凉秋飒爽，体气自胜，望早命笔，以慰亡友于九京。敝门人偕青乌家往彭城相地未还，卜葬虽未有期，启殡则定于八月初旬。弟恐未能执绋造墓，送之入舟，即南行矣。

罗振玉氏于归庄之名，自不陌生。所编《宸翰楼所藏书画目录》中之《景行录》，即著录有《归玄恭墨竹卷》乙种。惟于玄恭诗文，终缺因缘。民国十二年（1923）中华书局铅印徐崇恩编《归玄恭遗著》，所收诗文明言随年少北游者，有《别故庐诗》及《与蒋路然》一札。罗氏时居天津，当知其书。惟此前一年，《罗谱》已刻入《永丰乡人杂著》，罗氏对明遗民之兴趣，已告一段落。况又值涉身政局未久，即有余暇，亦尽置诸考古之旧业矣。

五、《罗谱》与罗氏政途之关系

罗氏年逾半百，始有返国定居之计。其时百事待举，可以想见。何以乃于此时修订《罗谱》旧稿，又汲汲于其刊行面世？个中缘由，似与罗氏当日之政治企图大有关联。

先是，修订《罗谱》旧稿之前，罗氏已着手谱徐枋（昭法、俟斋，1622—1694）之平生。早有意于撰辑《徐俟斋先生年谱》，1918年12月29日致王国维书中有云：

> 近无俚殊甚。编订《徐俟斋先生年谱》。举世委靡，皆如徐健生之无骨，正须以伯夷之风使顽廉懦立。[1]

被罗氏斥为"无骨"之徐健生，即徐世昌（东海、水竹村人，1855—1939）。谱成，罗氏复直斥徐氏廉丧耻尽。谱前序云：

> 子舆氏之诵伯夷曰："奋乎百世之上，使百世之下，闻者莫不兴起焉。墨胎氏以后，惟先生当之无愧色。"呜呼，时至今日，廉耻之道扫地尽矣。安得如先生者为之师表，俾顽廉而懦立。[2]

罗氏谱徐枋之生平，意在树立忠君之典范，与后来所撰之《罗谱》同。而徐世昌被视作"反面教材"，亦事出有因。盖此前三

---

[1] 《往来书信》1918/12/29，页432。
[2] 《永丰乡人杂著》本。

阅月，徐世昌方获选为中华民国总统，十月十日就任。罗氏为此事愤愤不平，力指徐世昌"出卖"逊清宣统帝。盖据其文孙所忆，罗氏时"虽身在国外，而心仍系国内治乱，且念念不忘清朝复辟"[1]。于致静安札中，反复表露同样心态：

（一）1914/3/30 书云："李佳白在上海演说，谓非复辟不能存中国。"[2]

（二）1916/4/10 书后继祖按语："此札内容极多。……三、未忘国事。时升允（1858—1931）谋匡复，与岛、沪形成网络。公与沈寐叟（曾植）皆与谋，而其详不得闻。……随札所附寄剪报，大题《复辟再运动由来》，内分四题：问题发生由来，浙人真面目，升允氏来朝，宣统复辟问题。"[3]

（三）民国六年（1917）七月闻张勋复辟事，半月之间，罗氏前后致书王静安七通，对局势之发展，密切追踪。时亦不掩其内心跃跃欲试之情。[4]

（四）张勋失败，罗氏因误信柯凤荪之言，复辟之事，寄望于徐世昌。1918/4/25 书云"东海（徐世昌）无他肠，其详俟返沪面告"。继祖按："柯劭忞（凤荪）与徐世昌同年，交甚莫逆，

---

1 《罗振玉致王国维》（1914/3/30）继祖按语。《往来书信》，页 14。
2 《往来书信》1914/3/30，页 14，注 1。李佳白（Gilbert Reid），美国长老会在华传教士，对中国友好，支持中国的维新变法。
3 《往来书信》，页 56—57。《清史稿・列传二八三・忠义十》，《王国维》传："壬戌（1922）冬，前陕甘总督升允荐入南书房。"见赵尔巽等撰：《清史稿》（北京：中华书局，1977 年）卷四九六，页 13728。又，罗继祖辑述、罗昌霦校补：《罗振玉年谱》（台北：行素堂，1986 年），民国二十三年条："秋，升允卒于津，年七十四。有挽诗五律四首。"
4 《往来书信》1917/7/1—18，页 265—272。

故信徐能任复辟。"[1]

罗氏痛恨于徐世昌，至借徐世昌本家徐枋之平生以刺之。则谱之现实意义亦昭昭明矣！

惟于复辟一事，终未放弃。遂有归国奔走之决定。先则嘱咐静安于国内物识居处，继则整理京都藏书，装箱付邮。此外，其亟亟于两谱之刊行，亦不无"投石问路"之意耶？沈乙庵不谙其用心，乃称其"急促无从容"，罗氏得知，惟"哑子食黄连"而已！

然《徐俟斋先生年谱》面世尚未及一载，罗氏对谱主之观点即大为改变。致静安书有云：

> 冬寒。现改订俟斋谱，又复读《居易堂集》，觉俟斋自守甚隘，可谓绝人逃生，而仍修身以望远人，仍不合于今日之杨朱派。是使俟斋而生今日，仍苦热肠而不容于今之世，何况弟乎？[2]

昔被誉为当世伯夷之俟斋，敬其清也；今则取司马光《疑孟》之说，以俟斋亦如伯夷，乃一"自守甚隘"之人！其时世变孔亟，而罗氏竟亦摇身一变，成为梁任公"以今日之我，难昔日之我"之追随者耶？罗氏当日之心境，或仅王静安能体会之耳！

罗氏文孙继祖《蜉寄留痕》有云：

---

[1]《往来书信》1918/4/25，页366。
[2]《往来书信》1920/1/14，页486。

当祖父未离开日本之前，写了两本书，一是《万年少先生年谱》，一是《徐俟斋先生年谱》，到今天，我才领悟到这两本书等于是他回国的一个信号，声明虽已回国了，还是不能"同流合污"，而决意要景行万、徐两位先贤，这就无异声明他要以"遗老"终其身，不受民国一丝一粟。[1]

罗氏回国后，"以'遗老'终其身，不受民国一丝一粟"。此事的确做到了！惟"决意要景行万、徐两位先贤"一事，或确曾有此心愿，然观其回国后之行径，则与万年少、徐俟斋当年隐于山林、不问尘世间事者，终不免"渐行渐远"！盖罗氏归意已决后，尝于1918年底致王静安书云：

明年归来，亦无以自遣，拟至梁格庄买地，并将筑慈晖堂以祀先祖妣先妣，并设法筹备义田事。若更有暇日，欲修北京顾亭林祠及灵岩涧上徐枋先生祠。此数事者，皆返国后大志愿也。此事方在胚胎，不欲与他人言，但为公言之。幸勿为人道及也。[2]

此书后有罗继祖按语云：

公自述归国后志愿：一，买地梁格庄；二，筑慈晖堂祀祖妣与妣；三，筹备义田，修灵岩湖上徐俟斋祠，后皆未成。

---

1 罗继祖：《蜉寄留痕》（上海：上海古籍出版社，1999），页174。
2 《往来书信》1918/12/29，页432。

梁格庄位于河北易县，有光绪皇帝爱新觉罗载湉之崇陵在焉。罗继祖尝忆述罗氏初意于易县、沫水间卜宅，以其地傍先帝山陵，且去洹洛一带较近，便于访古。

后虽卜宅事不果，然亦于1919年冬专程往谒崇陵[1]，北京顾亭林祠亦尝一游。至修灵岩涧上徐俟斋祠，则诚如前文所记，罗氏早已视俟斋为"不容于今之世"，又何必多此一举？

罗氏返国后，先居沪上长乐里，遣嫁其女与静安之子。旋即北上天津英租界赁宅，作久居之计。然则何以舍上海至繁华之长乐里而就天津之英租界？上海固当日清遗老聚居之地，惟距离其时政治中心所在之北京，距离较远。住京或恐有招摇之嫌，天津则俗所谓"天子脚下"，进可攻，退可守。凡此种种，料必在罗氏运筹帷幄之中。

及自沪抵津，始发现赁居宅，"地僻宽朗，惟道路不佳，雨时不能出门"，惟有以"避世之人，却无所嫌也"自慰。[2]

然罗氏实一热衷世事者。观其一生，栖栖遑遑，居上海时如是，作客京都时亦如是，此其性格所使然。故定居天津之明秋，遂有主导救济居京旗人之活动。罗继祖尝叙此事之始末颇详：

> 秋，柯凤荪抵津，与先生议鸠资二三千元办京旗东（冬）账，以京旗鼎革后无以资生，死亡枕藉，当道复不加顾恤也。先生以为此但可缓须臾之死，所裨至微。不如宽筹款项，办一京旗生计维持会。凤荪韪之，而虑巨款难集。

---

[1]《往来书信》致王国维，1919/11/10，页477。
[2]《往来书信》致王国维，1919/5/17，页453。

先生检所藏书画金石刻数百种,托秀水金颂清兴祥于京师江西会馆开"雪堂金石书画京旗义卖义赈即卖会",三日间,得资二万元以为倡。以万八千元为会中基金,二千元赈豫灾。复至沪广募义金,先后共收十三万元。乃于十月望放急账,推及遵易东西两陵,并于京师设文课以恤士流,设工厂二所以收少年子弟。[1]

先是,民国六年(1917),时尚居京都之罗氏闻国内"畿辅水灾奇重",因"斥所藏珍玩数十种,得二万金,益以鬻字及劝募得金若干万,归国赈灾恤民,并视察故国地方策画中兴,知其时机未至,复东渡"。[2] 今事隔数载,乃有关注京旗生计之行动,岂罗氏辈或以"策画中兴"之时机已至耶?

不管如何,"京旗生计维持会"成立后二载冬,值溥仪大婚,《年谱》记云:

海内诸遗臣入贺。先生与焉。召对,令遇事上陈。赏"贞心古松"匾额,先生感激殊遇,自号"贞松",或署"贞松老人"。[3]

罗氏时年五十七岁,终宿愿得偿,自与其回国前所辑刊之

---

[1] 《罗振玉年谱》,页86—87。罗继祖所述,见《往来书信》1920/11/1、1920/12/3,页506—508。
[2] 罗振玉:《集蓼编》,收入《罗雪堂先生全集·续编二》(台北:文华出版公司,1969),页792。
[3] 《集蓼编》,页793;《罗振玉年谱》,民国七年(1918)条,页76。

《徐俟斋先生年谱》《万年少先生年谱》两书，以及定居天津后赈济京师旗人之种种活动，有密切关系。盖著书立说，与领导社会活动，自古即士人自我宣传之惯用伎俩。就罗氏而言，此二者亦其本人对逊清忠诚之至佳自我表述也。

罗氏晚年撰《集蓼编》[1]，忆述当年侨居日本京都净土寺自筑寓庐，颜之曰"殷礼在斯堂"。自号商遗，又另筑一小楼，"敬储（大清）列圣宸翰"，曰宸翰楼。得前文所及之梁鼎芬为题额，额今尚存。[2] 楼中最宝爱者，则清圣祖康熙皇帝御书"云窗"二字，制成横额张书斋中。罗氏"晨夕瞻对，坐起其下者七八年"。两谱之撰，即在被供为神明之康熙御书俯视之下完成。

然自罗氏至景仰之万寿祺、徐枋二人观之，康熙者，不亦一蛮夷之酋长而已！罗氏之谱万、徐，终乏理解与同情，事亦一历史之反讽而已。信乎立言之难也！

2017 年 7 月 13 日定稿于北加州兰亭渡停云阁

---

1 《集蓼编》，页 781。
2 北京诚轩拍卖公司 2010 年秋季拍卖会拍品。

顾炎武与清初两降臣交游考论

曾经有这样一个说法：顺治二年乙酉（1645），摄政王多尔衮（1612—1650）率清师南下，行伍间挟之与俱的有降附了清廷的明朝官员三人，史可程、王鸯和程先贞。据说这是为了招降南明弘光朝廷文武大员所布置的三着棋，其目标分别为史可法（1602—1645，与史可程为同祖兄弟）、王铎（1592—1651，与王鸯为同胞兄弟）和钱谦益（1582—1664，与程先贞为挚友）。[1]

即使这个说法属实，清廷的招降密计也只实现了三分之二。奉弘光命镇守扬州的史可法拒绝降清，作出了与城俱亡的壮举，于是有"扬州十日"的悲剧。而留守南京的高官王铎和钱谦益一同率领弘光朝的文武大员数百人，出南京城郊迎清师，让清师不废一兵一矢，长驱入城。这些都是清史上为人所熟知的故事了。

史可程、王鸯和程先贞为清廷当说客一事，根据目前所见的史料，尚难论定。但这三人之中，程先贞和史可程在入清后

---

[1] 说见邓之诚：《清诗纪事初编》（北京：中华书局，1965），《程先贞小传》，下册，页 700。

却分别和以忠节见称的顾炎武（1613—1682）建立过深挚的友情，倒是有案可稽的。"遗民"而与"降臣"论交，事不寻常，更何况是耿亮守节的亭林？

先说程先贞。

一、程先贞之降清

程先贞（1607—1673），字正夫，号葸庵，山东济南府德州人。程氏为鲁西望族，科第宦途，两皆顺遂。正夫的祖父绍（字公业），父泰，分别官至工部右侍郎和建昌府通判。正夫则凭借祖荫，在崇祯朝官工部营缮司员。入清以后，友人和正夫诗酒唱酬，还是以"程工部"称之的。

《清史稿》和《清史列传》都没有为正夫立传。至如他的墓志和祭文也尚未发现，只在《（道光）济南府志》收有小传一篇。短短不满二百字，对正夫在明清之际的行事，却是含糊其词："甲申之变，正夫与其师卢世㴶诛伪官。家居二十年，杜门简出，以诗酒自娱。"[1]

"伪官"云者，当指李自成大顺朝廷的官员。卢世㴶（1588—1653），字德水，又字紫房，号南村病叟。[2] 崇祯末曾官监察御史。入清后被征入京师，复原官。以病废辞，没有当上"贰臣"。

小传对正夫随清师南下事，却未提及，而入清后行事，亦

---

[1] 《（道光）济南府志》卷五十六，《人物·国朝·德州》。又见《德州乡土志》（台北：成文出版社影印光绪本，1968），页 99—100。
[2] 卢世㴶小传，见《清诗纪事初编》，页 697。

只说他"家居二十年,杜门简出"。如此一来,正夫岂非朱明的遗民了吗?

事实上,正夫确是降附过清廷的;而他本人对顺治二年(1645)策马扬鞭,随新主南下一事,亦未尝讳言。他晚年作《自题小像》诗四首,其中的第三像题诗,便是追忆当时摇身变作新朝显贵时的得意情状的。诗前小序说:

> 第三像:其颌颐间有二毛矣。乙酉北谒,赐蟒衣一袭,滥江干之役,腰横玉具,行色匆匆。[1]

乙酉,顺治二年(1645),正夫三十九岁。"二毛"云云,指头白有二色。所谓"蟒衣",即"象龙之服",和皇帝御袍相似,但少一爪而已;这本是明朝的制度,清初因袭了下来的。当年身披蟒衣、腰横玉带的正夫,意气之勃发,可以想见。诗说:

> 物色仓皇尘土红,手携一剑学从戎。丈夫漫洒平生泪,自认须眉与昔同。[2]

正夫这一序一诗,虽未明言他为清廷向钱牧斋劝降,但却足以证明他本人确曾降附清朝。所谓"乙酉北谒,赐蟒衣一袭",明言自山东北上,入京谒新主;而"滥江干之役,腰横玉具",说的正是随清师南征之事。

---

1 程先贞:《海右陈人集》(上海:上海古籍出版社影印清初刻本,1980),页278。
2 同上。

二、程先贞的《海右陈人集》

正夫和他的老师卢世㴆,都是清初山东著名的诗人。正夫的集名《海右陈人集》,分作上下两卷,收各体诗四百四十六首。量虽不多,但他的诗诣在他生前便已得到当时诗坛巨擘的推崇。钱牧斋序他的诗,说他"汲古起雅",所作"清稳妙丽"[1]。王士禛(1634—1711)也称他的篇章"深稳而有逸气"[2]。牧斋和渔洋的评论,说明了正夫在清初诗坛所占的席位。

近人邓之诚从史学的角度来解读正夫的作品,指出他"诗中自注,颇及时事",有助于考史,见解尤为独到。[3]事实上,《海右陈人集》里很多所谓"清稳妙丽"的诗篇,如果细加勘察,便已是极可贵的原始史料。上文利用《自题小像》中的一首七绝来证明正夫确曾降附清廷,只是其中一例而已。以下即可根据正夫的其他作品,来考见他在入清以后和顾炎武之间所缔结的一段深挚的友情。

三、顾亭林与程先贞

《海右陈人集》所收与顾亭林有关的各体诗凡十题十四首。其写作年份大约为自康熙元年(1662)至正夫逝世前一年(康

---

1 《海右陈人集》卷首钱谦益序。
2 钱仲联:《清诗纪事》(南京:江苏古籍出版社,1987),顺治朝卷,页2230,引《渔洋诗话》。
3 邓之诚:《清诗纪事初编》,下册,页700。

熙十一年 [1672]）的十载之间（亦即正夫五十六岁至六十六岁，亭林五十岁至六十岁之间）。[1] 细绎正夫这些诗作，再以亭林《诗文集》和亭林《年谱》中有关正夫的材料相印证，确可考定两人之间实有过一段不比寻常的友谊。

两人见面论交，事在康熙元年（1662），地点在山东德州。[2] 论交之前，两人身世遭逢之殊，判若天壤。明亡之前，虽然同是"复社"成员[3]，但正夫始终服官北京，而亭林则足不出江南。清人入关之翌年，正夫随清兵南下，为新主奔命，而亭林则身预抗清义举。然则在明则一朝一野，在清则敌我分明。两人的活动，取向殊途。

及两人初晤，彼此的处境与心境也有很大的差距。其时亭林离乡别井，仆仆征尘；虽在流离之际，但仍怀抱济世雄心。而正夫则早已由绚烂趋于平淡，息影家园多年了，他在《自题小像》诗里自叙归老田间后的生活说：

> 鼎彝尊罍，列在左右，苍颜白发，颓乎其中，不冠不履。[4]

这和坚持"君子之学，死而后已"[5] 的亭林，是大相径庭的。

然而，尽管两人过往的经历存有根本的差异，在现实处境

---

1 说据王蘧常，见氏著《顾亭林诗集汇注》（上海：上海古籍出版社，1983），页 1057。
2 同上。
3 吴山嘉：《复社姓名传略》（北京：中华书局影印道光十一年刻本，1990）卷二，《南直·苏州府·昆山》，页 28《顾绛》；卷十，《山东·济南府·德州》，页 2《程先贞》。
4 《海右陈人集》，《自题小像·第四像序》，页 278。
5 《顾亭林诗文集》（北京：中华书局，1959），《文集》卷四，《与人书六》，页 96。

和对未来的展望又缺乏一致的认同，亭林和正夫却在晚年结下至死不渝的交谊。

首先，两人订交之后，往来频繁。正夫在康熙九年（1670）所撰的《赠顾征君亭林序》里说：

> 亭林每过吾州，辄见访。如侨、札之欢，皋、梁之说也。[1]

根据亭林《年谱》，他于顺治十四年（1657）北上之后，到他定居陕西（康熙十八年 [1679]）为止，几乎每年必到济南，过德州而必与正夫见面。有时甚至一年之内，过访两三次，则两人往还之频密可知。亭林本人所撰《德州过程工部》一诗的起句就说，"海上乘槎客，年年八月来"[2]，可证正夫在赠序里的话，实非虚夸。

其次，两人在离别期间，每以诗歌保持联系，如亭林于康熙元年（1662）离开山东，取道北京初访山陕，在旅途中，他寄正夫五言长诗一首，备述思慕之情：

> 绵上耕山日，青门灌圃时。怀人初有叹，裂素便成辞。
> 一雁陵秋阔，双鱼入水迟。任城楼突兀，大野泽参差。物象今

---

[1] 正夫序收入吴映奎：《顾亭林先生年谱》，存萃学社编：《顾亭林先生年谱汇编》（香港：崇文书店，1975），康熙九年庚戌五十八岁条，页111。程序中所谓"侨、札之欢"，用的是春秋时吴季札聘郑"见子产（名侨），如旧相识"的故事。清初人以亭林比喻吴季札，尚有杨自牧。自牧字谦六，又字不人，号豫斋。河北昌平人。所著《潜籁轩诗集》有咏亭林句云："人如吴季子，道在魏西河。"《（光绪）昌平州志》（北京：北京古籍出版社，1989），页477，引《潜籁轩诗集》谭吉璁序。

[2] 《顾亭林诗集汇注》，页955。

来异,天心此际疑。风沙春气乱,彗孛夜芒垂。见魃当郊舞,闻人叫庙嘻。频翻坤轴动,乍斗日轮亏。水竭愁鱼鳖,山空困鹿麋。伤心犹赋敛,举目尽流离。旅计真无奈,朋欢可更追。秋吟酬鲍照,日饮对袁丝。蛰急当轩响,花繁绕砌枝。朱弦弥唱古,白雪每夸奇。剑术人谁学,琴心尔共知。三年嗟契阔,只羽倦差池。尚愧劬劳忆,还添老大悲。几窥尼父室,独近董生帷。器忝南金许,文承绣段诒。清风来彩笔,疏韵落芳卮。西蜀玄方草,东周梦未衰。会须陪燕笑,重和邺中诗。[1]

诗中如"怀人初有叹,裂素便成辞";"旅计真无奈,朋欢可更追";"剑术人谁学,琴心尔共知。三年嗟契阔,只羽倦差池";"会须陪燕笑,重和邺中诗"等句,词情挚到,充分流露出亭林对正夫真切的怀念。而正夫的《答亭林平阳见寄》二律,则冥想亭林在旅途中长路漫漫的孤苦,表达了对故人的一往深情:

西去怜君似转蓬,传来尺素到墙东。旷怀晋国云山远,回首吴门烟水空。世局频劳悲失马,天涯漫遣慕冥鸿。王孙何事归犹未,芳草凄凄满旧丛。

怀古遥应处处同,青鞋布袜御长风。犹闻采蕨思殷社,漫道歌薰入舜宫。山色千重遮冀北,河流万里下蒲东。看君行迈劬劳甚,五噫谁知庑下鸿。[2]

---

[1] 题作《酬程工部先贞》,《顾亭林诗集汇注》,页905—906。
[2] 《海右陈人集》,页181—182。

不久，亭林结束山陕之行，重过山东德州，和正夫叙旧。亭林《德州过程工部》，即作于此时：

> 海上乘槎客，年年八月来。每逢佳节至，长得草堂开。老桂香犹吐，孤鸿影自回。未论千里事，一见且衔杯。[1]

结句"未论千里事，一见且衔杯"，充分展现出两人久别重逢欢欣的心情。正夫《顾亭林从大同来暂过东昌》诗亦记此事：

> 一夕三年别，疏镫话旧游。长征还带剑，远望欲登搂。月落青山夜，云回紫塞秋。故乡何处是？此地即并州。

> 吾道看如此，天涯去住难。班荆留款坐，剪韭劝加餐。暮雨吟蛩切，秋风落雁寒。仲连台畔路，明日又漫漫。[2]

上文所引正夫赠亭林的《序》里又说：

> 东吴顾征君亭林先生，今之大儒，于书无所不读，习熟国家典制，以至人情物理。淹贯会通，折衷而守之，卓乎为经济之学者也。……亭林为余谈经说史，不惮娓娓，或留信宿，或浃月经时，然后乃去。[3]

---

[1] 《顾亭林诗集汇注》，页955。
[2] 《海右陈人集》，页120—121。
[3] 正夫序收入吴映奎《顾亭林先生年谱》。

136

这段话说明了正夫视亭林为学术上的畏友；所谓"谈经说史"，正是维系这份水乳交融的友谊的一个重要因素。康熙九年（1670），亭林应正夫的邀请，在德州授《易》凡三阅月，便是一个好例子。

亭林晚年治《易》，并屡次在书信上和友人讨论他读《易》的心得。[1] 他在德州课《易》，详细内容已不得而知。但从他于课毕后，以诗代柬所写的一首五言古诗来看，他解《易》不外乎注心在日用伦常、辅时及物之道上：

> 在昔尼父圣，韦编尚三绝。况于章句儒，未晓八卦列。相看五十余，行事无一达。坐见悔吝丛，举足防蹉跌。日昃乃研思，犹幸非大耋。微言讵可寻，斯理庶不灭。寡过殊未能，岂厌丁宁说。是时秋雨开，凉风起天末。蟋蟀吟堂阶，疏林延夕月。草木得坚成，吾人珍晚节。亮哉岁寒心，不变霜与雪。忧患自古然，守之俟来哲。[2]

亭林在诗中所表现对《易》义的理解，和他在《与任钧衡》札中所说是一脉贯通的：

> 《易》于天道之消息，人事之得失，切实示人。学者玩

---

1 《亭林文集》卷三，《与友人论〈易〉书》，页41—43；卷四，《答子德书》，页74—75；《与友人书二》，页90—91。又《亭林余集》，《与任钧衡》，页169。
2 《顾亭林诗集汇注》，页1014—1015。亭林德州讲《易》事，见《年谱》康熙九年庚戌条。

索其义，处世自有主张。[1]

正夫随亭林习《易》，亦有诗记其事：

秋色依然入薜萝，高轩又见故人过。三时快雨来千里，一夕清风遍九河。大易迥开悬象奥，新书遥赠汗牛多。对君自觉无余想，正好衔杯和郢歌。[2]

课毕临别，亭林复赠正夫以十卦。正夫乃取以为斋名，并赋《首春自题十卦斋》一首。[3] 由中有句云："陈编更作千金帚，老屋重题十卦斋。"在《酬亭林次韵见和》[4]里，又反复提及这个新斋名："病身懒和三都赋，好客闲过十卦斋"；"老鳏枉忆三星户，困学仍居十卦斋"。这都证明亭林引起了正夫对《易》的兴趣。

康熙七年（1668）三月，亭林因牵连黄培诗案，被逮下济南府狱，同年十月事始解。亭林在狱中时，正夫有《寄顾亭林》两首，对亭林蒙难的境况，作了侧面的描写。近人研究亭林生平，尚无注意及此的。兹特迻录于下：

秋意被梧桐，回阴覆庭陀。悠悠我所思，乃在明湖水。

---

[1] 《亭林余集》，页169。
[2] 《海右陈人集》，《立秋日王北山过访同听亭林讲〈易〉并贻所著槐轩集》，页200—201。
[3] 《海右陈人集》，页224。
[4] 《海右陈人集》，页224—225。

姜斐彼何人，南冠縶钟子。援琴非不工，谁能察识此。黄鹄雁网罗，毛羽纷难理，何时远翱翔，一举横千里。

素书托锦鳞，远来报曲折。浩气迥无殊，缠绵字不灭。嗟惟夏侯生，千载传风烈。虽无次公贤，谈经正未辍。惭余老病身，崎岖路难越。尚赖梦魂通，随风度明月。[1]

《海右陈人集》里和亭林有关的诗，还包括两人游屐所至的[2]，酬赠亭林在各地知交的[3]，以及记叙亭林亲属来访的[4]。而亭林的文集里，也收有他为正夫所辑德州先贤遗诗而撰的序文一篇。[5]凡此种种，都进一步说明正夫和亭林往还之密，相知之深。

康熙十二年（1673）十月，正夫逝世，得年七十六岁。正夫卒后三日，亭林始自章丘抵德州；原是赶来诀别的，但已不及复面了。亭林有《自章丘回到德州则程工部逝已三日矣》诗：

高秋立马鲍山旁，旅雁初飞木叶黄。十载故人泉下别，

---

[1] 《海右陈人集》，页66—67。
[2] 如《海右陈人集》，页191—192有《过苏禄国东王墓》；《顾亭林诗集汇注》，页956—957亦有《过苏禄国王墓》。
[3] 《海右陈人集》，页203—204有《寄张力臣》，页194—195有《答李天生》。张、李皆亭林挚友。
[4] 《海右陈人集》，页139—240有《亭林携令侄达夫茂才见访》。达夫名洪善，康熙十五年（1676）进士，见《顾亭林诗集汇注》，《兄子洪善北来言及近年吴中有关淞江之役书此以示之》，页1098—1099。
[5] 《亭林文集》卷二，《程正夫诗序》，页35—36。潘道根误以此文为正夫《海右陈人集》而作。见吴映奎《顾亭林先生年谱》康熙六年丁未五十五岁条"作程正夫诗序"下"道根按"。

交情多愧郅君章。[1]

康熙十四年（1675），正夫入圹，亭林又自济阳往德州送葬，复有《送程工部葬》五古一首：

文献已沦亡，长者复云徂。一往归重泉，百年若须臾。寥寥扬子宅，恻恻黄公垆。挥涕送故人，执手存遗孤。末俗虽衰漓，风教犹未渝。愿与此邦贤，修古敦厥初。[2]

正夫之丧，亭林两赴德州，并亲为执绋，又先后有诗两章悼挽。正夫在亭林心目中的地位如何，是无容赘辞了。

四、顾亭林与史可程

相传与正夫一道随多尔衮下江南，且曾向史可法劝降的史可程[3]，也是亭林晚年在北方所缔交的又一挚友。

史可程，字赤豹，河南开封府祥符人。崇祯十六年（1643）进士，选庶吉士，故朋友多以"史庶常"称之。赤豹是史可法同祖弟。有《观槿堂文集》[4]，未见。

赤豹在易代之际的政治操守，又不如程先贞，因为赤豹在

---

1 《顾亭林诗集汇注》，页1056—1057。
2 《顾亭林诗集汇注》，页1110。
3 邓之诚：《清诗纪事初编》，《程先贞小传》。
4 《顾亭林诗集汇注》，页831引戴注。

降清之前，且曾降附李自成，曾以明朝的原来官职，服事大顺朝廷。李自成一度有意命赤豹以家书向史可法招降，只是戎马倥偬，来不及付诸行动便被迫自北京撤军。赤豹在弘光朝之所以纳入"从逆诸臣"之列，是有根据的。[1]

世所传诵的多尔衮致史可法书里有云，"及入关破贼，识介弟于清班"，"介弟"云者，即指赤豹。[2]可知赤豹也曾降清。只是他替清廷劝乃兄投降事，未有明证。

清兵定江南后，赤豹亦未再入仕途。是出于自愿，抑别有内情，皆不可知。只知道他先后侨寓南京和宜兴，以北人而居南，和亭林以南人而居北，恰好相反。赤豹死时，已值康熙中叶了。

亭林和赤豹初晤论交于山西太原，时在康熙二年（1663），后于亭林和程正夫缔交一年。赤豹有《太原喜晤宁人先生赋赠》诗："翰墨遥传十载余，却怜边郡识君初"；又有《赠宁人社翁》诗："客游与子亲，立谈愧我疏"[3]，都是两人在太原初次见面的明证。

亭林也有《酬史庶常可程》五言长诗一首，记论交事：

伊尹适有夏，太公之朝歌，吾侪亦此时，将若苍生何？跨驴入长安，七贵相经过。不敢饰车马，资用防其多。

---

1 计六奇：《明季北略》（北京：中华书局，1981）卷二十二，页607。《明史辑略·绅志略》，从逆诸臣条。
2 《顾亭林诗集汇注》，页831。
3 同上。

岂无取诸人，量足如饮河。顾视世间人，夷清而惠和。丈夫各有志，不用相讥诃。君今寓高都，远山阻巍峨。佳诗远寄将，建安激余波。想见萧寺中，抱膝苦吟哦。古人尚酬言，亦期相切磋。愿君无受惠，受惠难负荷。愿君无倦游，倦游意蹉跎。[1]

诗中有两处可堪注意："丈夫各有志，不用相讥诃"，亭林于赤豹前此失节事，似无意深责，而且有为其开解之意。收结二韵："愿君无受惠，受惠难负荷。愿君无倦游，倦游意蹉跎"，则于赤豹往后的行藏，有所致意。劝其"无受惠"于长安之"七贵"，以免负荷过多；又劝其"无倦游"，盖一旦"倦于游旅，则壮志蹉跎矣"。[2]

赤豹酬答之诗，题目中便拈出亭林诗收结二韵：《宁人盟长答余诗云愿君无受惠受惠难负荷愿君无倦游倦游意蹉跎物老则息游何可长耶受惠难负荷君子哉言乎载赓一章寄谢宁人知不我遐弃也》。诗言：

孔说七十二，墨突不至黔。所由涂已广，利己一何廉。廓然观天道，阴符教我严。受命为孤蓬，乘风未得淹。饥来四方走，避惠如避钳。偶至逢人喜，事过心愈怗。束舟向皎日，安得以影潜？幸有同心侣，隐然无苟甜。展卷未及终，汗浃散衣沾。白藏适当令，羁怀属惔惔。资世何必

---

[1] 《顾亭林诗集汇注》，页831。
[2] 《顾亭林诗集汇注》，页834。

多,俭德足自占。跽承仁者赠,拜手想三缄。[1]

康熙二年(1663)订交后六载,赤豹和亭林有河北大名之会;与会者并有曹溶(1613—1685)。赤豹与亭林均无诗记此事,幸曹溶有五律两首,足资考述众人当年宴游的情状。《静惕堂诗集》卷二十一有《同赤豹饮介庵金滩署二首》及《再同赤豹宁人饮介庵署二首》两题。后一题的诗两首说:

客自殊方至,同探古署寒。盛名悬玉节,公宴密雕盘。晷近吹葭短,觞因授简宽。及时扬大业,送喜到征鞍。

地势燕齐合,官阶屏翰尊。肯容诸傲士,累夕共清言。夜久潜阳动,天遥古怨存。尘中分手易,岁晚卧蓬门。[2]

介庵,未详何人。金滩属河北大名府治。"肯容诸傲士,累夕共清言",可见主客秉烛夜宴之乐。

赤豹是一个名节有亏的士人,亭林晚年和他见面订交后,却曾称之为"君子",并对他有所期许。集中《与人书六》里说:

---

1 《顾亭林诗集汇注》,页 834。
2 曹溶:《静惕堂诗集》(雍正三年李维钧刻本)卷二十一,页 10 上,《同赤豹饮介庵金滩署二首》云:
　　河朔还高会,璇枢指仲冬。泽梁冰未结,沙馆雁初浓。捊藻多迁谪,陈觞见肃雍。花间传玉漏,清气逼铜龙。
　　离恨从今写,论文不厌真。锦堂燃烛夜,邺苑覆杯春。雪色催新赋,山光缓去轮。挽留看地胜,惆怅白头人。

生平所见之友，以穷以老而遂至于衰颓者，十居七八。赤豹，君子也，久居江东，得无有陨获之叹乎？昔在泽州，得拙诗，深有所感，复书曰："老则息矣，能无倦哉？"此言非也。夫子"归与归与"，未尝一日忘天下也。故君子之学，死而后已。[1]

任昉（460—508）《求为刘瓛立馆启》说，"贫不陨获其心，穷不二三其操"[2]，亭林札中陨获之叹，与此意同。合前引亭林酬赤豹诗中"愿君无受惠，受惠难负荷"句而观之，可知赤豹入清后曾因贫贱而游食于达官大吏之门。亭林乃再三劝勉他不可因贫贱而丧志。亭林对赤豹既有所寄望，适足以说明两人情谊殊非泛泛。

五、结语

亭林于顺治十四年（1657）北上后，先后在山东、北京、山西、陕西等地结交了不少新朋友，其中有坚苦守节的遗民像张尔岐（1612—1677）、殷岳（1602—1669）、孙奇逢（1584—1675）、傅山（1607—1684）和王弘撰（1622—1702）等，都一直为治亭林生平的学者所乐道。有人甚至因为亭林和这些遗民建立了道义之交，而推断他晚年在北方的活动，主要在联络各

---

[1] 《亭林文集》卷四，《与人书六》，页 92。
[2] 任昉文见严可均：《全上古三代秦汉三国六朝文》（北京：中华书局影印本，1987），《全梁文》卷四十三，页 8 下。

地的志士，共谋抗清复明的义举。[1]

亭林晚年的知交之中，其实也包括了一些名节已亏、行谊广遭物议的"降臣"和"贰臣"在内，本文所述的程先贞和史可程之外，至少还有像孙承泽（1592—1676）和曹溶（1613—1685）那样在顺、康间的政坛上资望颇高的"贰臣"；亭林和孙、曹之间，也有类似于他和程、史所建立的深挚情谊。[2]

历来研治亭林生平和学术的学者，对他入清后的行谊，都极力推崇，可说是有褒而无贬的。对亭林与"降臣"、"贰臣"往还频密此一史实，自然无暇兼顾；至今为止，也就鲜有专题论述。即偶然有治清诗的学者注意及此，亦只提出过一些比较含混的说法。像亭林之结交程先贞，邓之诚便认为不过是"细节"，不足深论[3]；邓氏所持的准则，似乎是"大德不踰闲，小德出入可也"。相反地，王蘧常先生则认为程、史既是大节已亏的人，亭林和他们交往，不能以"细节"视之。但是究竟应该如何对待此一史实呢？王先生却也未曾提出他的观点来。王先生再三审度，对"以支柱正气为己任"的亭林，竟屈身与失节的人"相契之深如此"[4]，最终也只得浩然长叹，而归之为"不可

---

1 关于顾炎武的历史评价，沈嘉荣有颇详细的论述。见其《顾炎武论考》（南京：江苏人民出版社，1994），页334—384。又参阅王卫平：《十年来的顾炎武研究》，《中国史研究动态》1993年第5期。亭林"北上抗清说"，较具代表性的，前有赵俪生：《爱国主义思想家顾炎武的反清斗争》，收入氏著《史学新探》（上海：新知识出版社，1955），页91—102。赵氏新著《顾亭林与王山史》（济南：齐鲁出版社，1986）仍主旧说。近有黄正藩：《顾炎武北上抗清辨析》，《苏州大学学报》1996年第2期。
2 谢正光：《顾炎武、曹溶论交始末——明遗民与清初大吏交游初探》，《中国文化研究所学报》1995年新第4期。
3 《清诗纪事初编》，下册，页700。
4 《顾亭林诗集汇注》，页831—833。

解"而已。

邓之诚话里的"细节",和王先生所说的"正气",其立足点显然都是儒家思想里的"忠节"观念。亭林既自清末民初以来,一直被推崇为"忠节"的最高象征,"政治操守"也就惯性地成为审度亭林生平的唯一量尺。碰上"坚苦守节"的亭林而甘心和"降臣"、"贰臣"论交此一史实,"政治操守"这把量尺怎好用上呢?勉强说这事是"细节",或直截了当归之为"不可解",都不过是出于无奈的"遁辞"。至于其他治亭林之学的人,对此一史实,或视而不见,或避而不谈也是可以理解的。

以上所说,绝非有意低估以"忠节"观念来衡量清初士人的重要性。事实上,研治明清易代前后的历史,谁也不能漠视个人"政治操守"在当时广受注目的现象。即如"降臣"一事,亭林便在作过颇详细的历史考索之后,毫不犹豫地痛加贬斥。《日知录》卷十三降臣条说:

> 《记》言,孔子射于矍相之圃,贲军之将,亡国之大夫不入。《说苑》言,楚伐陈,陈西门燔,使其降民修之,孔子过之,不轼。《战国策》,安陵君言,先君手受太府之宪。宪之上篇曰,国虽大赦,降城亡子,不得与焉。下及汉魏,而马日磾、于禁之流,至于呕血而终,不敢腼于人世。时之风尚,从可知矣。后世不知此义,而文章之士,多护李陵;智计之家,或称谯叟。此说一行,则国无守臣,人无植节,反颜事仇,行若狗彘而不之愧也。何怪乎五代之长乐老,序平生以为荣,灭廉耻而不顾者乎?……而降城亡

子,不齿于人类者矣。[1]

亭林既曾视"反颜事仇,行若狗彘"的"降臣"为"不齿于人类",但却和分别降附过清廷和李自成的程先贞和史可程交深而相契。那么,亭林岂非言行不相符的人了吗?

如果单从"政治操守"的角度来衡量,且只就此事而言,答案显然是肯定的。但本文的目的,绝非立意于以此厚谤亭林。相反地,本文的要旨在于以亭林晚年择友为例,说明"政治操守"虽然重要,但仍未足以驾驭一切。作为"忠节"最高象征的亭林,亦不得于"政治操守"之外,全无考虑,又何况他人?

本文所掌握的资料,虽极有限,但已能说明亭林晚年择友,于衡量甄别之际,个人的"政治操守"并非考虑的唯一因素。进言之,即使"政治操守"确在考虑之列,其所占的比重亦必不甚大。以亭林和程先贞、史可程的交游为例,亭林于二人以往的"政治操守",显然未视为友朋交纳的先决条件。亭林所重视的,却在于他和程、史二人在文化学术活动的认同和参与。如对《易》理的探讨,在诗歌创作上的往复切磋,乃至于如程先贞所说的"谈经说史"等。

再者,亭林择友,个人的性情,我想必是他所考虑的重要的一环。程、史二人,虽于大节有亏,与亭林必是性情相近,才能和他相处得如水投乳般融洽。下面多举一例,说明亭林和

---

[1] 顾炎武:《日知录》(台北:世界书局,1962),页333。

程先贞之间,必有于"政治操守"之外而更为两人所共同宝爱之物。

亭林自青年时代即嗜酒,在江南时常与归庄(1613—1673)和其他亲友豪饮,自诩有三四斗之量。[1]他赠程先贞的诗有"一见且衔杯"句,挽程诗也说"恻恻黄公垆";而程先贞寄亭林诗也有"正好衔杯和郢歌",都说明了程先贞也嗜酒,两人其实是很投契的酒友,然则两人倾杯对饮,论文谈艺的乐趣,又何尝不是维系和增进他们之间的交谊的重要因素之一呢?

总括来说,亭林晚年择友,既未以个人的"政治操守"作为衡量的唯一标准;他所考虑到的,至少也包括了学术文化活动的参与和认同,以及个人习性的相近等因素。

然而,近百年来的学者,对亭林以及和他同时代的士人们的行谊的审度,却一直离不开"政治操守"这把量尺;叙事论人,终究仍局限在五伦中的"君臣"一义之上。对于其他一切复杂纠缠的人情物理关系,皆不措意。用这样一个导源于乾隆朝修《贰臣传》之际的"阐释架构"来评价亭林以及其他清初士人,不但有欠公允,也是不符合于从历史本身来说明历史

---

[1] 亭林嗜酒,其《文集》中即人屡有记述。较明显者如卷五页113《吴同初行状》中有云:

……而余与同邑归生独喜为古文辞。……已而又得吴生。……而炎武有叔兰服……姊子徐履忱……五人各能饮三四斗。

又:《亭林佚文辑补》中《与归庄手札》七首。其第二札云:

别兄归至西斋,饮酒一壶,读《离骚》一首,《九歌》六首,《九辩》四首,士衡《拟古》十二首,子美《同谷》七首,《洗兵马》一首。壶中竭,又饮一壶。夜已二更。一醉遂不能起,日高三四丈犹睡也。月之二日将往千墩,而兄之期当在初七八。届时更以酒三爵榼一架奉访于西郊。……

的准则的。

要之,研究明清易代前后的历史,放弃用"政治操守"作单向性的探讨和阐释,也应该是时候了。

1997 年 4 月 10 日

就《秋柳》诗之唱和考论顾炎武与王士禛之交谊

一

近人谢国桢曾就顾炎武（1613—1682）于顺治十四年（1657）北上后之交游，有所论述。其言曰：

> 亭林北游山东而后，交游虽广，然慎于选择，尤不喜接交权贵及声闻过情之士。新城王士禛贻上，在清素负盛名，一时才士，多出其门。亭林在济南虽曾与之唱和《秋柳》之诗，然集中未见有其他唱酬之作，平时亦绝少往还。[1]

今《亭林诗集》卷三有《赋得秋柳》七律一首：

---

[1] 谢国桢：《顾亭林学谱》（上海：商务印书馆，1957），页193。谢氏又曰："亭林至京，曾主内院学士谢重辉家。至于文臣如王士禛、汪琬、施闰章之流，虽曾与之唱和，绝然不引为同调。"（页203）按：谢重辉之父升于顺治元年（1644），以明臣降清，官内院学士，重辉本人固未尝任此职。详本文第四节。

150

昔日金枝间白花，只今摇落向天涯。条空不系长征马，叶少难藏觅宿鸦。老去桓公重出塞，罢官陶令乍归家。先皇玉座灵和殿，泪洒西风夕日斜。[1]

诗系顺治十四年（1657），时亭林初次涉足济南。同年八月，王士禛（字子真、贻上，号阮亭，晚号渔洋山人，1634—1711）成《秋柳》四首：

秋来何处最销魂？残照西风白下门。他日差池春燕影，只今憔悴晚烟痕。愁生陌上黄骢曲，梦远江南乌夜村。莫听临风三弄笛，玉关哀怨总难论。

娟娟凉露欲为霜，万缕千条拂玉塘。浦里青荷中妇镜，江干黄竹女儿箱。空怜板渚隋堤水，不见琅琊大道王。若过洛阳风景地，含情重问永丰坊。

东风作絮糁春衣，太息萧条景物非。扶荔宫中花事尽，灵和殿里昔人稀。相逢南雁皆愁侣，好语西乌莫夜飞。往日风流问枚叔，梁园回首素心违。

桃根桃叶镇相怜，眺尽平芜欲化烟。秋色向人犹旖旎，春闺曾与致缠绵。新愁帝子悲今日，旧事公孙忆往年。记

---

[1] 王蘧常辑注、吴丕绩标校：《顾亭林诗集汇注》（上海：上海古籍出版社，1983，以下简称《汇注》），页547—550。

否青门珠络鼓，松枝相映夕阳边。[1]

亭林《赋得秋柳》一律，意在哀南明君臣，业有成说。[2] 至王氏《秋柳》四章，或谓乃阮亭吊明亡之作，或谓为郑妥娘作，解人已多[3]，亦不必赘论。本篇之旨，盖在就两诗之关系，进而考述亭林与阮亭之交谊，如此而已。

考阮亭之赋《秋柳》，年才二十四。[4] 先此数载，刻所为诗曰《落花笺诗稿》，早具才名。后此四载，复刻《阮亭诗钞》。为之撰序者，自钱谦益（1582—1664）以下凡二十八人，多词坛老宿，无不为之推挹揄扬[5]，于是阮亭诗名更盛。《秋柳》四章，

---

1 惠栋：《渔洋山人精华录训纂》（台北：中华书局影印《四部备要》本）卷五上，页6上—页7下。
2 《汇注》引黄节说（页549）。王冀民则以该诗为哀永历、崇祯而作。见氏著《顾亭林诗笺释》（北京：中华书局，1998，以下简称《笺释》），页402。
3 王祖源辑：《渔洋山人秋柳诗笺》，收入《天壤阁丛书》（同治五年刻本）第3函第18册。王氏所辑，含屈复《秋柳诗注》及李兆元《笺》。李《笺》后经钱仲联先生送交《学术世界》第1卷第8期发表（1936年1月）。第2卷第2期（1936年11月）另有〈渔洋秋柳诗李笺〉补缺〉一文。又有郑鸿《〈渔洋山人秋柳诗笺注〉析解》，登该刊第1卷第6期（1935年11月）。
4 王士禛《菜根堂诗集秋柳诗序》云：
　　顺治丁酉秋，余客济南，诸名士云集明湖。一日，会饮水面亭。亭下杨柳千余株，披拂水际，叶始微黄，乍染秋色，若有摇落之态。余怅然有感，赋诗四章。
阮亭生崇祯七年（1634），顺治丁酉十四年（1657）为二十四岁。见《汇注》，页547—548。
5 王士禛于钱谦益之揄扬，至为感念。晚年著《古夫于亭杂录》有云：
　　予初以诗贽于虞山钱先生，时年二十有八，其诗皆丙申少作也。先生一见，欣然为序之，又赠长句，有"骐骥奋蹴踏，万马暗不骄。勿以独角麟，俪彼万牛毛"之句，盖用宋文宪公赠方正学语也。又采其诗入所纂《吾炙集》。方盦山自海虞归，为余言之。所以题拂而扬诩之者，无所不至。……今将五十年，回思往事，真平生第一知己也。
见王士禛《带经堂诗话》（北京：人民文学出版社，1982），页94。

既成于两集刊刻之间，实亦其声名转折之处。是故阮亭晚年撰《渔洋诗话》，忆及此少作，犹津津于当时"江南和者，前此已数十家，闺秀亦多和作"一事。复引其挚友陈允衡（字伯玑，号玉渊，1622—1672）"元倡如初写《黄庭》，恰到好处，诸名士和作皆不能及"[1]之说以自重。其自负之情可见。

反观亭林之赋《秋柳》，年已逾中岁，又适为其离江南北上之第一载。亭林与阮亭既同客济南，又分别赋《秋柳》之诗，然则亭林所作，是否亦在数十和家之内？亭林初莅鲁境，又何故诗和一少年词人之原唱？凡此皆清初诗史颇具兴味之公案也。

抑尤有进者，《秋柳》诗成之翌年，阮亭即举进士，先任扬州推官，后入中朝，不旋踵而"简在帝心"[2]，深获康熙帝之器重，俨然兴朝新贵矣。而亭林不久亦自鲁北上，徘徊于燕豫秦晋之间，然坚拒出仕，以先朝之遗民终。苟亭林当年果尝以诗和阮亭，二人因此进而论交，则遗民与新贵间之交谊，其意义之非比寻常，又岂独为清初诗坛之掌故而已？爰就所见，勒成此篇，以就正于海内外之硕学通人。

二

历来笺释亭林诗集者，于《赋得秋柳》一律之是否为阮亭

---

[1] 前引《带经堂诗话》，页185。
[2] 宋荦《资政大夫刑部尚书王公士禛暨配张宜人墓志铭》有云："时（康熙初年），上留意古学，特诏公懋勤殿试诗，称旨。次日传谕：'王某诗文兼优，着以翰林官用。'遂改侍讲，旋转侍读。"见钱仪吉：《碑传集》（北京：中华书局，1993），第2册，页582。

《秋柳》之和作，聚讼纷歧。光绪末年山阳徐嘉《顾诗笺注》，已先标"和作"之说。[1]其后尹氏亦力主之，至谓"《秋柳》自系和王贻上者，殆亭林以贻上后日显贵，不欲以其名氏见集中耶？"[2]

及1934年秋，粤人黄节（字晦闻，1874—1935）为北京大学诸生讲授顾亭林诗[3]，时值"九一八"、"一·二八"之后，日寇方肆虐于中土，夷夏之防与民族之义，亟待发扬。晦闻"盖鉴于国家民族危难之日亟，故欲踵仿亭林之志事，于人心学术深植根底，以为后日恢复之计"[4]。是以晦闻讲亭林诗，凡涉其平生行谊者，必强调其刚严方正之性格。以故，其释《赋得秋柳》一律，遂力排众议，奋力抨击和诗之说。盖自晦闻视之，阮亭年辈既晚，又应清朝科举，亭林何由和其诗作？其言曰：

[济南]明湖水面亭，杨柳千余株，咏者不止阮亭一人。亭林此诗题曰"赋得"，不云"和作"，又只一首，不是四章，知其非和阮亭也。[5]

继就阮亭《渔洋诗话》及《亭林诗集》均未尝道及对方一

---

1 《汇注》，页548。
2 《汇注》，页548，引尹氏说。王蘧常于《汇注》中无明言尹氏之名字。今承中国社会科学院历史研究所王学庄教授相告："尹氏疑为王蘧常友人尹炎武石公，江苏丹徒人。历任上海持志大学教授、国史馆协修、上海文史馆馆员。"特录于此，以备一说。
3 黄晦闻于北大授亭林诗事，见其门人吴宓所撰《诗学宗师黄节先生学述》一文，收入黄节：《诗学》（香港：龙门书局，1964）。有关晦闻生平，参考章炳麟《黄晦闻先生墓志铭》，亦见《诗学》，后收入《章太炎全集》第五册（上海：上海人民出版社，1985），页263—264。
4 吴宓语，见前引吴宓：《诗学宗师黄节先生学述》。
5 《汇注》，页548。

事，隐指二人向无往还：

> 且《渔洋诗话》举《秋柳》和诗，王西樵（士禄）、徐东痴（夜）外，未举亭林；其《诗话》全部，亦未尝及亭林之诗；而《亭林诗集》不道渔洋一字，岂得以《秋柳》相同，遂目为和作？[1]

此犹未已也。晦闻复就亭林诗题"赋得"二字，溯其源流，断言此诗非和：

> 齐梁以前，未有以"赋得"命题者。梁简文有《赋乐府得大垂手》《赋乐名得箜篌》，又有《赋得陇坻雁初飞》《赋得桥》《赋得舞鹤》《赋得入阶雨》《赋得蔷薇》《赋得白羽扇》诸篇，自是而后，以"赋得"命题者代有矣。亭林此篇题以"赋得"，明其非和。夫赋者，咏也，如梁简文帝《咏柳》一首，与《和湘东王阳云楼檐柳》一首，题各不同，可证亭林此篇命题之例。……就以体制论，和诗多步原韵。……而亭林此诗用韵，与阮亭全然不同。[2]

晦闻作此辩解，"盖恐当世以亭林此诗比之阮亭"[3]。其用心之良苦，亦可见矣。

---

1 《汇注》，页548。
2 《汇注》，页548—549。
3 《汇注》，页549。

迨王蘧常《顾亭林诗集汇注》[1]及王冀民《顾亭林诗笺释》[2]出，则和作之说又见兴。其中王蘧常驳证晦闻所举尤力，以为"皆不足为非和诗之证"[3]。其言曰：

> 先生（亭林）时在济南，考《同志赠言》此时有王士禄赠诗，徐元善济南赠诗。……士禄为士禛仲兄，元善则其外从兄也。士禛同在一地，不应独无往还，和作自在意中。题作"赋得"，疑后改，尹说近是。士禛之不及先生，或以其语多忌讳。和诗不用原韵，不依原数，则古人多矣。考曹溶《静惕堂集》、朱彝尊《曝书亭集》皆有和士禛《秋柳》诗，亦只一首，亦不用原韵。[4]

综观双方说词所涉者，不外诗学之内缘与诗人间交谊之外缘二事而已。所谓"诗学之内缘"者，指亭林此篇之章数、命题及用韵而言；所谓"诗人间交谊之外缘"者，指亭林与阮亭之往还及情谊。就后者而论，晦闻以《渔洋诗话》未尝及亭林之诗，而推断二人未始往还。王蘧常则以阮亭之不及亭林，或以其语多顾忌，不能据作断言。平情而论，双方说辞均似近臆测而犹欠实据。

以余考之，亭林与阮亭虽年辈颇悬隔，且复出处异抱，隐

---

[1] 《汇注》，页547—550。
[2] 《笺释》，页402。
[3] 《汇注》页549。
[4] 《笺释》，页402。

显殊途,惟确曾于顺治末年于济南论交,二人之情谊,且持续十数年之久。

三

亭林与阮亭之确曾论交,要证有三,皆见阮亭所撰文字。今分别述之。

一曰《感旧集》之收录亭林诗作八首。

夫《感旧集》者,盖阮亭"感时怀旧,辑平生故人诗"[1]而成之书也,实其平生师友诗作之选集。此则阮亭于其康熙十三年(1674)所撰之《自序》中已明言之矣:

> 因念二十年中,所得师友之益为多。日月既逝,人事屡迁,过此以往,未审视今日何如。……感子桓来者难诬之言,辄取箧衍所藏平生师友之作,为之论次,都为一集。[2]

是集卷五顾绛条,收亭林诗七首。计《秀州》《怀人》《赋得江介多悲风用风字》《赋得老鹤万里心用心字》《江上》《古侠士歌》及《衡王府》。[3] 成诗之年,有早至顺治三年(1646)者(《赋得老鹤万里心用心字》),至迟则在顺治十五年(1658),即《秋柳》诗成后一年(《衡王府》),其中《古侠士歌》一首,

---

[1] 王士禛:《感旧集》(乾隆十七年刻本)卷首,《自序》。
[2] 《笺释》,页402。
[3] 《感旧集》卷五,页20上"顾绛"下有"八首"二字,然实则只收七首。

不见于潘耒抄本以来之各本，而为王蘧常录入《诗集汇注》之《集外诗存》，王先生所据，即《感旧集》。[1]

亭林之姓名及诗作，既见收于阮亭所裒集其平生友人诗作成书之《感旧集》中，则阮亭之视亭林为其友人，可无疑矣。

二曰阮亭《居易录》所收亭林小传。传曰："友人顾炎武，字宁人，别号亭林。按：顾野王读书处名顾亭林，在华亭。又：潘次耕寄所刻顾亭林《日知录》三十二卷。顾，潘之师也。"[2]

考《居易录》，三十四卷，初刊于康熙四十年（1701）。然是书之始撰，当远在此之前。至所收之亭林小传撰于何时，则殊难确定。然据小传中"潘次耕寄所刻顾亭林《日知录》三十二卷"一节之撰写，当不能早于康熙三十四年（1695），盖是年潘刻《日知录》三十二卷本始竣工也。

以上所引证之二事，皆阮亭视亭林为友人之确证。然则亭林之视阮亭又若何？今本亭林诗文集，确如黄晦闻先生所云，

---

[1] 《感旧集》所载亭林诗，与《汇注》本相校，颇见异文。如《怀人》一题，第四韵《汇注》本作：乍迴别鹤下重云，一叫哀猿坠深木。《感旧集》作：深谷无声虎豹蹲，惊波直下鱼龙蹙。同题第七韵，《汇注》本作：湘山削立天之角，五岭盘纡同一握。《感旧集》则作：三湘山水多奇削，九池十洞皆绵邈。又如《赋得老鹤万里心用心字》第五韵、第六韵，《汇注》本作：早寒江上笛，秋急戍楼砧。木落依空沼，云多失旧林。《感旧集》作：寒飚连北极，急景向西岑，寂历依空帐，纡迴失旧林。再如《汇注》集》所收《江上》一题，《汇注》本卷一亦收之，惟已作《不去》之第二首。结句《汇注》本作"便到山中卧白云"，《感旧集》则作"便去山中看白云"。凡此皆异文较突出者，其他一二字之歧别，尚所在多有。论者尝有"选家好改动原诗"之说，所指不外个别文字而已。若上举亭林诗中文字之差异，当缘作者本人之改动，而与选者无关。要言之，阮亭所见此七首亭林诗作，应为作者早年之原稿，而今本乃亭林后来删定者，可无疑矣。今人校刊清初诗集，尚少有利用当时选本者，恐亦难逃千虑一失之讥也。
[2] 王士禛：《居易录》（康熙四十年刻本）卷三十，页7上。又见《感旧集》卷五，卢见曾《补传》"顾绛"条下引。

158

无一语道及阮亭。然亭林于阮亭，尝有赠书之雅，其事亦见阮亭著作之中。此二人交友要证之三也。

阮亭《池北偶谈》卷十五《谈艺五》劳山说条云：

> 劳山，在莱州府即墨县境中。昆山顾宁人炎武序《劳山图志》曰……杨太史观光《致知小语》曰……二说未知孰是？以理揆之，顾说为长（自注：顾近寄所著《日知录》，内辨劳山三则，又与前说不同）。[1]

亭林《劳山图志序》，见中华书局版《顾亭林诗文集》卷二，与阮亭所引文字偶有出入，亦如前《感旧集》载亭林诗作事。所堪注意者，乃文末自注中所云"顾近寄所著《日知录》"一事，盖阮亭明言亭林"近寄所著《日知录》"，则所得者，自有别于前引《居易录》中所称潘次耕所刻之三十二卷本。考《日知录》初刊于康熙九年（1670），作八卷本，乃亭林躬自刊刻于淮上者，时年五十八岁。诸家年谱，于此均无异词。是则亭林之于阮亭，既尝有赠书之雅，其视阮亭，又岂同泛泛之交？

四

亭林与阮亭之交情，尚可从二人在山东地区之亲友门生间之关系，交互推寻，即得佐证。

---

[1] 王士禛：《池北偶谈》（北京：中华书局，1982），页361。

亭林自顺治十四年（1657）初抵鲁境后，即与当地士人广泛接交。其情谊较深者，前如赵士完、士喆兄弟，徐夜，张元明等，后如程先贞、李涣、颜光敏等，亭林均有文字记其往来之迹。而此数人者，又无一非阮亭所熟知。况其人之行事及艺文，多有见载于阮亭撰述之中。此顾、王二人于山东有共同友人，事至明显，自不必详述。今所欲举证者，乃亭林与阮亭门人及阮亭与亭林门人之关系，以见顾、王二人非比寻常之情谊。

阮亭《居易录》有云：

> 淮安门人张弨力臣，博雅精六书之学，尝著一书，辨俗书之讹。今老矣，又耳聋，携其两子一孙客京师，以写真来索题。……张尝著《瘗鹤铭辨》及摹岘山石幢寄予。

> 门人张弨力臣，今老矣，又耳聋，携其两子一孙，客京师。[1]

此张弨力臣，即亭林《广师》篇中所称"精心六书，信而好古，吾不如张力臣"[2]者。力臣号亟斋，山阳诸生。先于康熙六年（1667）手写亭林所著《音学五书》，为梓淮上。亭林序是书，于力臣协助之功，感念不忘：

> 又得张君弨为之考《说文》，采《玉篇》，仿《字样》，

---

[1] 前引《带经堂诗话》，页556，引《居易录》。又：前引《池北偶谈》卷十三，《谈艺三》，页309，瘗鹤铭三则一条，亦与张氏有关。
[2] 《顾亭林诗文集》（北京：中华书局，1959）卷六，《广师》，页134。

酌时宜而手书之；二子叶增、叶箕分书小字；鸠工淮上，不远数千里累书往复，必归于是。而其工费则又取诸鬻产之直，而秋毫不借于人。[1]

亭林于康熙九年（1670）初刻《日知录》八卷，力臣亦有不可没之功焉。该书前有亭林自序十二行，字作颜体，据云即出力臣手笔。[2]

亭林赠力臣诗，今尚可见者两题，一作于康熙十年（1671），诗中亦涉阮亭所及之《瘗鹤铭辨》：

冬来寒更剧，淮堰比何如？遥忆张平子，孤灯正勘书。江山双鬓老，文字六朝余（自注：得所寄《瘗鹤铭辨》）。愁绝无同调，蓬飘久索居。[3]

另一题则作于康熙十八年（1679）入陕之后。结篇四韵，尤见知己之感：

古堠出夕峰，平林延野烧。惟此数卷书，鸣琴对言笑。持此勖儿曹，四海有同调。莫浪逐王孙，但从诸母漂。[4]

---

[1] 前引《顾亭林诗文集》卷一，《音学五书后序》，页28。
[2] 说见沈嘉荣：《顾炎武论考》（南京：江苏人民出版社，1994），页405。
[3] 《汇注》卷五，《寄张文学弨时淮上有筑堤之役》，页1020。
[4] 《汇注》卷六，《赠张力臣》，页1227。

亭林之门人谢重辉（字千仞，号方山），则终生受知于阮亭；其诗名之树立，实出阮亭之推挽。

方山为山东德州人。[1]父升，字廷扬。明万历三十五年（1607）进士[2]，崇祯朝官至吏部尚书，兼建极殿大学士，后以事罢归。及清人定鼎北京，颁诏招抚山东，升偕其他在籍前明官员，率先遣人赍表降附，遂被命入内院办事，并与早期降清之明臣如洪承畴（1593—1665）及冯铨（1595—1672）等获享清室同等之恩遇。顺治二年（1645），谢升卒于官。清廷复赠太傅衔，荫一子。谢升于明清之际，亦可谓极尽荣哀者矣。

就儒家传统忠君之角度以观，谢升自是失节之人，乾隆帝列之于《贰臣传》，固非无因。然亭林竟无视于山东德州谢氏狼藉之声迹，居然入主其家，收升之遗孤方山于门下。其后方山入京谋以荫职补一实缺，亭林复飞书在京友好颜光敏（字修来、逊甫，号东圃，1640—1686）——亦阮亭之知交[3]，央请就近照拂方山。亭林此札，作于康熙八年（1669）顷。札有云：

> 兹有德州方山谢年兄入都，附此申候。方山为内院清义公之冢嗣，翩翩文雅，更能熟于古今，少年中鲜其俦匹。属

---

[1] 谢重辉生平，参考王锺翰点校：《清史列传》（北京：中华书局，1987）卷七十，第18册，页5762。
[2] 谢升生平，见《清史稿校注》（台北："国史馆"，1986—1991）卷二四五，页8207—8208；前引《清史列传》卷七十九，《贰臣传乙》，页6536—6528。谢升降清事，亦见《清史稿校注》卷四，《世祖本纪一》，页75："（顺治元年）八月壬午，征故明大学士谢升入内院办事。"又：同书卷一八一，《大学士年表一》："顺治元年　谢升　八月壬午召入内院。顺治二年　谢升　正月癸卯卒。"是谢升仕清，先后未及半载而殁。
[3] 同上。

162

以荫职赴部，一切仰祈照拂。缘弟夏秋主于其家，昕夕对谭，心所归依惟在门下。至于居官涉世之道，亦望时时提命。

贵乡才俊，可为后劲，不俟弟言之毕也。冬杪图晤，不悉中怀。[1]

札中所及"清义公"者，清廷所赐谢升之谥号也。[2] 至所谓方山"以荫职赴部"，部也者，指礼部而言。盖方山借父荫，虽已具居官之资格，然仍须赴礼部谋一实职。时颜光敏任礼部主事。札中至谓"一切仰祈照拂"，似不能排除亭林请托颜氏为其门人谋一朝廷命官之意图。

方山入京后，果获授刑部郎中一职。而亭林于康熙八年（1669）冬入都（应札中所谓"冬杪图晤"句），即"主谢方山重辉"，事具张穆《顾亭林先生年谱》。[3]

方山能诗，其与京官之交相唱和，亦见频繁。其诗诣之日进，固由得朋侣之相切劘，其诗名之播闻，则实始王阮亭之揄扬。《带经堂诗话》卷七引阮亭之言曰：

丙辰、丁巳（康熙十五、十六年）间，商邱宋荦牧仲、邠阳王又旦幼华、安邱曹贞吉升六、曲阜颜光敏修来、黄冈叶封井叔、德州田雯子纶、谢重辉千仞、晋江丁炜雁水、

---

[1] 前引《顾亭林诗文集》，《与颜修来》第十四札，页230。
[2] 谢升谥清义，见前引《清史稿校注》卷二四五本传。
[3] 张穆《顾亭林先生年谱》康熙八年条，收入存萃学社编：《顾亭林先生年谱汇编》（香港：崇文书店，1975）。

及门人江阴曹禾颂嘉、江都汪懋麟季用皆来谈艺,予为定《十子诗》刻之。[1]

此世所称之"金台十子"者,皆康熙初年中朝及地方之中级官吏也。

未几而方山以疾辞官归里,以家有积荫,生计不虞,于是专意致力于诗。康熙四十七年(1708)顷,方山删订近作为《杏村诗集》七卷,时阮亭年已七十有五,犹为作《杏村诗评》。《诗评》曰:

> 杏村近诗去肤存骨,去枝叶存老干,如长松怪石,颠倒绝壑,冰雪之所凝冱,飞瀑之所穿漏,讵复知名园百卉,争妍竞媚于春风骀荡中耶?寥寥千古,真赏甚希,存之箧中,以待后世有元次山、杜清碧其人者,相赏于弦指之外而已。康熙戊子,渔洋老人。时年七十五。[2]

所谓"寥寥千古,真赏甚希",不有阮亭,方山之名后世恐亦难知之矣。时亭林虽早已下世,阮亭于故人门生,庶几有爱屋及乌之情者。

---

1 前引《带经堂诗话》,页173—174。
2 钱仲联:《清诗纪事》(南京:江苏古籍出版社,1987),第6册,页3712引。

五

亭林与阮亭在山东以外之共同游侣亦复不少。盖阮亭于顺治十五年（1658）以新科进士官扬州推官五年之后，即获迁礼部主事，时值康熙改元不久。亭林于时亦频频入京。二人所与周旋之诗坛酒社，有颇多相合者。其人若孙承泽（1592—1676）、龚鼎孳（1616—1673）、施闰章（1619—1683）、沈荃（1624—1684）、汪琬（1624—1690）、朱彝尊（1629—1709）、屈大均（1630—1696）、韩菼（1637—1704）等，皆分别与亭林及阮亭往来频密。其中又以施闰章为最有足述者焉。

闰章字尚白，一字屺云，号愚山，又号矩斋，江南宣城人。[1] 顺治六年（1649）进士。同年之中，另有马骕（1620—1673）[2]及汤斌（1627—1687）[3]，亦皆亭林论学之友。而愚山之交亭林，当在顺治十六年（1659）亭林在山东邹平参与修订县志之时，愚山当时方任山东学政。愚山于《邹平县志序》中有述及亭林者：

> 县令徐君圣齐，彬彬文学君子也。……是时比部张举之，请告家居，藏书多善本，博采勤搜。进士马宛斯（骕）

---

[1] 施闰章生平，参考前引《清史稿校注》卷四九一本传，页11141—11142；《清史列传》卷七十，《文苑传一》本传；毛奇龄：《翰林院侍读施君闰章墓表》，收入前引《碑传集》卷四十三，页279—282。
[2] 前引《顾亭林先生年谱》，顺治十五年条记亭林与马氏访碑于山东邹平郊外。
[3] 前引《顾亭林诗文集》，《答汤荆岘书》，页54—55；汤斌：《汤文正公全集》（台北：文海出版社影印同治刻本，1966），《答顾宁人书》，页349—351。

讨核详实，而吴门顾宁人自上谷来，悉授以校之，书遂成。[1]

此乃亭林生平首次参与方志之修订。

嗣后亭林与愚山之交情，终始不渝。愚山有《奉怀宁人社兄》诗，知亭林于顺治十八年（1661）南游浙江时，曾与愚山相会于杭州：

> 西泠别后兴何如？极目烽烟音信疏。避地远游寒出塞，穷年独坐夜钞书。洞庭山好家园在，陵寝诗传涕泪余。此日惟君高卧得，江湖明月照离居。[2]

"避地远游寒出塞"，指亭林于康熙元年（1662）经北京入山陕之行。途经昌平，亭林三谒天寿山，作《有事攒宫时闻缅国之报》诗。愚山诗中"陵寝诗传涕泪余"，即指此。故知二人杭州别后，音讯虽疏，然愚山于亭林之行止，固未尝不时时惦记而有所知悉也。

愚山另有《顾宁人关中书至》二律：

---

[1] 施氏序作于顺治十六年己亥（1659），见《邹平县志》（康熙十七年刻本）。又：梁启超于《清代学者整理旧学总成绩——方志学》（见氏著《中国近三百年学术史》，台北：中华书局，1962）一节中有云："方志虽大半出于俗吏之手，其间经名儒精撰或参订商榷者亦甚多。"梁氏所举例证，首部即"马宛斯（骕）独撰、顾炎武参与校订之顺治《邹平县志》"。案：该书流传已不广。国家图书馆入藏一册。上海图书馆藏有微卷。
[2] 此诗不见施闰章《施愚山集》（合肥：黄山书社，1992），见收于沈岱瞻：《同志赠言》，《顾亭林遗书》本（台北：中华文献出版社，1969），页19上。

卜居从汗漫，作客古长安。抗志遗民在，论交直道难。
辋川园里住，华岳掌边看。尚有家山梦，应知关塞寒。

顾入秦访李天生。先是客居齐鲁间，著有《日知录》等书。
旧迹满西京，高谈就友生。书曾搜孔壁，诗已变秦声。
多难馀身健，新编计日成。别来头并白，望远不胜情。[1]

首章"抗志遗民在，论交直道难"，明言二人虽出处殊途，终无碍于交情之持续。事实上，清廷于康熙十七年（1678）诏举博学鸿儒科，二人均在网罗之列。愚山应试中式，受命修《明史》，亭林则以"非死即逃"坚拒，继而飘然入山陕避诏。然二人于出处至要之关头，仍鱼雁相通，情愫不改。观亭林集中所收致愚山书两通，均成于愚山举鸿博之前后，可知。

亭林于第一札述其与愚山交往，有"二十余年之外，宛然如昨，素心高谊，不可于今日宦途中求之矣"[2]等语，可见于愚山之敬重。若细绎札中所言，又知维系二人情谊者，端在辨章学术一事上。今人论亭林之学术思想，每好举其"理学即经学"一主张。而亭林此一主张，愚山实预先闻者之列。《与施愚山》有云：

至于理学之传，自是君家弓冶。然愚独以为理学之名，

---

1 前引《施愚山集》，第3册，页158—159。此诗亦见前引《同志赠言》，题作《都下得亭林先生见寄书奉怀》，惟第二首题下原注被删去。
2 前引《顾亭林诗文集》，《附与施愚山》，页59。

自宋人始有之。古之所谓理学,经学也。非数十年不能通也。[1]

知亭林此一"舍经学无理学"主张,实为愚山家累世以理学彰显一事而发。愚山尝称其祖鸿猷"始用理学显,有《中明子集》",又述其叔誉尝"于湖北置云山书院,买地立石,岁供学者考德习礼",而"家居告诫,必称引先训,归本理学"。[2] 毛奇龄(1623—1716)所撰愚山《墓表》亦有云:

> 君(施闰章)叹曰:"吾世嬗理学,三传而皆绌于诸弟子。"[3]

毛氏又叙施家理学宗传云:

> 君数世以理学显,祖讳鸿猷,曾从陈九龙先生暨石城焦澹园、吉州邹南皋游。既死,号中明子。中明子子二,长讳誉,……称述明公,则君(施闰章)父也。[4]

可见安徽宣城施家于明末以理学显,清初人犹能道之。亭林能独排众议,倡"今之所谓理学,禅学也"之说,且掊击理学家为"舍圣人之语录而从事于后儒,此之谓不知本矣",追源

---

[1] 前引《顾亭林诗文集》,《附与施愚山》,页 59。
[2] 施闰章:《先叔父文学公砥园府君行状》,见前引《施愚山集》,第 1 册,页 355—358。
[3] 毛奇龄:《翰林院侍读施君闰章墓表》。
[4] 同上。

溯始,实皆为愚山而发。[1] 治学术史者,固不能不谙于其人之交游往还,即此可辨。

亭林致愚山第二札,作于愚山举鸿博、奉命参与修《明史》之后。札中细叙亭林继母王氏未婚守节,及其于清兵破常熟后绝粒不食、遗命亭林毋仕二姓,请愚山及史局诸公为继母立传。此事大抵已为治清初史者所熟知。然札中尚有堪注意者,即亭林于叙其继母节烈事后续云:

> 回忆昔时追陪历下,兴言及此,动容称叹,咨嗟久之!耿耿此心,犹如一日。[2]

知二人顺治十六年(1659)于济南订交,此事即尝为当时话题之一。

再者,亭林固尝屡次致书当道,求为其继母节烈事入传,事见亭林集中书札。考《明史》卷三〇三《列女传三》有王贞女小传,即传亭林继母者也。然小传仅及其未婚过门守节一事。至其后清兵入常熟绝粒不食而死事,则小传犹未言及[3]。

愚山小亭林六岁,后亭林一年卒。平生治经史,惟终无述作,独以诗名。当日朝野尝与之唱酬而见载于《愚山集》者,

---

[1] 钱宾四(穆)先生考定亭林"经学即理学,舍经学安所得理学之说"实源于钱谦益,举牧斋《初学集》卷二十八《新刻十三经注疏序》及卷七十九《与卓去病论经学书》为证。说见钱先生《中国近三百年学术史》(上海:商务印书馆,1937),页137—138。
[2] 前引《顾亭林诗文集》,《与施愚山》,页209。
[3] 《明史》(北京:中华书局,1974)卷三〇三,页7740。

数几盈百。亭林知交之中，如方文（1612—1669）、颜光敏、柴绍炳、戴廷栻、孙奇逢（1584—1675）等，亦均与愚山有过从。而愚山与王阮亭之交谊，尤事非寻常。

考康熙初年诗坛，有"南施北宋"之目。"北宋"者，指山东莱阳宋琬（字荔裳，1614—1673）。"南施"者，即指愚山，而阮亭实首倡此说者[1]，此清初诗史习知之故实，毋庸费辞。惟阮亭于愚山所作诸体，独钟爱其五言，至誉之为"温柔敦厚，一唱三叹，有风人之旨。其章法之妙，如天衣无缝，如园客独茧"[2]。又谓"昔人论古诗十九首，以为惊心动魄，一字千金。施之五言，此虽近体，岂愧十九首耶"[3]。阮亭辑平生友人诗成《感旧集》，所录愚山诗又独多。然意犹未尽，于是取愚山"五言近体为《摘句图》，传诸好事者"[4]。所录至八十二联。凡此皆足见阮亭于愚山推挹之崇盛。

反观愚山之于阮亭，亦赏异有加。其序《渔洋山人续集》，既称阮亭"赋才通敏，兴会奔属"，复誉"其诗举体遥隽，兴寄超逸，殆得三唐之秀，而上溯于晋魏，旁采于齐梁者"。[5]所言皆有据，而非虚应之辞。观《愚山集》中所载与阮亭相与过从饮

---

1 前引《池北偶谈》卷十一，页253，施宋条云："康熙以来，诗人无出南施北宋之右。宣城施闰章愚山，莱阳宋琬荔裳也。"施氏《渔洋山人续集序》（见前引《施愚山集》，《补遗一》，页141—143）亦及此事："而阮亭论诗，尝谬许有'南施北宋'之目。'北宋'者，谓荔裳也。"
2 前引《池北偶谈》卷十三，页303—304，摘句图条。
3 同上。
4 同上。
5 前引《施愚山集》，《补遗一》，《渔洋山人续集序》，第4册，页141—143。

宴酬赠之篇，所在多有[1]，而于致阮亭书中，愚山至有"知己陶陶，恨不永夕，古人所以叹良会之难也"[2]之语。皆二人情谊深挚之明证。

康熙十二年（1673），阮亭遭母丧，亲兄士禄（字子底，号西樵，1626—1673），又殁于山东。阮亭时方使蜀，遂匆匆东归，料理丧事。愚山为撰五言律诗寄赠，至足见二人之交情，非止于论学谈艺而已。诗云：

> 万事一摇落，琅琊秋正悲。还家三菊径，出峡几篇诗。风木吞声日，人琴迸泪时。空搔数茎发，无路寄相思。[3]

六

以上就亭林与阮亭之交谊及二人共同之知交，推断亭林集中《赋得秋柳》一诗，应为和阮亭而作。然则当时亭林初履鲁境，又何由得闻一王姓少年之新作而为作和诗耶？此中亦必有

---

1 前引《施愚山集》中与阮亭唱酬之作颇多。计有：《诗集》卷六，《题王阮亭渔洋山人集》（页99）；卷十八，《得贻上扬州书却寄》（页345）；卷二十九，《遥和王阮亭客部同尔止宿牛首一镫楼见怀》（页71），同卷《王考功西樵户部阮亭先枉寓舍》（页85），同卷《王阮亭雨中见过》（页86），同卷《京邸夏杪宋荔裳宴王氏园林限韵四首同曹顾庵、陈说岩、王西樵、阮亭、程周量、许青屿、沈绎堂》（页87—88），同卷《遥和沈康臣曹颂嘉汪蛟门乔石林四舍人迟予未赴之作，在坐者青屿、荔裳、顾庵、绎堂、西樵、周量、阮亭、陶季》（页88）；卷四十，《闻王阮亭农部擢补侍读》（页345）；卷四十二《王阮亭侍读生日》（页174）；卷四十九，《贻上济南书至得盐亭见怀及使蜀诸诗》（页503—504）；卷五十，《王阮亭宋牧仲谢方山诸公集寅斋适高侍郎念东先生至即席见赠口号漫及纪兴》（页537）；《补遗二》，《王阮亭抱琴图》（页213）。
2 前引《施愚山集》，《复阮亭》，第1册，页552。
3 前引《施愚山集》，《诗集》卷三十，页109。

人为之通介倡始者。此事似有说明之必要。

考亭林集《赋得秋柳》诗后,有《酬徐处士元善昔年新城之陷,其母死焉,故有此作》一题。徐处士元善者,徐夜(1611—1683)也。其促成亭林唱和阮亭《秋柳》诗者,殆非徐氏莫属。

徐初名元善,字苌公,小字小峦,后因慕嵇叔夜之为人,入清后更名夜,字东痴,号嵇庵。[1] 东痴母王氏,死于崇祯十五年(1642)清兵陷山东新城时。是年东痴年二十九,已成诸生。不二年而北都亡,山东亦全陷于清,乃弃诸生而隐居焉。

亭林与东痴,年齿相若,遭际亦复有相类处。盖二人皆为明末诸生;明亡后,二人又皆拒仕清,宜乎亭林酬东痴诗,起句即云:

桓台风木正萧辰,倾盖知心谊独亲。[2]

此所谓"风木之痛同感,仇恨之心同切,故'倾盖'而语,'谊独亲'也"[3],明言二人之母同丧于清兵之乱,身世之痛,有相同者焉。

东痴之于亭林,亦有绻绻之情。二人见面,东痴先有《济南赠宁人先生诗》:

---

[1] 王士禛:《徐东痴诗集序》,收入《王渔洋遗书》,第92册,《徐诗》二卷,康熙刻本。徐氏生平,以此序所述至足信。
[2] 《汇注》,页551。
[3] 此王蘧常先生语,见《汇注》,页552。

> 穷秋摇落此相寻，吴下才名众所钦。一自驱车来北道，即今遗瑟操南音。浯溪颂具元颜笔，楚泽悲同屈宋吟。历览国风几万里，就中何处最伤心？[1]

后复有《九日得顾宁人书约游黄山》一题，于亭林伤心事，逐一发之：

> 故国千年恨，他乡九日心。山陵余涕泪，风雨罢登临。异县传书远，经时怅别深。陶潜篱下意，谁复继高吟。[2]

东痴为王阮亭叔祖之外甥，与阮亭谊属从兄弟。二人又同嗜诗，故虽年龄不相若，而情谊则深。今流行之《徐东痴诗集》，盖阮亭所选刻而收入《渔洋山人著述》中者，即此一端，已可见阮亭与东痴之情好。

阮亭赋《秋柳》于济南，适值亭林与东痴于同一地订交，盖偶合耳。然东痴既先有《和阮亭秋柳四首》[3]，复有《再题阮亭秋柳诗卷》[4]，则东痴邀亭林同和，继而为阮亭引见亭林，当为一

---

1 前引《同志赠言》，页 7。
2 前引《徐诗》二卷，页 21。王冀民以此诗"显系元善首次南游江浙，先生尚侨居孝陵时作"，因断亭林抵鲁之前，二人即已订交，余疑王氏盖误以诗题所之"黄山"为位于安徽歙县西北、世所熟知之黄山。然山东济南府历城县西南亦有一黄山（见顾祖禹《读史方舆纪要》"山东·济南府·历城"条）。前引《邹平县志》既收东痴此诗，另尚录有方之璧《黄山》七律一首。故当日亭林约东痴所游之黄山，当为山东境内之黄山，而非安徽之黄山。王冀民说见氏著《笺释》页 405。
3 前引《徐诗》二卷。
4 前引《徐诗》二卷。

极合理之发展也。

七

亭林与东痴而外,今可见阮亭《秋柳》诗之和作,尚有六家:

冒襄(字辟疆,号巢民,1611—1693)《和阮亭秋柳诗原韵》四首[1];

曹溶(字洁躬,号秋岳,1613—1685)《秋柳》一首[2];

陈维崧(字其年,号迦陵,1625—1682)《秋柳四首和王贻上韵》四首[3];

王士禄(字子底,号西樵,1623—1673)《秋柳次季弟贻上韵二首》[4];

朱彝尊(字锡鬯,号竹垞,1629—1709)《同曹仕郎遥和王司理士禛秋柳之作》一首[5];

汪懋麟(字甪角,号蛟门,1640—1688)《秋柳和王阮亭先生韵》[6]。

六家之中,冒襄[7]与亭林及徐东痴,年辈相若,三人皆明之

---

1 冒襄:《巢民诗集》(《如皋冒氏丛书》本)卷四,页 20。
2 曹溶:《静惕堂诗集》(雍正三年李维钧刊本)卷三十三,页 6。
3 陈维崧:《湖海楼集》(《四部备要》本)。
4 王士禄:《十笏草堂诗》,收入王相《国初十家诗钞》(道光十年信芳阁活字印本),卷一,页 20。
5 朱彝尊:《曝书亭集》(《四部备要》本)卷四,页 9。
6 汪懋麟:《百尺梧桐阁集》(上海:上海古籍出版社,1980)卷一,页 7。
7 冒襄生平,参考前引《清史列传》卷七十,《文苑传一》,页 5683;韩菼:《潜孝先生冒征君襄墓志铭》,《碑传集》卷一二六,《逸民下之下》,页 3692。

遗民，此一类也；曹溶与亭林同年生，以明之廷臣降附清朝，为一典型之"贰臣"[1]，此又一类也；王士禄乃阮亭长兄[2]，举顺治十二年（1655）进士，为清人所培育之第一代官吏，此另一类也；陈维崧[3]与朱彝尊[4]则皆出明遗民之家，此亦一类也。然二人之经历，又有不同。入清后，朱竹垞始则身预抗清行动，继则参其乡先辈、业已降清之曹溶之幕府[5]；曹溶和《秋柳》诗时，竹垞即为门客，故二人和作成于同时。后竹垞举康熙十八年（1679）博学鸿儒试，为兴朝奔走，则彻底降清矣。陈其年与竹垞同举鸿博，然在此之前，亦尝游食四方。阮亭《秋柳》诗成时，其年方寄食江苏如皋冒氏水绘园。故冒、陈之和诗亦成于同一时。六人中年辈最小者为汪懋麟。[6] 汪蛟门为康熙六年（1667）进士，亦举鸿博。然蛟门视阮亭为师，故和诗题称"先生"而自居门人焉。

合以上六家及亭林、东痴所制而观，知当日和《秋柳》诗者，实括有明之遗民、清初之贰臣、幕客、橐笔游食四方之文士，以及清人所培育之第一代官吏。清初士人之政治抉择，此

---

1 曹溶生平，参考前引《清史列传》卷七十八，《贰臣传甲》，页6491。
2 陈维崧生平，参考前引《清史列传》卷七十一，《文苑传二》，页5774；《碑传集》卷四十五，《翰詹上之下》，页1273，徐乾学：《陈检讨维崧志铭》。
3 王士禄生平，参考前引《清史列传》卷七十，《文苑传一》，页5722；《碑传集》卷一三七，页4094，郑方坤：《王君士禄小传》。
4 朱彝尊生平，参考前引《清史列传》卷七十一，《文苑传二》，页5776；前引《碑传集》卷四十五，《翰詹上之下》，页1267，韩菼：《日讲起居注翰林院检讨朱公彝尊墓志铭》。
5 朱彝尊与曹溶之关系，参考谢正光：《顾炎武曹溶论交始末——明遗民与清初大吏交游初探》，《中国文化研究所学报》1995年新第4期，页205。
6 汪懋麟生平，参考前引《清史列传》卷七十一，《文苑传二》，页5784；《碑传集》卷五十九，页167，徐乾学：《刑部主事汪君懋麟墓志铭》。

八人已囊括无遗。故阮亭《秋柳》之和作，实与其人之政治操守无关，此又不待尽读数十家和作而可先为断言者也。

再者，亭林与今尚可知之其他《秋柳》和诗之作者，相知亦过半。其与徐东痴之交谊，既如上述。其与曹溶及朱彝尊于康熙初年亦在山西大同及北京多次晤面，论文谈艺，相得甚欢。此事之前后，已另有论述。[1]至亭林之与冒襄，早于顺治二年（1645）即尝有赠法书之雅。[2]二人之交谊，恐亦必非泛泛。是则此四人之行谊亦最能表见遗民、贰臣及幕客三类士人之抉择。

抑尤有进者，本文因述亭林与阮亭之交谊，旁涉二人之门生及交好，益知清初士人固未尝以政治之分歧而左右彼此情谊之树立与发展。诚如上文所述，以亭林之坚贞卓越，其与徐夜、冒襄等结为遗民俦侣，固亦宜矣。其与王阮亭、施闰章等清廷所招致培植之官吏往还，尚自有说。及其交以明臣而降清如曹溶者，已为强调夷夏之防与民族大义者认作不可解。至亭林入主山东德州谢家，既收降臣谢升之遗孤重辉为门人，复以重辉因其父之降清而得荫，亭林竟为之飞书其服官清廷之友人，为谋置一官职。此等事行，又岂能徒以"不可执其一端而妄疑大节"[3]遂置而不论哉？

---

1 参考谢正光：《顾炎武曹溶论交始末明遗民与清初大吏交游初探》。
2 此据1972年香港中文大学主办《乐在轩藏联展览目录》，顾炎武所撰七言行书对联照片。联文曰："藤纸静临新获帖，铜瓶寒浸欲开花。"上款：巢民词丈博粲。款识：炎武书，时乙酉秋日。印章"顾绛私印"、"宁人"。
3 此王冀民语，见前引《笺释》，《自序》，页4。

八

考黄晦闻为北大讲授亭林诗前一年,沧县张继(字溥泉,1882—1947)于北平购得亭林《日知录》原抄本,蕲春黄侃(字季刚,1886—1935)为校记一通[1],发现抄本与潘末刻本出入颇大。如抄本"书明则本朝,涉明讳则用之字"。抄本又有"素夷狄行乎夷狄"及"胡服"两条,均为潘刻所无。[2] 于是季刚乃师章炳麟(字太炎,1869—1936)为作《日知录校记序》[3],既备悉其原委,复盛称其弟子恢复亭林千秋之志之功。最堪注意者,殆为太炎于《序》末纪年之语曰:

于时戎祸纷挐,倭为溥仪蹂热河之岁也。[4]

盖指日人于1933年侵略热河一事也。亭林《日知录》原抄本于此时被发现,实大足为当时方高涨之民族意识张目。太炎之纪年云云,用心实苦。

黄晦闻之选讲亭林诗于此时,其用心亦如太炎之纪年,可无疑矣。据其弟子吴宓(字雨僧,1894—1978)之忆记,吴氏于1935年1月3日往访其师时,晦闻

---

[1] 黄侃、张继校:《原抄本顾亭林日知录》,页959,黄侃《序》(台中河北同乡会,1958)。
[2] 二事均见前引《原抄本顾亭林日知录》,页957,章炳麟《序》。此序亦见前引《章太炎全集》,第5册,《太炎文录续编》,页151。
[3] 同上。
[4] 同上。

> 为阐述亭林事迹，谓其既绝望于恢复，乃矢志学术，三百年后，中国卒能颠覆异族，成革命自主之业。今外祸日亟，覆亡恐将不免。吾国士子之以诗自策当如亭林。[1]

继又谓：

> 亭林之诗至伟，我亦非常人。以我而讲亭林之诗，真北大诸生之奇遇哉！[2]

以是之故，晦闻之解亭林《赋得秋柳》，遂不得不强调此诗与阮亭《秋柳》一题无涉。盖民族大义攸关，亭林又岂能与甘心为异族奔走之人通款唱和哉？

晦闻于1935年1月卒于北平后，太炎撰文以志其墓，中有云："最后好昆山顾氏诗，盖以自拟云。"呜呼！太炎实晦闻之知己兼同志也。后十有七阅月，太炎亦殁，时在抗战军兴前一年零一月也。两先生当年蒿目时艰，多所会心，以亭林自况。是故撰为文字，多足以发扬民族正气，激励人心。其贡献之大，千秋自有定评。

然流水不居，岁月悠悠，今日去晦闻之授亭林诗及太炎之序原抄本《日知录》，不觉遂已六十余载。居今日之世，而揣晦闻、太炎之情则可也；处今日之境，而承袭晦闻读亭林诗文之法，则似可不必。盖时代不同，观点亦异，此一代有一代之史

---

[1] 吴宓：《诗学宗师黄节先生学述》。
[2] 同上。

观,而历史人物之评价,古今往往异趣之基本规律也。

顷翻王冀民《顾亭林诗笺释》书前《自序》,其中述注亭林诗之甘苦,有"考事易而逆志难"之叹:

> 不考其事,虽释必近辞书;妄逆其志,虽笺尤同扪籥。……今试问:亭林缅怀唐、桂,为何终生未作西南之游?志存恢复,为何北道之后,未见密谋抗清之实据?人皆谓亭林刚严方正,为何常与清朝官员往还?深恶降臣,为何仍交史庶常与程工部?鸿博既举,为何特恕潘、李且不废《广师》?至于责人坚守志节,而己则剪发易服;避用清朔,而仍书康熙年号,尤不可解。凡此种种,似集夷清、惠和于一身,既不可置而不议或曲为回护,亦不可执一端而妄疑大节。[1]

王先生所设问之四五事,皆至得当。盖由其扎根于牢不可破之史实者故也。此等设问,亦如本篇所考述者,恐皆非黄晦闻、章太炎乃至时下侈言夷夏大防与乎士人之气节者所愿闻,殆亦意料中事。然细考王先生于所设问者,其响应之法,始则曰"逆其志",继则曰亭林"集夷清、惠和于一身"。[2] 且如谢国桢先生之论:

> 是以亭林之与异己者相处,绝不能视为对权贵之妥协,

---

[1] 前引《笺释》,《自序》,页4。
[2] 同上。

而更足以见其以直道而行、威武不能屈之毅力，诚可谓"磨而不磷，涅而不缁"者矣。[1]

发意则皆仍未摆脱旧说之窠臼也。

总而言之，今日讲亭林及其同时人之著述，意欲探索明清之际士人之行谊者，当如何谋求于以"政治操守"为单向性之论述之外，多辟途径，当为刻不容缓之事。否则，若王先生之所设问，及本篇之所考述，将无由获致合理之解释。此则亭林《赋得秋柳》诗探索之所由作也。

1999年6月25日初稿于爱荷华州郡礼之荒村
同年8月12日定稿于香江旅次

---

[1] 前引谢国桢：《顾亭林学谱》，页203。

从明遗民史家对崇祯帝的评价看清初对君权的态度

一、引言

"血渍衣襟诏一行,殉于宗社事煌煌。此时天帝方沉醉,不觉中原日月亡。"这是王誉昌《崇祯宫词》之一首,咏1644年崇祯自缢于北京万寿山事。[1]《宫词》凡一百八十六首,写成于1691年。[2] 其时满清在中国的统治基础已经稳固,而北京银泉山里崇祯的陵墓亦早已"茅塞榛荒,寂不可堪"[3]。王誉昌以崇祯的"身殉宗祧,为四千年之仅事",于是综合崇祯"十七载之旰食宵衣",发"暮年辞赋"[4],对于这位末代帝王的遭遇,再三嗟叹而咏歌之。

---

[1] 本文初稿曾在台湾大学文学院与台北故宫博物院合办之"清史档案研讨会"上宣读(1978年7月4日,台北)。改写期间,承耶鲁大学余英时教授、郑愁予先生,台北"中央研究院"史语所黄彰健先生,及克利夫兰博物馆何惠鉴先生提供意见,谨此致谢。
[2] 《崇祯宫词》(《昭代丛书》戊集),自序,页1下。
[3] 谈迁:《北游录》(北京:中华书局,1960),页69。
[4] 《崇祯宫词》自序。

清初诗人对崇祯帝的怀念与同情是相当普遍的。[1]他们怀念崇祯，也就是他们对故明的系恋。在异族的统治之下，甚至一般民众也追念先朝。我怀疑当时流行于福建沿海地方的太阳教，便是以"大明"和"崇祯"为崇拜对象的。因为该教的经典《太阳经》里说，"太阳三月十九生，家家念佛点香灯"[2]，太阳是万光之源，隐指"明"朝；而"三月十九"，正是崇祯的忌辰。如果这一推测正确，则崇祯以一个末代帝王而得享民间如此的崇祀，恐怕是国史上仅有的事了吧。[3]

但是在清初的明遗民中，除了那些感慨故国之诗人群，尚有为数不少对国族朝代兴亡与政治制度演替关心的史家，在理性的一面，他们对明亡的事实与崇祯帝又有不同的评价。我们概称他们为"遗民史家"。在他们私修的明史著作中，这些遗民史家却把他们的"先帝""鞭尸"得体无完肤。

二 明遗民史家对崇祯的评价

在明遗民史家私修的明史著作中，崇祯被肯定为一个"独夫"、"暴君"。这些史家认为崇祯"好自用"，却"无知人之识"；

---

1 如陈子升的《崇祯皇帝御琴歌》(《东洲草堂集》卷七)和吴伟业的《琵琶行》《宣宗御用金蟋蟀盆歌》(《吴词集览》卷四)，都是较显著的例子。
2 此教今尚流行于台湾。我于1978年夏曾游台北市郊内湖的"太阳堂"，其供养奉者即"太阳神"。这里所引用的《太阳经》，即承该堂所赠。至于该教在清初的传布情形，尚待进一步考证。
3 关于清初民间反清复明的会社，参阅萧一山：《天地会起源考》，收入《近代秘密社会史料》(台北：文海出版社复印本)；佐佐木正哉：《清末の秘密結社》(东京：岩南堂书店，1967)，前篇第一章，"天地會傳承の考察"。

他不听谏言,而且"喜迎恶咈",大臣所说的话,"一言不合,非杀即贬";虽然他登极之初便诛魏忠贤,但后来却重用宦官,任由这些"内珰播弄于大臣之间",以致造成朝廷里朋党阿附的局面;他又"刻于理财",不但对一般人民剥削,甚至厉行"捐助"于臣属之间。总括来说,遗民史家认定崇祯"虽非淫虐如隋,非昏懦如平献恭昭",但终不免落得"亡国之君"的下场,这完全是他本人"咎由自取"。

对崇祯这样概括性的攻击,在清初私修的明史著述中俯拾皆是。如夏允彝的《幸存录》里便说:

烈皇帝太阿独操,非臣下所得称用。而每当大举措,则内珰每发其端,似阴中而不觉也。若满朝之用舍荣枯,则一视首揆之趋向,亦似为所阴移而不觉者。[1]

查继佐《罪惟录》里说:

帝勇求治,……独少推诚,稍舞智。往往以处逆魏之法绳其下。于是诸臣救过不暇,即贤者亦或宁自盖。而坚任内侍,益灰豪杰之隐。[2]

张岱《石匮室后集》里也说:

---

[1] 夏允彝:《幸存录》(《明季稗史汇编》本)卷下,页11—12。
[2] 查继佐:《罪惟录》(《四部丛刊》本),《本纪十七》,页46。

先帝焦于求治，刻于理财，渴于用人，骤于行法，以致十七年之天下，三翻四覆，夕改朝更。耳目之前，觉有一番变革，向后思之，讫无一用，不亦枉此十七年之精励哉。……只因先帝用人太骤，杀人太骤，一言合则欲加诸膝，一言不合则欲堕诸渊，……则是先帝立贤无方。天下之人，无所不用，及至危急存亡之秋，并无一人为之分忧宣力。[1]

对崇祯作严厉而最有系统性的抨击，则莫过于谈迁的《国榷》。此书以编年体记有明一代的史事[2]，于崇祯一朝事实记载独详[3]。而谈迁对崇祯的攻击，则不仅如夏允彝、查继佐、张岱那样的概括，且胪列了史事为证，逐一批评了崇祯。以下列举一些较重要的例子，并类别之为三。

1. 崇祯不听臣下谏言

《国榷》卷九十五记崇祯九年（1636）四月，御史詹尔选在廷上面折崇祯屡行捐助一事[4]，崇祯怒不可禁，声色俱厉。但尔选"侃侃数百言，且曰：臣死不足惜，皇上幸听臣，事尚可。即不

---

[1] 张岱：《石匮室后集》（上海：中华书局，1959），页41—42。
[2] 参阅吴晗：《谈迁与国榷》，收入谈迁：《北游录》（香港：龙门书局，1969）。
[3] 根房兆楹先生的统计：1958年北京古籍出版社刊的《国榷》标点本，崇祯朝共占833页（平均每年46.3页）；崇祯以前的二百六十年，只占5384页（平均每年20.7页）。和1940年的《明实录》比较，《实录》记崇祯朝者凡3册（平均每年0.18册），而崇祯以前则共497册（平均每年1.5册）。房先生的统计，证明了《国榷》于崇祯一朝史事，记载独详。见房先生撰："Tan Ch'ien" in *Dictionary of Ming Biography, 1368–1644*, ed. by L. Carrington Goodrich and Chaoying Fang (Columbia University Press, 1976); Vol. II, pp. 1239–1242。
[4] 谈迁：《国榷》（北京：古籍出版社，1958），页5740—5741。

听臣,亦可留为他日之思"。崇祯"益怒,欲下之狱"。后得阁臣申救,始以削籍了事。谈迁就此事肯定崇祯不是一位"愎谏之主",说他"圣明英露,喜迎恶咈"。后二年,黄道周以直言见忤于崇祯,谈迁又提到尔选的事,并说:"人主之威,犹雷霆也。人臣召对,往往十不达一。伺指望色,茅靡波随,比比然也。先帝天性严重,詹尔选危于前,黄道周见于后。"[1]

2. 崇祯刻于理财而又爱名

谈迁论崇祯屡行捐助一事,批评崇祯误以"诸臣之自急公,而要非诸臣意也",并指出明朝官吏"俸薄,割养廉之需以填巵漏,何异毫末。且苞苴干没,朘削攘夺,互登其毒。民寒伤国,大盗日拱手而睨其旁"[2],到崇祯屡下罪己诏,申说其爱民之心,谈迁又批评这些都是口惠而实不至的。《国榷》卷一百引崇祯的最末一次罪己诏附有这样一段议论:

> 当其时民莫苦于横征,率空言而无指实。朝廷好负人,亟则引咎,缓则反汗,愚夫习而知之。……倘即减今岁田租之半,躬阅内府,尽出其所有金币珠玉等,尺寸毋少靳,明示吏民以充禄饷。诛一二掊克之吏,锐意更始,而吏民不为感动者,未之有也。[3]

就谈迁看来,崇祯在罪己诏中所说"减膳"和"撤乐",无

---

[1] 《国榷》,页5816。
[2] 《国榷》,页5741。
[3] 《国榷》,页6026。

非是他"汲汲要誉"的手法。《国榷》卷九十九记崇祯"屏金银，用铜锡木器"，并"命文武诸臣各省约"，便评论崇祯此等政策纯是为沽名钓誉的。[1]

3. 崇祯重用宦臣

崇祯之任用宦官，极不为遗民史家谅解。谈迁屡就此事攻击崇祯。如《国榷》卷九十七述论崇祯十三年（1640）诏撤各镇的宦官一事：

> 内臣出镇，掣任事之肘，隳庶吏之心，此悲庙时秕政也。先帝最严察，再遣再撤，非不知神丛难借，乳虎难驯，直谓三尺在我，此曹亦何能焉。其信外臣不如信内臣也。遣示权，撤示断，虽未易窥测，终为内臣所用矣。[2]

到崇祯十七年（1644），李自成兵临北京，崇祯召太监曹化淳守城，谈迁复就此事攻击崇祯重用宦官的政策，并引用杨士聪的话来支持他的意见。

杨士聪的《玉堂荟记》首先指出崇祯在位十七年中，一连选了三次"净身男子"来充当内侍，这和崇祯朝以前的政策是大不相同的。（杨士聪说自辛丑[1601年]以后，明室二十年不选净身男子。）结果崇祯宫中多了一万多宦官，增加了一大笔费用（每月米增三万二千石，每年靴料银增五万两）。而崇祯不但没有收到正面的效果，反而使政权旁落于宦官的手上，终导致

---

[1] 《国榷》，页 5998。
[2] 《国榷》，页 5859。

明室的灭亡。《国榷》引杨士聪的评论说：

> 先帝既以独断诛魏忠贤，收倒持之柄而自操之，遂谓此由我操纵。故厌薄朝臣，则以中官参之，有时撤回，以明驾驭之在我，而不知此辈如毒药猛兽，未有不终罹其祸者也。故天下之大患，伤于有所恃，中于有所忽，而败于有所狃。[1]

及崇祯自缢于煤山，谈迁再三慨叹，说"帝宠信常寺，竟同[宦官]王承恩对缢"[2]，很明显地指出明之亡与崇祯的下场，完全是崇祯一手造成的。

三 明遗民史家攻击崇祯的解释

明遗民史家对崇祯"鞭尸"的问题，在清初便有人作过解释。王世德的《崇祯实录》自序里说：

> 呜呼！从来死国之烈，未有烈于先皇，殉国之痛，未有痛于先皇者也。乃一二失身不肖丧心之徒，自知难免天下清议，于是肆为诽谤。或曰田妃用宦官以致亡，或曰贪财惜费以致亡，或曰好自用以致亡，举亡之咎归之君，冀宽己误国之罪，转相告语。而浅见寡闻之士，以为信焉，

---

1 《国榷》，页5859。
2 《国榷》，页6040。

遂笔之书而传于世。[1]

王世德的话进一步指出了清初私修的明史中普遍地攻击崇祯的事实。但王氏对此一事实的解释却未免失之武断，而且太低估了明遗民史家的史识。他所说的"一二失身不肖丧心之徒"，显然是指仕清的明臣。遗民史家中确有与此辈往来者，如吴炎即曾致书钱谦益[2]，向他请教有关明朝史料的问题；谈迁亦曾在北京与吴伟业、霍达和曹溶等讨论明末的史事[3]。但若说这些"失身不肖丧心之徒"如何影响吴炎和谈迁对明史的意见，却是缺乏证据的。像张岱，则不但于明亡后便归隐湖山，而且自序所著的史书说：

不入仕版，既鲜恩仇；不顾世情，复无忌讳。事必求真，语必务确。[4]

况且，如果像王世德那样把谈迁、张岱和查继佐等明遗民史家都目为"浅见寡闻之士"，而解释他们对崇祯的评价为"诽谤"，恐怕不是治明清之际历史的学者所能接受的吧。

照我的意见，明遗民史家对崇祯的攻击必须从清初的政治思想中去解释。

---

1 引自谢国桢：《晚明史籍考》（北平图书馆，1932）卷四，页30上。
2 吴炎：《吴赤溟先生文集》（《国粹丛书》本，1906），《上钱牧斋书》，并《附钱牧斋复书》，页33—36。
3 孙克宽：《谈迁与吴梅村》，《大陆志》第50卷第3期。
4 张岱：《琅嬛文集自序》，引自《晚明史籍考》卷一，页5上。

清初的明遗民，目睹异族入主中原，身受亡国的惨痛之余，对明亡的原因作了彻底的检讨。这些检讨的结果，使他们普遍地对明代的君主独裁制度起了极大的动摇心。而他们对君主权力的态度遂始而怀疑，进而抨击，终而对君臣的观念追求新的定义。像黄宗羲和顾炎武，都是这个新风气下的代表人物，而他们对君主独裁制度的抨击，以及他们的"天下之权，应寄之天下之人"的主张，亦是治清初思想史的人所熟知的，不必在此赘论。[1]即使在当时和后世都较不知名的唐甄，也和黄、顾的见解相同。近人侯外庐指出唐甄"亦追求君主制度的道理，他把'专制'之名用'势尊'二字代替，来讲出一番惊人的议论"：

> 天子之尊非天帝大神也，皆人也。是以尧舜之为君，茅茨不剪，饭以土簋，饮以土杯。……无不与民同情也。……人君高居，而不近人，既已瞽于君，聋于民矣，虽进之以尧舜之道，其如耳目之辨何哉？……人君之尊，如在天上，与帝同体，公卿大臣，罕得进见，变容失色，不敢仰视，跪拜应对，不得比于严家之仆隶……臣日益疏，

---

[1] 参阅钱穆：《中国近三百年学术史》（台北：台湾商务印书馆，1957），第二、四两章。专论黄宗羲者，参阅谢国桢：《黄梨洲学谱》（《国学小丛书》本）；高準：《黄梨洲政治思想研究》（台北：中国文化研究院，1967）；W. T. de Bary, "Chinese Despotism and the Confucian Ideal: A Seventeenth-Century View," in John K. Fairbank, ed., *Chinese Thought and Institution* (University of Chicago Press, 1957), pp. 163–203。专论顾炎武者，参阅谢国桢：《顾亭林学谱》（上海：商务印书馆，1957）；Willard Peterson, "The Life of Ku Yen-wu (1613–1862)," *Harvard Journal of Asiatic Studies*, 27 (1968), pp. 114–156; 28 (1969), pp. 201–247。

智日益蔽。……岂人之能蔽其耳目哉，势尊自蔽也。……位在十人之上者，必处十人之下；位在天下之上者，必处天地之下。古之贤君，不必大臣，匹夫匹妇皆不敢陵；不必师傅，郎官博士皆可受教；不必圣贤，闾里父兄皆可访治。……人君唯能下，故天下之善归之，是乃所以为尊也。[1]

唐甄论"人君高居，而不近人"，"臣日益疏，智日益蔽"，以及"人君唯能下，故天下之善归之"，和遗民史家的攻击崇祯独夫之说，其理论是一致的。而他所说为君者的孤立，以至"公卿大夫，罕得进见，变容失色，不敢仰视，跪拜应对，不得比于严家之仆隶"，则不啻是明代诸帝对待朝臣的一个活生生的写照。

唐甄以"势尊"二字来代替"专制"以攻击君权，和清初一遗民僧以禅机来解说君臣之道，方法虽异，目的则同。《五灯》全书卷一〇八《吉州青原啸峰大然禅师传》里说：

元宵。僧问……如何是君？师（大然禅师）曰：星中月最尊。问：如何是臣？师曰：日下捧红云。曰：如何是臣奉君？师曰：众星皆拱北。曰：如何是君视臣？师曰：无水不朝东，曰：如何是君臣道合？师曰：云从龙，风从虎。

---

[1] 侯外庐：《近代中国思想学说史》（重庆：生活书局，1947），上册，页335。

大然禅师俗名倪嘉庆，历官崇祯、弘光两朝，明亡后削发为僧。[1]他所说的"星中月最尊"和"日下捧红云"，暗藏"明"字，显然是不忘故国之意。以下论"臣奉君"、"君视臣"和"君臣道合"等问题，则是他对君臣关系的看法。虽然出之以禅机，他的主张基本上是和黄宗羲、顾炎武和唐甄攻击君主独裁的理论相同的。

从以上的几个例子看来，可见清初明遗民对君权的抨击以及他们对君臣观念的重新估价是极普遍的现象。遗民史家之攻击崇祯，实在是这个政治思想潮流的一部分。他们之攻击崇祯，与其说是攻击崇祯本人，毋宁说是攻击崇祯所代表的那种君主独裁制度。他们指斥崇祯独夫，并肯定崇祯"好名"、"贪财"、"不听谏言"和"信用宦官"为明室灭亡的因由，和当时的遗民思想家的政治理论是不谋而合的。所不同者，只是黄宗羲、顾炎武和唐甄等人从理论上去分析君主专制的弊害，而遗民史家们利用历史实例来确定君主独裁的后果而已。

和遗民史家对崇祯的评价持相反意见的是清初诸帝和他们的御用史家。这些人对崇祯的维护进一步肯定遗民史家攻击崇祯的原因。

四 清廷对崇祯及明代诸帝的维护

崇祯死前一句"皆诸臣误朕"的话[2]，很博得取代了明朝的

---

1 《古今图书集成》(中华书局影印本)，第505册，页20，引《镇江府志》。
2 《国榷》，页6044。

征服者的同情。李自成登极诏里便说：

> 君（崇祯）非甚暗，孤立而炀蔽恒多；臣尽行私，比党而公忠绝少。[1]

清初诸帝对崇祯更是维护备至。康熙首先指出遗民史家所持"崇祯为独夫以致明亡"一说的不妥当，而确定帝王的乾纲独断是一件好事。他说：

> 明代诸帝，乾纲独断，而权奸不敢上侵，统论一代规模，汉迄唐宋，皆不及也。[2]

康熙也不同意"明亡于崇祯之信任宦官"的说法：

> 崇祯之铢锄宦官，极为善政。但谓明之亡于太监，则朕殊不以然。明末朋党纷争，在廷诸臣，置封疆社稷于度外，惟以门户胜负为念。不待智者，知其必亡。乃以国祚之颠覆，尽委罪于太监耶？[3]

康熙承认崇祯"乾纲独断"，但却不以为这是明亡的原因；他也不否认崇祯晚年重用宦官的事实，但却否认宦官足以亡国。

---

[1] 转引自郭沫若：《甲申三百年祭》（北京：人民出版社，1972），页2。
[2] 引自刘承干：《明史例案》（台北：世界书局，1961）卷一，页5。
[3] 《明史例案》卷一，页4。

就他看来，明亡的原因是朋党而崇祯罪不与焉。这个说法和遗民史家的持论是针锋相对的。

乾隆朝修成的《明史》，完全承袭了康熙的意见。《明史·庄烈帝本纪》凡二卷，但对遗民史家所指出崇祯的种种"失政"却只字不载。《本纪》末附的赞，全文说：

> 帝承神、熹之后，慨然有为。即位之初，沉机独断，刈除奸逆，天下想望治平。惜乎大势已倾，积习难挽。在廷则门户纠纷，疆场则将骄卒惰。兵荒四告，流寇蔓延，遂至溃烂而莫可救，可谓不幸而已。然在位十有七年，不迩声色，忧勤惕励，殚心治理。临朝浩叹，慨然思得非常之材，而用匪其人，益以偾事。乃复信任宦官，布列要地，制置乖方，诈讹运移，身罹祸变，岂非气数使然哉。迄至大命有归，妖氛尽扫，而帝得加谥建陵，典礼优厚。是则圣朝盛德度越千古，亦可以知帝之蒙难而不辱其身，为亡国之义烈矣。[1]

这篇赞无疑是清廷对崇祯的"官方评论"。细读之下，可见满清对崇祯是褒多于贬的。就清廷的观点看来，崇祯是一个"慨然有为"之君，在位十七年中，无时不"殚心治理"；明亡的主因，在于将骄卒惰，崇祯之任用宦官，只是明亡的次要原因而已。

---

1 《明史》（北京：中华书局，1974），第2册，页335—336。

然则，崇祯何有于满清而博得这样的维护？

首先必须指出的是，康熙之极力主张明亡于朝臣的党争，和康熙中的南北党争有关。所谓"借古讽今"，康熙实际上是以明末史事来训诫他自己的大臣。

更重要的是，康熙之所以维护崇祯，其目的不在于维护崇祯个人的人格与才能，而在于维护崇祯所代表的君主独裁制度。其道理和遗民史家之所以攻击崇祯是相同的。以下试举一些例子说明。

康熙对崇祯和其他明末君主的政治才干是很轻视的。他曾说："明末之君，多有不识字者，遇讲书则垂幔听之。"[1] 但一涉及这些君主所代表的君权，康熙便要极力维护。因此，他否定崇祯以一帝王之尊应负亡国之责，而且称颂明代帝王的"乾纲独断"，视之为明代规模超越汉宋的原因。他又曾这样敕谕修《明史》诸臣：

> 正德实录载午朝罢后，于御道得匿名文簿一卷，传旨诘问，百官皆跪于丹墀。时仆而暴死者数人，喝而病者尤众。夏日虽天时炎热，何至人多暴卒？且行间将士，每披坚执锐，勠力于烈日之中，未闻因暑而致死，岂朝堂之上，病喝若斯甚耶？[2]

康熙表面上对《正德实录》怀疑，实际上他是有意替明代

---

[1]《明史例案》卷一，页6。
[2]《明史例案》卷一，页4。

的君权辩解。他把朝臣对炎夏的抵抗力来和"勤力于烈日之中"的"行间将士"相提并论,而企图否定《正德实录》所载明武宗虐待朝臣的史实,其辩解的方法固然不合常理,但是他维护君主尊严的本意却是用心良苦的。

乾隆也曾借修史之名来维护明代诸帝所代表的君主独裁制度。《明史》修成后四十年,乾隆下谕明令馆臣把《英宗本纪》作若干补正:

> 兹阅所进签之英宗本纪,如正统十年,巡抚福建御史汪澄弃市,并杀前巡按御史柴文显,同时杀两御史,而未详其获罪之由,不足以资论定。又土木之败,由于王振挟主亲征,违众轻出,……致英宗……陷身漠北。乃纪中于王振事不及一语,尤为疏略。[1]

乾隆要史臣补载汪澄及柴文显等被杀之由,无非在表明君主不会无故杀戮大臣;又要补记宦官王振挟主亲征的事实,意在替明英宗推诿军事责任,以维护帝王的尊严。两事合观,乾隆维护的用心可见。

五 结论

国史上历朝的末代帝王,总是惯例地被新兴王朝攻击一

---

[1]《明史例案》卷一,页9。

番。自《书经》和《史记》把夏桀和商纣描写成典型的"亡国之君",唐代以来的官修史书,便一贯地利用这个"桀纣"的模型,套之于末代帝王的身上[1],以表明新兴王朝的"天命攸归"。像《隋书》里的隋炀帝和《元史》的元顺帝,都是明显的例子。而崇祯以一末代帝王,却得新兴王朝的维护,而反被自认为忠于明朝的遗民史家所攻击,这无疑是史学史上仅有的例外。

清廷维护崇祯,自与清承明统的特殊历史情况有关。因为满清入关,其理由是"为大明复仇";多尔衮攻下北京后即为崇祯发丧建陵,典礼优加,这固然是笼络人心的手段,也是满清向天下表明大明是亡于流寇的手上。清代的继承明统,既然与汉唐的取代秦隋不同,满清也就无须以崇祯的"失德"为理由来替新政权辩护,而官修明史中的崇祯,也就不必是前史的"亡国之君"了。

更重要的一点是:清代以前的史家,视历来的"末代帝王"为"失德"的统治者的具体代表,而在清初人的眼中,崇祯所代表的却是一种中央集权、君主独裁的政治制度。清廷要维护此一制度,故不惜维护此一前代帝王,而明遗民史家因反对此一制度,乃不得不把他们的先帝"鞭尸"。因此清初对崇祯评价的相歧,其实是对君权问题的一场争论,和双方对崇祯在情感上的怀念和同情是无关紧要的。

近人黄濬的《花随人圣庵摭忆》记乾隆盗明陵大木的传

---

1 参阅 Arthur F. Wright, "Sui Yang-ti: Personality and Stereotype," in Arthur F. Wright, ed., *The Confucian Persuasion* (Stanford University Press, 1960), pp. 47–76; Hebert Franke, "Some Remarks on the Interpretation of Chinese Dynastic Histories," *Oriens*, 3 (1950). pp. 117–120。

说曰：

> 相传乾隆坏明陵飨殿，取其大木为宫室。一日戏问侍臣：掘墓何罪？答：见骨当斩，不见骨发遣。帝答曰：吾其以江南为配所矣，遂再幸江南。此虽委巷谰语，然可征当时盗用明材传说之不能掩。[1]

如果清帝盗用明陵木材的传说是可信的话，那么他们借修史之名来维护明代诸帝的居心便更可想见了。

至于遗民史家们，虽然在私修的历史著作中猛烈攻击崇祯，但他们对崇祯本人却是怀念不已的。著《国榷》的谈迁于1654年游北京崇祯的陵墓后，留下了以下一段动人的记述：

> 己未，霁。欲觅驴游陵。逆旅问谁为陵者。曰：银泉山，盖往闻先帝葬银泉山也。逆旅曰：道近甚，何驴为。啜面而行。……出西门，……久之，度可六七里，问程焉。曰：未已也。悔为逆旅所卖。……屡迷屡问。偶从一梓人渐及西红门，有老阉策杖而下。梓人指曰：此守思陵许公也。杖者问余何往。曰：银泉山。曰：银泉山芜甚，何往也。余不解其意，别而前。自西红门数百武，黄屋在望，甚俭。稍西北，丹楹碧瓦，松楸沉沉也。余越黄屋而过之。问梓人此何所也。曰崇祯皇帝葬处，余愕然，仰黄屋之额，

---

[1] 黄濬：《花随人圣庵摭忆》（香港：龙门书店，1965），页353。

果思陵也。亟反步,披莽棘,抵周垣之南垣,博六十步,中丈门有二尺。左右各户而钥其右,为雪涕叩阶下。念重趼至此,咫尺不及详五步之内,岂吾固有所恨耶。仍雪涕叩而退……亡何,陵户启钥。垣以内左右庑三楹,崇不三丈,丹案供奉明怀宗端皇帝神位。展拜讫,循壁而北。又垣其门,左右庑如前,中为碑亭,云怀宗端皇帝陵,篆首大明,展拜讫,出,进北垣。除地五丈,则石坎,浅五寸,方数尺。焚帛处,坎北炉瓶五事,并琢以下。稍进五尺,横石几,盘果五之,俱石也。蜕龙之藏,涌土约三四尺。茅塞榛荒,酸枣数本,即求啼乌之树,泣鹃之枝,而无从也。生为万乘,殁为游魂。又展拜,泣不自禁矣。[1]

那一年谈迁已六十二岁,还在北京搜集材料。以一垂暮的老翁,步行去找"先帝"的陵墓,"屡迷屡问"。及至思陵,则"雪涕叩阶下"再三,"展拜"再三,终而"泣不自禁"。可见谈迁对崇祯的情感是浓厚的,这和满清统治者对这位前代之主(以及他的先祖)的陵墓的冷薄,恰成一强烈的对照。谈迁的《游思陵记》借一守陵太监的话,把清廷对明十三陵的刻薄政策一一道出:

> 顺治二年,始春秋祭羊豕。凡十三陵,而定陵不与焉。各陵祭田六顷,奉祠太监二人,陵户八人。顺治六年

---

[1] 谈迁:《北游录》,页68—70。

裁。止田一顷，收才十缗。以祭不赡，诉之州大夫。大夫曰：虽不祭，亡害。吾曹惧违清朝之令德，于是清明、霜降二节，具羊豕合祭于红门外。正旦、元夕、七月望、冬节，各素祭，荐酒一卮。望、朔二十钱，燃寸烛，献茶三瓯。崇祯家老奴不过如此。余听之泣下。[1]

四年之内，祭田从六顷减为一顷，以致思陵"祭不赡"，无怪谈迁"听之泣下"。而《明史·庄烈帝本纪》赞里所说清廷对崇祯"典礼优厚"的所谓"圣朝盛德"，原来只不过是一顷祭田而已。

后记

此文写成后，得读近年出版姚雪垠著《李自成》（中国青年出版社，1977）。该书上册"前言"里论及崇祯，有这样的几句话：

> 关于崇祯的亡国，不但明朝的遗民，而且整个清代的封建士大夫中评论他的时候都对他抱有同情。（页27）

姚雪垠这段话是有待修正的。

1978年岁暮记于爱荷华州古兰侬镇

---

[1] 《北游录》，页69。

钱牧斋之酒缘与仙佛缘

一、前言

钱谦益（受之、牧斋，1582—1664）《有学集》卷四十六《跋〈酒经〉》一文说：

> 《酒经》一册，乃绛云楼未焚之书。五车四部，尽为六丁下取，独留此经，天殆纵余终老醉乡，故以此册转授遵王，令勿远求罗浮铁桥下耶？余已得修罗采花法，酿仙家烛夜酒，将以法传之遵王。此经又似余杭老媪家油囊俗谱矣。[1]

下署"辛丑初夏"，即顺治十八年（1661）。上距庚寅（顺治七年[1650]）十月初二日绛云一炬，已十多年，而下距牧斋之逝则不过三载而已。

绛云之火，牧斋曾说是"江左书史图籍一小劫"。绛云烬余

---

[1] 钱谦益著，钱曾笺注，钱仲联标校：《牧斋有学集》（上海：上海古籍出版社，1996，以下简称《有学集》）卷四十六，页1525。

之物，大半为牧斋举以赠其族曾孙钱曾（遵王、也是翁，1629—1701），《酒经》一册，亦在其中。

《跋〈酒经〉》中对书的作者、版本，以及授受源流都没有提及；但对于这些问题，二百多年来一些著名的目录学家和藏书家，都已作出了详确的考论。[1] 这里要指出的是，牧斋所藏，乃其门人毛晋（子晋，1599—1659）汲古阁影写宋刊本。见过这个藏本的人曾说它：

> 字画工整，乌丝栏极精，毛氏印累累，秘本目所谓每本费银四两者此类是也。[2]

现在通行的《酒经》，版本不少。[3] 但牧斋所藏，则尚未发现其踪影。从目录版本学的角度来看，牧斋旧藏自是一个珍贵的实证，是可以断言的。

至于《酒经》一书的内容，上卷述酒史及其有关故实，中、下卷分述制曲与造酒。对身处晚明的人来说，除了历史意义之外，其实际作用可能不大。因为自明中叶以后，有关造酒、饮酒等各方面知识的传播，远较前代为多且广，而且各家著述又

---

1 耿文光：《万卷精华楼藏书记》（北京：中华书局影印《山右丛书初编》本，1993），页771。
2 同上。
3 上海图书馆编：《中国丛书综录》（上海：上海古籍出版社，1982），"子目"卷所列，即有五种，见该卷页806。

都切实可行、翔实可信，远非《酒经》可比。[1]

但牧斋这篇文长不到九十字的《跋〈酒经〉》，却是颇堪玩味的文字。《跋》中所述，除了绛云一炬和以烬余的《酒经》举赠遵王二事为当时实况外，所用和酒相涉的典故，都与仙佛有关。这些典故出处何在，和仙佛有何关系，牧斋本人对酒和仙佛的认知为何，似乎都是值得探讨的问题。

本文拟讨论者有数事：牧斋之酒缘及其饮酒风尚；牧斋诗中酒之"仙家酒"与"佛门酒"；牧斋之仙佛缘；酒与色。通过对此数事之了解，希望能稍窥牧斋平生心中之一大矛盾：一方面对现实世界之权位荣华作锲而不舍的追求，一方面又对虚拟仙佛之境表达其近乎宗教之狂热向往。在此两极之间，牧斋始终徘徊，终竟不甘绝然弃此就彼。他晚年所撰诗文，自承多为"取出世间妙义，写世间感慨"。所谓"出世间妙义"与"世间感慨"，对牧斋而言，应是相互依傍、二而为一、不容割裂之整体。

二、牧斋之酒缘及其饮酒风尚

钱牧斋嗜酒，终生乐此不疲。其撰为文字纪其事者，实始明万历三十五年（1607）与李流芳（茂宰、长蘅，1575—1629）于京师会试落第后，并马南归，路过鲁南滕县"贳酒看花"，时

---

[1] 参郑培凯：《"金瓶梅词话"与明人饮酒风尚》，《中外文学》第12卷第6期（1983年11月），页5—44；王春瑜：《说酒与明朝政治》，收入氏著《明清史散论》（上海：知识出版社，1996），页80—91。

牧斋二十六岁；而终清康熙元年（1662）里居常熟虞山，于拂水山庄出岭南友人远道所寄赠荔枝酒与到访之桐城诗人方文（尔止、嵞山，1612—1669）对饮，时牧斋已八十一岁。此二事相距之五十五年间，牧斋饮酒赋诗、赋诗饮酒，《初学》《有学》集中，屡见不鲜，然则谓牧斋终生与酒结缘，实未为过。

《初学》《有学》二集中所收以纪事为主的饮酒诗，约略有六十余题一百多首（见附录），这些作品占所收诗的分量不算大，但既为牧斋对酒之自我表述，故对牧斋饮酒风尚自然提供了不少可贵的讯息。更难得的是，这些诗的题目明确地记录了牧斋饮酒的时、地及人物。换言之，这些诗创作的时间、空间、及所参与的人物，三者之间都密切衔接，紧紧相扣，对了解牧斋的交游有相当之补益。以下就他所嗜酒种和他平生的酒侣，作一具体之分析。

（一）牧斋所嗜之酒种

牧斋自早岁起，便屡得机缘遍尝天下名酒。熟悉牧斋生平者，都知道他二十五岁自江南北上京师参加会试，往后近六十年中，或因科第、丁忧、罢遣、蒙召、讼狱，先后往返于江南与京师之间者达十数次。[1] 牧斋之得尝遍大江南北之名酒，应和他的政途经历大有相关。

自明中叶以来，酒分南北，犹画之有南宗北宗。至迟在牧斋出生前五十多年，已有人将此说法著于文字。隆庆间人冯时

---

[1] 参金鹤冲：《钱牧斋先生年谱》（民国二十一年铅印本）有关各条。

化（应龙、与川，1526—1569）撰《酒史》六篇，其中《酒品第二》便说：

> 酒自仪狄杜康始造，厥后作者日繁，愈出愈奇。南方多糯米，北方多黍米。为品不一。[1]

冯氏以酿酒原料来区分酒之南北，指出南酒多以糯米酿制，味偏甜。[2] 这恰是牧斋对南酒兴趣不高的原因：

> 我饮非大户，颇自嫌甜酒。[3]

他对家乡的"吴酒"，甚至表示厌恶：

> 吴酒负虚名，往往烦饷馈。铺糟与啜醨，委顿非吾志。[4]

牧斋以南人而偏嗜北酒，曾有诗说：

> 苦爱北酒佳，芳香入梦寐。[5]

---

1 冯时化：《酒史》，收入杨家骆主编：《艺术丛编第一集·饮撰谱录》（台北：世界书局，1962），页6。
2 同上。
3 钱谦益著，钱曾笺注，钱仲联标校：《牧斋初学集》（上海：上海古籍出版社，1985，以下简称《初学集》）卷八，《后饮酒七首》其七，页257。
4 《初学集》卷四，《金坛于润甫酿五加皮酒为南酒之冠润甫与缪仲醇友善仲醇善别酒酿法盖得之仲醇今年润甫酿成损饷而仲醇亡矣赋四十二韵奉谢并悼仲醇》，页138。
5 同上。

204

他的挚友程嘉燧（孟阳、松圆，1565—1643）也是南人而嗜北酒。牧斋有诗说：

> 昔与程孟阳，闲窗较酒品。屈指北酒佳，西笑忘食寝。[1]

北酒之中，直隶河间的刁酒给牧斋留下过深刻的印象。天启初年，他罢官南归，离京前夕，得友人以刁酒相赠，使他久久感念不忘。及过河间，又承当地县令饷之以刁酒，牧斋赋诗纪其事云：

> 刁酒沾唇味许长，河间才得一杯尝。侬家酒谱卿知不？记取清甘滑辣香。

> 北酒盈尊菜满盘，每因西笑忆长安。如今又想南茶吃，悔掷枪旗上马鞍。[2]

第一首落句说刁酒的佳处在"酒甘滑辣香"，第二首则将南茶比北酒，都堪注意。两诗词意兼优，乾隆大事禁毁牧斋著作之际，阮葵生（宝诚，号吾山，1727—1789）毫不避忌将此题第二首移录于所著《茶余客话》之中[3]，不为无因。其书于嘉庆至光绪间，且得反复刊刻。这自然都是后话了。

---

[1] 《初学集》卷七，《饮酒七首》其七，页208。
[2] 《初雪集》卷一，《佟宰饷刁酒戏题示家纯中秀才》，页25—26。
[3] 阮葵生：《茶余客话》（北京：中华书局，1959）卷二十，《名酒》，页599。

刁酒原为北宋大内御酒。其后方为河间一刁姓人家所得，因以得名。钱曾注此诗追溯刁酒源于赵宋建国之前：

> 柴世宗破河中李守正，得匠人，至汴造酒，宋内库循用其法。京师御酒，掌之内局，法不传于外。燕市酒人，独称南和刁酒为佳，盖因贾人之姓而得名也。[1]

也许是因为刁酒声名之盛，京师酒商便常以假刁酒充数。牧斋有诗咏当时"长安多美酒"，却说"刁酒非沼水，味薄甜如饧"[2]，正是此意。

牧斋对北酒中的沧酒亦赞不绝口。崇祯元年（1628），牧斋因枚卜案被"革职待罪"，翌年始获释。此乃牧斋在明末政途上一大打击。六月，自北南旋，有《后饮酒七首》组诗，第一首叙其于沧州沽酒事，亦纪实也：

> 停桡买沧酒，但说孙家好。酒媪为我言，君来苦不早。今年酒倍售，酒库已如扫。但余六长瓶，味甘色复缥。储以嫁娇女，买羊会邻保。不惜持赠君，君无苦相嬲。涂潦泥活活，僮仆手持抱。郑重贮船舱，暴富似得宝。明灯吐新花，夜雨响秋草。君如不快饮，负此酒家媪。[3]

---

1 《初学集》卷一，《佟宰饷刁酒戏题示家纯中秀才》，页25。
2 《初学集》卷七，《饮酒七首》其三，页205。
3 《初学集》卷八，页253。

此诗叙事述人，亲切可喜，又不事雕饰，在牧斋咏酒诸篇什中，应列上品。

牧斋当日自沧州孙家酒媪所购得的六瓶佳酿，果如诗中所说那样"郑重贮船舱"，一路挂帆南下。舟中复赋《沧州歌》一首，寄语与他同在北京获罪、比他先行返回虞山的门生瞿式耜（伯略、起田、稼轩，1590—1650）说：

> 君初别我新折柳，归帆约载长芦酒。今我南还又早秋，也沽沧酒下沧州。轻舟一叶三千里，长瓶短瓮压两头。与君去国如去燕，一水差池不相见。沧州芦花如雪披，沧水东流无尽期。沧州好酒泻盏白，照见行人鬓上丝。东皋秋清月舒彩，西湖采莲歌欸乃。期君开怀酌沧酒，醉拉程生戏墨海。[1]

诗中"轻舟一叶三千里，长瓶短瓮压两头"，不就是前引诗里孙家酒媪告以"郑重贮船舱"的写照吗？结韵"期君开怀酌沧酒，醉拉程生戏墨海"，程生，指上文所及之程嘉燧，工诗善画。可见相期在虞山共饮沧酒的还有也是南人而嗜北酒的程孟阳。

明中叶以后之所谓北酒，主要指北直隶辖下河间、保定、大名三府所产。除牧斋特别喜爱的刁酒及沧酒外，尚有易酒、魏酒；也包括山西蒲城的桑落、汾州的羊羔；甚至如来自西北

---

[1] 《初学集》卷八，《沧酒歌怀稼轩给事兼呈孟阳》，页242

的葡萄酒，凡在京师可沽得的，有时也被泛指为北酒。[1]

牧斋诗中对北酒也有宽严之别，并无一致的说法。前引《饮酒七首》组诗第三首提刁酒、易酒、魏酒：

长安多美酒，酒人食其名。酒旗蔽驰道，车毂相摩争。刁酒非沼水，味薄甜如饧。易酒酿天坛，市沽安得清。魏酒稍芬芳，劲正乖典型。[2]

第四首即提及羊羔、葡萄、桑落：

羊羔产汾州，葡萄酿安邑。刁贾主人名，桑落应候出。一一走京华，种种烦置驿。肩荷虑颠踬，车驰或汛溢。抱携如怀绷，登顿敢奔泪。一夫致一罂，一石数金直。[3]

两诗也透露出晚明北京贩酒业的兴旺："酒旗蔽驰道，车毂相摩争"；"一一走京华，种种烦置驿"；"一夫致一罂，一石数金直"，指的都是京师中的北酒。至于北直隶三府以外的北酒，如平原酒及山东德州酒，牧斋也喜爱，且都视之为"北酒"。

上文说到牧斋对南酒厌恶。但南酒之中，也有牧斋所喜爱者，此则江苏金坛之所产也。牧斋诗云：

---

1 《初学集》卷七，《饮酒七首》其三、其四，页205—206。
2 同上。
3 同上。

> 屈指北酒佳，西笑忘食寝。南酒推金坛，甘香比桑葚。于公知我好，载送似给廪。[1]

"金坛"所产佳酿何所指？"于公"者，又是谁人？《初学集》卷四所收的一首五言古诗的诗题对此均有解答：

> 金坛于润甫酿五加皮酒为南酒之冠。润甫与缪仲醇友善。仲醇善别酒，酿法盖得之仲醇。今年润甫酿成损饷，而仲醇亡矣。赋四十二韵奉谢，并悼仲醇。[2]

诗题所涉二人：于润甫，生嘉靖四十二年（1563），有兄名玉立，字中甫，万历十一年（1583）进士。润甫七十及八十生辰，牧斋分别为撰寿序（见《初学集》卷三十七），述于氏兄弟之仕途及二人私辈与牧斋交往事。[3] 缪仲醇，名希雍，与牧斋同里。《明史》称其"精通医术，治病多奇中"，著《本草单方》一书，行于世。[4] 而牧斋自承尝以晚辈与于玉立、缪希雍及常州沈应奎、长兴丁元荐等为友，同"以节概意气相期许"。仲醇信佛，尝侍紫柏大师（达观真可，1543—1603）。其手写之《紫柏

---

1 《初学集》卷七，《饮酒七首》其七，页208。
2 《初学集》卷四，页138。
3 张廷玉等撰：《明史》（北京：中华书局，1974），《于玉立》传，第20册，页6157。
4 《明史》，《李时珍》传附，第25册，页7653。

全集》，后归牧斋。[1] 可见于玉立之弟润甫得五加皮酿法于缪希雍，复屡以佳酒赠牧斋，盖皆有因缘者存焉。

牧斋此诗长达四十二韵。篇首直言北酒之佳及南酒之劣，并以酒之恶劣，比之于人，"恶酒如恶客，其性悍而鸷"、"甜酒如小人，其性柔且迟"。继述于氏自金坛送酒至虞山，牧斋闻讯后急不及待的心境：

朝来送酒人，远自金坛至。未暇洁尊罍，先呼击泥埴。[2]

牧斋随即将金坛五加皮与其他南酒比较：

黄柑洞庭春，云露石湖贵。犹嫌金醴薄，不羡松花细。[3]

"洞庭春"和"松花酒"均取典东坡诗，遵王已注出，都是南酒中上乘之品。

接着，牧斋说出他对此酒的感受：

肃如见君子，寒清沁心肺。蔼如近美人，光风汜肠胃。云阴解翳驳，莺花见明媚。暄如踏春阳，冷如坐月地。头

---

1 《初学集》卷八十四，《书邹忠介公贺府君墓碑后》，页 1770；《有学集》卷二十一，《紫柏尊者别集序》，页 873。王应奎称仲醇："重气节，娴经济，为一时豪士，不特精于岐黄术也。"见《柳南随笔》（北京：中华书局，1983），页 112。又《牧斋外集》卷三《马生医旨序》称仲醇"雅负绝学"。案：牧斋称希雍为仲淳，或仲醇，并不统一。
2 《初学集》卷四，页 138。
3 同上。

210

风愈眩运,末疾起重膇。螟蛉息嘲啁,雷霆断惊悸。[1]

以"美人"、"莺花"、"春阳"、"雷霆"来形容此酒,牧斋之酷爱于家所酿,可以无疑矣。

如此佳酿,自然必须好好保存:

丁宁戒室人,此物吾所嗜。升合谨斟酌,朝夕手封闭。频烦看瓮面,促数涤饮器。不畏大户嗤,但恐后车匮。[2]

诗末叙牧斋与此酒酿方之始创者缪仲醇之相交:

我友缪仲醇,别酒号渠帅。生平家人产,强半营酒事。劲正本式法,清浊剖泾渭。酒家有南董,此翁庶无愧。[3]

《明史》称仲醇精岐黄,著有《本草单方》,则仲醇所制,或不仅为一般之佳酿,且为对身体有益之"补酒"耶?[4] 牧斋誉仲醇为酒中之"南董",及仲醇物故,牧斋便不得不发"一朝归黄壤,酒枪闭空笥"之叹了!

牧斋以南人而好北酒,是否只是个人的品味问题?此事暂按不表。以下先讨论牧斋生平的酒侣。

---

1 《初学集》卷四,页138.
2 《初学集》,页138—139。
3 《初学集》,页139。
4 《明史》,第20册,页6157。

（二）牧斋之酒侣

《初学集》卷六《三叠韵谢蕤姑太仆送酒》有句云：

顾影陶潜惟有一，挥杯李白不成三。[1]

此写独酌之孤寂，明出陶潜、李白。陶诗既云"一觞虽独进，杯尽壶自倾"[2]，又自承"偶有名酒，无夕不饮，顾影独尽，忽焉复醉"[3]。至李白"举杯邀明月，对影成三人"[4]，则更是千古名句了。

但牧斋写失群独酌之诗，在诗集中究竟是不多见的。牧斋述饮酒，大都是与别人对饮、泥饮，有时甚至是聚众轰饮、纵饮。诗集中六十多题"饮酒叙事诗"之题目本身可证。易言之，牧斋虽嗜酒，然有酒而无侣，终不为牧斋所认可。

牧斋平生酒侣，当以其科第膴仕中之师友门生为多。至如终身不涉官场之湖海知交，及与其逢场作兴之红粉知己，自亦不少，本节所论以第一类为主。

牧斋在科第仕宦途中所认识嗜酒者大不乏人。《饮酒诗七首》所记于天启元年（1621）及三年（1623）先后于河北吴桥

---

1 《初学集》卷六，页200。
2 陶渊明撰，逯钦立校注：《陶渊明集》（北京：中华书局，1982）卷三，《饮酒二十首》其七，页90。
3 《陶渊明集》，《饮酒二十首序》，页86。
4 李白：《李太白诗集》，《四部备要》本（台北：台湾中华书局，1981），卷二十三，《月下独酌四首》，页2。

及山东滕县共饮之范景文（梦章、质公，1587—1644）[1]，即其中一人。《饮酒》第一首开篇云：

> 昔与范郎饮，班荆剪葵韭（自注：天启辛酉过吴桥，饮范质公斋中，质公时为吏部郎）。家酝清且甘，汪汪照尊卣。[2]

天启元年辛酉（1621），牧斋四十岁。是年往浙江任乡试正考官，同年还朝。范景文为河北吴桥人，牧斋路过与范氏共饮自是实事。诗中又说"深谈复浅酌，日景移卯酉"。谈的自不能与朝政无关，盖诗续云："去年遗我书，劝我勿淹入。"是范景文尝劝牧斋避免卷进政争的漩涡。

但牧斋还朝后，终被评告在浙任考官时有通关节之嫌，将起大狱。翌年狱始解，牧斋亦蒙"失察夺俸"之惩罚，于天启三年（1623）称疾南归，路过山东德州再访范景文于其别业，忆记二人吴桥对饮，遂已三年，于是有上录《饮酒》之作。

《饮酒》第二首，则记二人山东德州对饮事。时值牧斋罢官南归，诗中当不能无愤懑之意。诗云：

> 闲闲桑者园，在彼官道旁（自注：桑园在德州东界，为范质公别业）。衰柳疏屋宇，落帆到门墙。主人开酒瓮，延我坐草堂。酒面如故人，别久色微苍。停杯相顾视，斟

---

[1] 范景文生平，见《明史》，第22册，页6834。著有《文忠集》（影印《文渊阁四库全书》本，台北：台湾商务印书馆，1983）。
[2] 《初学集》卷七，页205。

酌弥芬芳。别君三年来，世故难忖量。市朝尘屡生，沧海波再扬。岂知尊中物，犹能保故常。驿马鸣路歧，斜日照西廊。珍重故人酒，且复尽一觞。[1]

诗中"酒面如故人，别久色微苍"、"市朝尘屡生，沧海波再扬"，皆写今昔之感，但"岂知尊中物，犹能保故常"、"珍重故人酒，且复尽一觞"则见"无常"之中，亦自有常。时牧斋已入壮年，而宦途连蹇，此诗亦稍足观之。

范景文于明亡时以身殉国[2]，与牧斋作出不同的抉择，今存范氏《文忠集》遂无一字及牧斋[3]。明亡前二人往来密切之迹，以及种种复杂的关系，我在他处已有较详细的论述[4]，兹不赘。

上文叙牧斋于崇祯元年（1628）自北南旋，停舟河北沧县孙家购得上佳沧酒六长瓶，因作《沧州歌》赠瞿式耜。式耜，牧斋之另一政途上重要之酒侣也。

式耜与牧斋同里，自幼从牧斋读书，称门生焉。前已述及稼轩于万历四十四年（1616）举进士后，先任职地方，后奉调北京，在崇祯朝中与其师同踬同起。崇祯二年（1629）稼轩罢官，牧斋作七言长歌送行：

---

[1] 《初学集》卷七，页205。
[2] 《明史》，第22册，页6834。
[3] 同上。
[4] 谢正光：《楚云：余怀〈三吴游览志〉解读示例》，宣读于"An International Conference on Poetic Thought and Hermeneutics in Traditional China: A Cross-Cultural Perspective," Yale University, May 1–4, 2003。

门外天涯未易谈，江南路在潞河南。同时放逐君先去，异地羁留我不堪。圣世辨奸难曲笔，清时养晦忍抽簪。车回峻阪何须九，肱折良医不惮三。戎马生郊还国耻，班行失士岂吾惭。琴心静向弦中理，棋势全于局外谙。秋卷蝇头温谏牍，春灯龙尾梦朝参。排风猎猎旋飞鹞，蓄火温温养浴蚕。木落破山寻古寺，花深拂水看晴岚。橛头船里新茶灶，折脚铛边旧佛龛。酒熟泉香无别事，书淫传癖有同耽。师丹老去身多忘，孙叔年来寝正酣。何日二童还一马，相期斗酒共双柑。客中送客正惆怅，破涕裁诗又作憨。[1]

诗中"酒熟泉香无别事，书淫传癖有同耽"、"何日二童还一马，相期斗酒共双柑"，知师生于政途上为同志，于生活消闲上亦有同好。

及稼轩五十初度（崇祯十二年[1639]），牧斋有长歌祝寿，收篇四句，道出师生同甘苦、共醉乐：

与君酌酒莫逡巡，纷纷朝市又生尘。夜露未晞宾既醉，人间已有烂柯人。[2]

前此数载，牧斋、稼轩因县人张汉儒告讦其居乡不法，师徒一同自虞山赴急征，抵北京，即同被下刑部狱，二人先后有诗纪其事。自经忧患，情志益坚。牧斋《早发雄县次稼轩韵》

---

[1] 《初学集》卷七，《送瞿稼轩给事南还三叠前韵》，页208—209。
[2] 《初学集》卷十五，《题陆叔平沧桑对弈图赠稼轩五十初度》，页526。

诗中稍可见之：

> 畿南赤县夕烽连，边鄙曾蒙胡虏怜。秸赋萧条仍禹贡，桑林焦灼又汤年。作霖谁副兴云望？繁露空翻致雨篇。何日南山理芜秽，荷锄同种豆萁田。[1]

结句"何日南山理芜秽，荷锄同种豆萁田"，明言欲归隐意。是时牧斋五十六岁，稼轩四十八岁。越七载，崇祯自杀身亡。隔年，清兵南下，牧斋身预迎降之列，稼轩则与满人转战于西南，终而以身殉国。然则当日同隐南山之志固未偿，而师生二人之出处又相歧至此，则绝非当年于京师同作阶下囚时所可始料者也。

然牧斋与稼轩在晚明往还之密，亦尚有待揭明之者，此则稼轩自崇祯十二年乙卯（1639）至十七年甲申（1644）之六载间，每岁除夕必与其师守岁唱和一事也。即柳如是于崇祯十三年（1640）访牧斋于半野堂后，亦复如此。兹事足证稼轩对乃师之尊敬，且为历来论钱、瞿、柳三人关系者所未及。故不辞烦琐，表而出之。

考稼轩尝谓"余素不娴于诗，而最喜吟诗"[2]。平生所作不多，然《瞿式耜集》中所收与牧斋有关之作则颇可观。其次牧斋韵者，卷一之中即达十六题，为篇三十余章。

---

[1] 《初学集》卷十一，页384。
[2] 瞿式耜：《瞿式耜集》（上海：上海古籍出版社，1981），《狱中忆梅杂咏跋》，页177。

稼轩和牧斋诸题中最具兴味者莫如《除夕次韵》《元日次韵》二题。考牧斋之原唱见《初学集》卷十八《东山诗集》一,题作《庚辰除夜偕河东君守岁我闻室中》:

除夜无如此夜良,合尊促席饯流光。深深帘幕残年火,小小房栊满院香。雪色霏微侵白发,烛花依约恋红妆。知君守岁多佳思,欲进椒花颂几行。[1]

诗后附柳如是《次韵》云:

合尊饯岁羡辰良,绮席罗帷罨曙光。小院围炉如白昼,两人隐几自焚香。萦窗急雪催残漏,照室华灯促艳妆。明日珠帘侵晓卷,鸳鸯罗列已成行。[2]

牧斋此题之后为《辛巳元日》:

新年转自惜年芳,茗碗熏炉瓣曲房。雪里白头看鬓发,风前翠袖见容光。官梅一树催人老,官柳三眠引我狂。西迤篮舆南浦櫂,春来只为两人忙。[3]

柳如是《元日次韵》亦附见:

---

[1] 《初学集》卷十八,页622。
[2] 同上。
[3] 《初学集》,页622—623。

蘼芜新叶报芬芳,彩凤和鸾戏紫房。已觉绮窗回淑气,还凭青镜绾流光。参差旅鬓从花妒,错莫春风为柳狂。料理香车并画楫,翻莺度燕信他忙。[1]

缘柳氏之初访牧斋于半野堂,在庚辰仲冬。故二人于是年除夜一同守岁,并赋诗唱和,"乃牧斋平生最快心得意至死不忘之时也",毋怪陈寅恪《柳如是别传》对上录诸诗大加重视。[2]

牧斋与柳如是于庚辰除夜在虞山守岁,瞿稼轩纵或未身与其间,然得读钱、柳之唱和,且分别有次韵之作,则确然无疑。陈先生当年仅见道光间所刻《瞿忠宣公集》,或因其书所收未及今本《瞿式耜集》为全,故未引录瞿作。

稼轩《除夕次韵》云:

又将景美共辰良,宿火新笃接曙光。暖意暗归村柳上,冰条斜发野梅香。溪云破腊偏凝黛,春岫浮烟斗晓妆。终岁闲愁消此夕,烛花何事泪成行?[3]

单从遣词而论,稼轩和作似更近柳氏所撰,盖"辰良"、"曙光"、"成行"等词,均二人所共享。

稼轩和牧斋《辛巳元日》题作《元日次韵》:

---

[1] 《初学集》卷十八,页623。
[2] 陈寅恪:《柳如是别传》(上海:上海古籍出版社,1980),中册,页565—570,对钱、柳唱和有深入之讨论。
[3] 《瞿式耜集》,页182。

休论揽胜与搴芳,随意松寥共竹房。户小偏宜谙昔酒,心闲作计答流光。收书蓄画消贫癖,坐石看山类醒狂。春色从头排日过,溪花应笑为谁忙。[1]

瞿稼轩另有《再叠除夕元旦韵》二首[2],均此年和牧斋者,兹从略。

瞿稼轩于柳如是来归牧斋伊始,即与老师及"新师母"唱和。陈寅恪书中屡称稼轩为"柳党",且谓"即牧斋门下士中,凡最与稼轩有关者,俱为同情河东君之人"[3]。论诚不虚。上录稼轩和诗,实为陈说上佳之佐证。

稼轩于明亡前为牧斋序刻《初学集》。不二年而牧斋因迎降事而为时流所诟骂。然稼轩独以"特厚之人,不独宽谅牧斋之晚节,而尤推重河东君"[4]。盖论者早已指出稼轩自"少年连染于牧斋之习气"[5]。然则二人当年同官北京时,均嗜北酒而恶南酿,特其中之一事耳。

关于牧斋之酒侣,下文将续有考述。现在先讨论牧斋以南人而嗜北酒一事之涵义。

余疑个人品味之外,牧斋偏爱北酒,实与其政途之经历有关。质言之,长安之酒,所象征者乃当日世间最尊荣之权位也。按之实情,亦惟官高爵尊者始能揽得佳酿。牧斋诗有云:

---

1 《瞿式耜集》,页 182。
2 同上。
3 陈寅恪:《柳如是别传》,中册,页 548。
4 《柳如是别传》,上册,页 41。
5 同上。

> 一夫致一罂,一石数金直。爱惜闷馨香,收藏辟风日。封题复再拜,辇输权贵室。[1]

明言欲得佳酿,必须求官位。牧斋对己身"不独恋官爵,兼亦为酒累"[2],坦言不讳。换言之,仕途之顺畅与得佳酿而饮之,是二而一的。必明乎此,始足以解读牧斋《饮酒》中之第五章:

> 世多爱官者,不复知酒旨。亦有爱酒者,不暇计官美。爱酒令人狂,爱官令人鄙。肠烂饮不休,漏尽宦不止。耆酒与贪官,皆可令人死。我本爱官人,侍郎不为啎。我亦爱酒人,致酒每盈几。今年命大缪,官罢酒亦耻。长啸谢都门,斯可以去矣。[3]

"我本爱官人,侍郎不为啎。我亦爱酒人,致酒每盈几。"遣词抒怀之率直,了无掩映之态,集中他作,恐无逾于此者矣。

同题第七首,所言亦相类似:

> 自从来长安,市酒类拾沈。还忆良常醴,如饥思得饪。美酒不博官,吾计久已审。况乃官又罢,颈系受凄凛。已矣归去来,无为叹莐荏。多乞于家酒,细与程生饮。[4]

---

1 《初学集》卷七,《饮酒七首》其四,页206。
2 《初学集》卷四,《金坛于润甫酿五加皮酒为南酒之冠润甫与缪仲醇友善仲醇善别酒酿法盖得之仲醇今年润甫酿成损饷而仲醇亡矣赋四十二韵奉谢并悼仲醇》,页138。
3 《初学集》,页207。
4 《初学集》,页208。

上录两诗反复说明了牧斋以北酒为人世权位荣华之最高象征。牧斋之偏嗜北酒，正透露了他对此种荣华之向往与追求。但第七首则明言，既然官已罢了，便不如早日南归，盖南方虽佳酿不多，仍有金坛于家所制之五加皮，可与程孟阳共醉。且"官位"操之于人，而"饮酒"则操之于己，两者皆失，则又何必？故牧斋诗"官罢门闲犹自可，酒干壶尽更难堪"[1]不徒自解，亦见其对世情之洞达。

再者，牧斋对南酒之"厌恶"，至云"铺糟与啜醨，委顿非吾志"，恐亦非仅为个人品味所关。盖牧斋累于诗中以酒喻人，给酒赋予"人格"，如：

　　酌酒如见君，无为苦相忆。[2]

又如：

　　别后长相忆，此酒似我友。[3]

此皆言好酒如好友。反言之，恶酒便自然与恶人无异了。牧斋诗有发此意者，其言曰：

　　恶酒如恶客，其性悍而鸷。撑肠芒角起，薄喉炉炭炽。

---

1 《初学集》卷六，《三叠韵谢蘾姑太仆送酒》，页200。
2 《初学集》卷八，《后饮涯七首》其三，页255。
3 《初学集》卷七，《饮酒七首》其一，页205。

甜酒如小人，其性柔且迟。口吻滋嗳嚅，关鬲长脂腻。我性与之违，何能强周比。[1]

诗中所言"性柔且迟"、与小人无异之甜酒，正是南方所产。和牧斋所称赞"清甘滑辣香"之刁酒[2]，相去何能以道里计？

但牧斋所厌恶者，恐怕不止南方所产性近"小人"之甜酒；他所怀恨的，也许尚有南方所产而在晚明弄权误国之"小人"政客。

考牧斋得第入仕之后，两度官位高攀之际，出而阻挡其前路者，一为温体仁（长卿、圆峤，？—1638）[3]，一为周延儒（玉绳、挹斋，1588—1644）[4]，此治晚明史者所熟知。温为浙江乌程人，而周则籍隶江南宜兴，地皆以产甜酒著名。牧斋因温、周之故而迁怒甜酒，亦常理中事。明乎此，则牧斋叙说当日京师所售之假冒刁酒（"刁酒非沼水"），其"味薄甜如饧"，所谓"薄"者、"甜"者，恐即牧斋心目中之温体仁与周延儒，当日以南人居高位之"假冒北酒"也。

反观牧斋在晚明政坛之同道，则大皆为江淮以北之人物。前举之籍隶河北吴桥之范景文外，如孙承宗（稚绳），河南高阳

---

1 《初学集》卷四，《金坛于润甫酿五加皮酒为南酒之冠润甫与缪仲醇友善仲醇善别酒酿法盖得之仲醇今年润甫酿成损饷而仲醇亡矣赋四十二韵奉谢并悼仲醇》，页138。
2 《初学集》卷一，《佟宰饷刁酒戏题示家纯中秀才》，页25—26。
3 温体仁，见 Donald Potter 所撰传，收入 L. Carrington Goodrich and Chaoying Fang, eds., *Dictionary of Ming Biography, 1368–1644* (Columbia University Press, 1976), Vol. II, pp. 1474–1478。
4 周延儒，见 Albert Chan 所撰传，同前注，Vol. I, pp. 277–279。

人[1];卢世㴶(德水),山东德州人[2],皆牧斋共去留。然则牧斋爱北酒而恶南酿,当亦不能无所寓意焉。

三、牧斋诗中之"仙家酒"与"佛门酒"

牧斋诗中除"长安美酒"外,亦多有言及"仙家酒"与"佛门酒"者。今分别举例说明之。

《有学集》卷十二《坯桥行赠赵庭李太公夫妇八十燕喜》诗结句云:

> 当歌若话沧桑事,便劝仙人酒一杯。[3]

遵王注引葛洪《神仙传》云:

> 方平语蔡经家人曰:"吾欲赐汝辈酒,此酒乃出天厨,其味醇酽,当以水和之。"[4]

神仙所赐之酒,出自天厨,味太醇而须以水和之,饮之者必延年益寿无疑,故祝寿诗以此典为结章。牧斋于诗前序有云:

---

1 《初学集》卷十四,《戊寅九月初三日奉谒少师高阳公于里第感旧述怀即席赋诗八章》,页502—507;卷三十,《少师高阳公奏议序》,页891—893;卷四十七,《特进光禄大夫左柱国少师兼太子太师兵部尚书中极殿大学士孙公行状》,页1160—1238。
2 《初学集》卷十一,所收赠卢氏诗各题。
3 《有学集》卷十二,页568。
4 同上。

予方以八十衰老，戒人称寿，却破例作此诗。[1]

知牧斋以八十之人，为八十岁之李氏夫妇作诗颂寿，事诚巧合。惟前此数年，牧斋及柳氏已酿成天酒（见下文），知其八十岁之前，已得饮"仙酒"以祈求延年益寿矣。

牧斋寿丁继之七十诗，亦用仙家酒典。《有学集》卷五《寿丁继之七十四首》其四云：

> 白下藏名七十年，笛床灯舫博楼前。襟怀天下三分月，囊箧开元半字钱。荫藉金张那可问，经过赵李总堪怜。麻姑送酒拼同醉，且作人间狡狯仙。[2]

结句"麻姑送酒"，遵王注亦引葛洪《神仙传》：

> 麻姑掷米如真珠，方平笑曰："姑故少年，吾老矣，不喜作狡狯变化也。"[3]

"仙家酒"亦寓凡间之年光流逝快速之意。《有学集》卷十二《和竹廊题壁二首》其二之作意亦同：

> 转蕙光风正发春，藤梢橘刺任他新。碧桃花外看三劫，

---

[1] 《有学集》卷十二，页567。
[2] 《有学集》卷五，页184。
[3] 《有学集》，页185。

白酒缸中记一尘。剑动随身成羽翼,书藏复壁当比邻。东山莫话仙源事,渔父来时不是秦。[1]

遵王注"白酒缸中记一尘"句引王象之《舆地纪胜》:

> 东林山在归安县,上有祇园寺,顶有浮图。昔吕洞宾以石榴皮题诗云:"西邻既富忧不足,东老虽贫乐有余。白酒酿来缘好客,黄金散尽为收书。"即东林沈氏之故居也。[2]

然牧斋此诗命意,则有非读其原题不足以尽解之者:

> 拂水竹廊下有石城学人题壁云:"辛丑冬日过此,追忆二十年旧游,口占二首,牧翁先生见而和之,勿令埋没苔藓中也。"感其雅意,依韵遥和,他日以示茂之诸子。[3]

辛丑即顺治十八年(1661),牧斋年八十。石城学人,待考。据上引遵王注,则牧斋以其拂水山庄比作吕洞宾曾以石榴皮题诗之东林沈氏之故居无疑。而牧斋"白酒缸中记一尘"句,与吕洞宾诗中"白酒酿来缘好客",则皆昔人所云"山中方七日,世上已千年"之意也。

仙家之酒最为牧斋颂美者,殆莫若唐人小说中所记"瑞露

---

[1] 《有学集》卷十二,页610。
[2] 同上。
[3] 《有学集》,页609。

之酒",盖以此酒酿于百花之中,其花四出而深红,圆如小瓶,径三寸余,绿叶,形类杯。折花倾于竹叶中,凡飞数巡,其味甘香,不可名状。[1]

牧斋描述用以酿制此酒之百花颇详,似牧斋真曾见其花且尝其酒。然牧斋其初不过自唐人小说《嵩岳嫁女记》得知此酒,自承"读之每欣然流涎,又忖度以为寓言无是事"[2]。《有学集》卷十《戏咏雪月故事短歌十四首》其九《嵩岳嫁女》即咏此仙家瑞露之酒:

仙家花烛世希有,书生相礼群真后。嵩山移作桂轮官,烛夜花倾数巡酒。莫道人间隔几尘,市朝陵谷颇相闻。开元天子来何晚,为敕龙神荡祲氛。[3]

"开元天子来何晚"句,遵王引《纂异记》中所载汉、唐二朝太平盛世之主与穆天子在嵩岳群仙会中所目睹二书生与仙女成婚之故事曰:

田璆、邓韶,元和癸巳岁中秋望夕,出建春门,望月于别墅,有二书生揖行,至一境,曰:"今夕中天群仙会于兹岳,请以知礼导升降。"言讫,见直北花烛亘天。书生命璆、韶拜,夫人各赐薰髓酒一杯。夫人问左右:"谁人召

---

1 《有学集》卷二十,《小山堂诗引》,页854。
2 同上。
3 《有学集》卷十,页501。

来?"曰:"卫符卿、李八百。"于是引璆、韶于群仙之后。俄有一人驾鹤而来,曰汉朝天子。续有一人驾黄龙而下,曰:"李君来何迟?"曰:"为敕龙神设水旱之计,作弥淮蔡,以歼妖逆。"书生谓璆、韶:"此开元、天宝太平之主也。"未顷,穆天子来,环坐而饮。俄有四鹤立于车前,载仙郎并相者侍者。有仙女捧玉箱,托红笺笔砚而至,请催妆诗。诗成,玉女数十引仙郎入帐,召璆、韶行礼。礼毕,夫人命符卿等引还人间。折花倾酒,步步惜别。出来时,行四五步,已失所在。惟见嵩山嵯峨倚天,及还家,已岁余矣。[1]

牧斋诗中亦言"佛门酒"。《有学集》卷四《朱五藏名酒肆,自号陶然。余为更之曰逃禅。戏作四小诗》第二、三首云:

布袋为世界,米汁是好友。会逃弥勒禅,肯醉声闻酒。

投壶笑玉女,采花嗔恶友。且逃天宫禅,莫酿修罗酒。[2]

米汁即佛酒。遵王注"米汁是好友"引杜陵《饮中八仙歌》:"苏晋长斋绣佛前,醉中往往爱逃禅。"黄鹤《千家注》曰:"苏晋学浮屠术,尝得胡僧慧澄绣弥勒佛一本,晋宝之。尝曰:'是佛好饮米汁,正与吾性合,吾愿事之,他佛不爱也。'常于市中

---

[1] 《有学集》卷十,页501—502。
[2] 《有学集》卷四,页171—172。

饮酒食猪首,时人无识之者。"[1]

可见牧斋之言"佛门酒",亦有出处。至第四首结句所及之"修罗",牧斋晚年诗中累及之矣:"宵来光怪横甲兵,弥天倒泻修罗雨"[2];"天公怜我扶我老,酒经一卷搜取修罗宫"[3];"君不见修罗酿酒作酒浆,规取日月为耳珰"[4];"江风吹落仙音谱,似拂修罗琴上弦"[5];"祈住修罗宫,石扉屹双峙"[6]。

"修罗",即佛阿修罗。遵王引《翻译名义集》释之云:

> 阿修罗采四天下华,酝于大海。鱼龙业力,其味不变。嗔妒誓断,故言无酒。[7]

再者,牧斋咏非凡间之酒,多仙佛并举。乃知牧斋所信仰者,实可称之为一"满天仙佛"之世界。

《有学集》卷八《示藏社介丘道人兼识乩神降语》诗云:

> 长干藏社结长期,雪柱冰棱扣击时。横扫葛藤谈满字(自注:匡山雪藏韶师),细寻行墨问三伊(自注:普德勖伊问师)。并舟分月人皆见,两镜交光汝莫疑。珍重天宫催

---

[1]《有学集》卷四,页172。
[2]《有学集》卷九,《和些庵和尚补山堂歌》,页427。
[3]《有学集》卷十,《酒逢知己歌赠冯生研祥》,页477。
[4]《有学集》卷十,《乳山道士劝酒歌》,页479。
[5]《有学集》卷十一,《读豫章仙音谱漫题八绝句呈太虚宗伯并雪堂梅公古严计百诸君子》,页522。
[6]《有学集》卷十二,《赠归玄恭八十二韵戏效玄恭体》,页596。
[7]《有学集》卷九,《采花酿酒歌示河东君》,页451。

结集,犍锥声已报须弥。(自注:有神降乩云:速完经疏,天堂报汝。)[1]

此诗所用典、所咏事,多与佛教有关,遵王注已一一考出。惟诗之末句自注中乃言"有神降乩"(题中亦曰"兼识乩神降语"),此则道家之术矣。夫以道术传语佛门中人,促其完成佛经之疏,以便早日得天堂之报。此非佛道合一之明证耶?

牧斋对"佛道合一"多所认同,曾作解释说:

> 佛事门中,不舍一法人之情。傲化而亲诱,尊鬼而说仙,有鬼神冯仪其间,游戏神通,以引众生而起其正信。神道设教,庶乎末法之宜也。[2]

所谓"尊鬼而说仙,有鬼神冯仪其间,游戏神通",即上录诗中借降乩以传语佛弟子之所由来也。

牧斋此一信仰,于其他诗文之中,亦时有表露。盖牧斋既仙佛兼修,故其观物抒情,遂不期然兼发自仙佛之观点,甚至一篇之中,仙家佛门之典俱为其所驾驭矣。语其撰文述事,至明显之例,殆莫如《汰如法师塔铭》中记崇祯十二年(1639)汰如法师于吴门讲演佛法而参用道家"白鹤数十,飞鸣盘舞"之典:

---

[1] 《有学集》卷八,页408。
[2] 潘景郑辑校:《绛云楼题跋》(北京:中华书局,1958),《石刻首楞严经》,页83。

既而说法于……吴之花山……藏海演迤，词峰迥秀，遮照圆融，道俗交摄。……师首唱一期，群鹤绕空，飞鸣围绕。[1]

记成后越二十余载，牧斋撰《又书汰如塔铭后》，直承当年以道家科仪掺入佛门中事：

崇祯十二年，汰如河法师讲大钞于华山。……一期讲毕，白鹤数十，飞鸣盘舞，咸以为讲演之瑞。师正色曰："来鹤之事，道家有之，非吾佛法所重也。"……余往撰塔铭，据苍老行状，略书其事。戊戌冬，毛子晋过村庄，备道其亲闻于讲席者。……谨书之，以补前志之阙。余尝有诗赠讲师云："谁拈咬蚤家常话？忽漫天花下讲台。"意亦如此。[2]

至牧斋之诗作，一篇之中，仙佛并列者则尤多。如《赠姚文初诗》及《和烧香曲》等，皆其较明显者。今录其晚年所撰《采花酿酒歌示河东君》长诗一首，以明牧斋对仙佛合一之认同，且及于酒事者：

戊戌中秋日，天酒告成，戏作采花酿酒歌一首。以诗代谱，其文烦，其辞错，将以贻世之有仙才具天福者。非是人也，则莫

---

1 《初学集》卷六十九，页1577—1578。
2 《有学集》卷五十，页1623—1624。

与知而好，好而解焉。

昔从武烈卜如响，许我美酒扶残年。搜访征求越星纪，出门西笑终茫然。长干盛生贻片纸，上请仙客枕膝传。老夫捧持逾拱璧，快如渴羌得酒泉。归来夜发枕中秘，山妻按谱重注笺。却从古方出新意，溲和齐量频节宣。东风汜溢十指下，得其甘露非人间。琬琰之膏玄碧酒，独飨良恐欺人天。请从酒国征谱牒，为尔罗缕辨圣贤。劫初地肥失已久，上天饮树谁人取。糟醨熏酣沉世界，不解采花能酿酒。采花酿酒谁作法，终古修罗是元首。选择名花代曲蘖，搅翻海水归尊卣。仪狄杜康非祖先，糟丘酒池等便溲。此方本出修罗官，百花百药为酒母。云安曲米缩柘浆，庀治酒才须四友。酿投次第应火候，揉和停匀倚心手。回潮解驳只逡巡，色香风味无不有。才倾郁烈先饱鼻，未泻甘旨已滑口。岂同醇酎待月旦，不用新丰算升斗。君不闻仙家烛夜花，花叶如瓶圆且洼。花中酝酒法瑞露，折花倾盏飞流霞。又不闻西国葡萄浆，散花供佛上妙香。狼藉万石羡大宛，珍重十斛轻西凉。汉家百末歌郊祀，楚人桂酒朝东皇。布兰切桂总殊胜，索郎醽醁皆寻常。嘑妒不忧天帝责，业力更笑鱼龙忙。它时杂林共游戏，还邀舍脂醉一觞。是夕秋窗净如扫，银瓶酒香碧月好。琼浆已扣蓝桥姝，油囊休赍余杭媪。开笃劝我倾一盏，驻颜薰髓胡不早。举杯邀月复再拜，敬受天禄酬颂祷。君不见东坡先生昔南迁，羁穷好事剧可怜。黄州蜜酒惠州桂，再酿不就空流涎。雪寺松黄但汤液，罗浮铁柱徒刻镌。饼精面良亦长语，捣香筛辣非真诠。尔时朝云正侍侧，袖手不与扶危颠。老饕俯歠聊复尔，云蓝小袖宁无愆。坡闻此语应喷饭，大笑索绝冠缨偏。[1]

陈寅恪先生论此诗，遍举例证，断定牧斋所咏"天酒告成"，确有其事。[2] 今所欲指出者：牧斋诗中所表露想象力之丰广，殊非寻常。其事即有之，然牧斋托以虚无飘渺之诗境，身入其中，以见其自我之亦仙亦佛，则不可谓无也。

四、牧斋之仙佛缘

牧斋晚年自称为"籛后人"，又自号"东涧遗老"，明以彭祖之后人自居，刘向《列仙传》及葛洪《神仙传》均载彭祖"姓籛名铿"[3]，足证。

《有学集》卷十二《二月五日遵王第四郎试周晬余于述古堂喜而有作》诗开篇云：

> 庆系从籛后，宗彝勒涧东。[4]

诗乃为其族曾孙遵王之第四子庆生而作。"籛后人"及"东涧遗老"两自号即嵌入诗中。其他如"彭籛之后武夷君，我是婆

---

1 《有学集》卷九，页449—450。
2 陈寅恪：《柳如是别传》，上册，页101。
3 刘向：《列仙传》、葛洪：《神仙传》（影印《文渊阁四库全书》本，台北：台湾商务印书馆，1983），第1058、1059册，页492、259。
4 《有学集》卷十二，页572。

留最小孙"[1]及"摩顶不须求宝志,老夫斟雉是彭篯"[2],皆以"篯后人"自号。至为人作寿序,则自署为"商大夫八百岁地仙彭祖九十七代裔孙"[3],又或署"彭祖九十九世吴越二十六世东涧遗老"[4]。所谓"东涧遗老"云云,《题吉州施氏先世遗册》一文中言之颇详:

> 吾家自汉南纳土,彭城尚主,得复王封。六世后,渡江居海虞者,彭城之宗子,于礼实为大宗。居于他国,越在草莽。开天之日,铁券进御,不获与守祧之裔,共睹天颜。宗老言之,皆为陨涕。乙未岁,伟长游临海,谒先庙,拜武肃、忠懿、文僖画像,获观铁券及周成王飨彭祖三事鼎,鼎足篆"东涧"二字。以周公卜宅时,乃卜涧水东、瀍水西,故有此款识也。谦益老耄昏庸,不克粪除先人之光烈,尚将策杖渡江,洒扫墓祠,拂拭宗器,以无忘忠孝刻文,乃自号东涧遗老,所以志也。[5]

夫彭祖为长寿之象征(或言七百余岁,或言八百岁),此仙传中所记而世所熟知者。牧斋以彭祖之后人自居,当与其对长生不死之企慕有关。《有学集》卷二十《五石居诗小引》一文中对此一企慕有所剖白云:

---

1 《有学集》卷八,《读建阳黄帅先小桃源记戏题短歌》,页423。
2 《有学集》卷九,《秦淮花烛词十二首为萧孟昉作》其十,页433。
3 《钱牧斋全集》,第7册,《封宫相吴约庵七十寿宴序》,页445。
4 《钱牧斋全集》,第8册,《君鸿七十寿序》,页547。
5 《有学集》卷四十九,页1600。

> 吾年八十，每搜寻史册中老人作伴侣。吴季子年九十，能将兵伐陈，苏长公以为仙去不死。太公七十起于屠钓，牧野鹰扬，正在百岁时。……陆放翁九十余尚不忘北定中原，……晚年据鞍横槊，诗篇当益壮。[1]

嗟乎！世间功名自喜之英雄，暮年回首，每多神仙之愿，牧斋又何能免于此耶？再者，牧斋于中岁之后，即倡言"往因"、"托世"之说。崇祯十年（1637），年五十六岁，于京师下刑部狱，作《狱中杂诗三十首》，第二十四首即以"往因"阐解"今世"之灾难：

> 经年狱底阻艰危，狂鸟投笼马就羁。尊者梦中曾示现，老僧海上已先知。蓬蒿环堵弹琴处，方丈毗耶宴坐时。儒行宗风都会得，信知调伏是便宜。[2]

诗中两联分别有自注云：

> 十五年前，梦多生为金马道人，与尊者说法，以诤论故，应受业报。[3]

丙子岁（即牧斋下狱前一年），吴门王生谒普陀，有老

---

[1] 《有学集》卷二十，页859—860。
[2] 《初学集》卷十二，页401。
[3] 同上。

僧嘱曰:"速归报钱公,往因中当有王难,不免一行也。"[1]

此牧斋释己身之苦难为往因业报之一例证也。

牧斋于前史"托世"之说,亦赞叹不已。《初学集》卷十有四绝句咏宋人张文光"一世为僧,再世为邻家童子"事。遵王注此题所涉之奇事云:

> 张文光,祥符中进士,其母产之甚艰,数日方举。初生时,乳母裹之襁褓中,自视其手曰:"我手何忽小?"又顾床壁所黏药方,即读贝母二字,身系邻家竺氏之子。越三日,竺老夫妇来看,儿但视之而笑,其父母诚令勿言,其后遂不复语。异日偶谈及竺家事,无不历历。其兄张廷佐问其生死之际,云前生记得是道人,因见乘轩者,心艳之,不觉魂游至张家,见有凶神在焉,遂避至前邻竺氏,为其家儿。生十岁痘殇,魂又过张门,见室内火光,入而不肯去。旁有扯之他往者,手扯箱环以留。忽然昏迷,视其手已小矣。盖文光产时,室中箱环,无故自响,响绝乃生。其为竺氏童子,耳后有缺,今身复然,亦可异也。[2]

至《初学集》卷八十六《记峨眉仙人诗》文中所及以仙佛谪向人间之杨一鹏,或即牧斋万历三十八年(1610)进士科之

---

[1] 《初学集》卷十二,页401。
[2] 《初学集》卷十,《舒仲符画丹徒张明府文光小像戏题四绝句明府记三生事一世为僧再世为邻家童子自为记甚奇》,页338—339。

同年友也：

> 巴陵杨一鹏，万历庚戌进士，为成都府推官，登峨眉山，有狂僧踞佛座，睨杨笑曰："汝犹记下地时，行路远，啼哭数日夜，吾抚汝顶而止耶？"杨忆儿时语，大惊礼拜，耳语达旦。临别嘱曰："三十年后，见汝于淮上。"杨后开府淮安，一日薄暮，有野僧击鼓，称峨眉山万世尊寄书，发函得绝句七首，传其五云："谪向人间仅一周，而今限满苦难留。清虚有约无相负，好觅当年范蠡舟。""业风吹破进贤冠，生死关头着脚难。六百年来今一遇，莫将大事等闲看。""浪游生死岂男儿，教外真传别有师。富贵神仙君两得，尚牵缰锁恋狂痴。""难将蟒玉拒无常，勋业终归土一方。欲问后来神妙处，碧天齐拥紫金光。""颁来法旨不容违，仙律森严敢泄机。楚水吴山相共聚，与君同跨片霞飞。"其二首秘不传。质明，大索寄书僧，已不知所往矣。流寇焚凤阳陵寝，杨以失救，论死西市，神色扬扬如平常，但连呼好师傅数声而已。杨之仲子昌荐告余曰："万世尊名大傅，今尚在峨眉，往来人间无常处，人亦时时见之。"[1]

考《明清进士题名碑录》有杨一鹏者，万历三十八年庚戌科（1610）三甲二十名，牧斋则为该科之探花。[2] 然《题名碑录》

---

1 《初学集》卷八十六，页1806。
2 文史哲出版社编辑部：《明清进士题名碑录索引》（台北：文史哲出版社，1982），页1655、2588。

载杨氏籍湖广岳州卫,与牧斋所记隶属巴陵者是否同一人,未考。《明史》则有两个杨一鹏,一为临湘人,一为河津人,俱未言中进士之年。[1]

杨一鹏之籍为湖广抑或巴陵,原非重要。其最足注意者,殆在牧斋记中引峨眉山万世尊寄书中所咏"谪向人间仅一周,而今限满苦难留"一事而已。

牧斋于其自身,亦有轮回托世之说。《初学集》卷十《仙坛倡和诗十首》前序于其事言之凿凿云:

> 慈月夫人,前身为智者大师高弟,降乩于吴门,示余曰:"明公前身,庐山慧远也。从湛寂光中来,自忘之耳。"[2]

智者大师,即创天台宗之智𫖮,距牧斋之时,已逾千载。夫以智𫖮之高弟转世为女流,已非寻常,而此一托世之女流,复借道教降乩之术以示牧斋之前生为慧远,则事更奇矣。牧斋既笃信之,复应慈月之请,为作《传》一首,具载慈月乩中之言曰:

> 余吴门饮马里陈氏女也。年十七,从母之横塘桥,上有紫衫纱帽者,执如意以招之,归而病卒,泰昌改元庚申之腊也。其归神之地曰上方,侯曰永宁,宫曰慈月。其职司则总理东南诸路,如古节镇,病则以药,鬼则以符,祈年逐厉,忏罪度冥,则以笺以表。以天启丁卯五月,降于

---

[1] 《明史》,第22册,页6745;第25册,页7511。
[2] 《初学集》卷十,页330。

金氏之乩，今九年矣。[1]

天启五年下推九载，即崇祯七年（1634）。牧斋知己身为慧远托世，当在其时。《传》中载慈月自述其宿因，事尤幽邈：

> 故天台之弟子智朗堕女人身，生于王宫，以业缘故，转堕神道，以神道故，得通宿命，再受本师记莂，俾以鬼神身说法也。[2]

传中又记当日"乩所冯者金生采，相与信受奉行者戴生、顾生、魏生，皆于台有宿因者也"。牧斋于《仙坛倡和诗》前序复正色曰：

> 师（慈月夫人）示现因缘，全为台事，现鬼神身，护持正法，故当有天眼证明，非余之戏论也。[3]

慈月以一女流"现鬼神身，护持正法"与上文所述"尊鬼而说仙"以弘扬佛法者无异；牧斋始则耳闻其事，继而信，信而为之释解而疏通，且著于诗文，为之播说，则牧斋于仙佛同一所持之态度，确然无疑矣。

牧斋之以慧远所转世自居，钱遵王以为与慧远之虽入佛门

---

1 《初学集》卷四十三，《天台泐法师灵异记》，页1123。
2 同上。
3 《初学集》卷十，页330。

而犹不忘儒经者有关，盖"远公自以宗教为己任，而授《诗》《礼》于宗、雷辈"[1]，论诚不虚。此外是否另有牵涉，异日当考求之。

五、酒与色及其他

牧斋有诗云："况复开筵有佳客，岂可命酒无红妆。"[2]又云："自倚白头还纵酒，偶携红袖为听歌。"[3]牧斋终生嗜酒，且好女色，晚年娶得能豪饮之柳如是，世多知之矣！

然牧斋知交之中，亦有以好酒而不近女色著称者。此昆山之归庄（祚明、玄恭，1613—1673）是也。

牧斋与归氏三世通好，两家交谊及其文论主张之关系，牧斋多有文字记之。而玄恭好酒，早岁与顾亭林"痛饮酒，熟读《离骚》"，晚年作咏《酒》诗，具言其于酒之纵往无悔，则余另有文字考论其事矣。[4]

玄恭之好酒，牧斋亦屡言之，《题归玄恭僧衣画像四首》云："六时问汝何功课？一卷《离骚》酒百杯。"[5]《赠归玄恭八十二韵戏效玄恭体》有云："残杯冷复温，村酒薄弥旨。"[6]又云："棋局画兵符，酒旗树戎垒……杯中看影蛇，床下听斗

---

[1] 《初学集》卷十，《仙坛倡和诗十首》其三，钱曾引《冷斋夜话》注，页332。
[2] 《初学集》卷十七，《九日宴集含晖阁醉歌一首用乐天九日二十四韵》，页611。
[3] 《初学集》卷十五，《八月十五夜》，页548。
[4] 谢正光：《亭林与酒——顾炎武事迹考述之一》，《学术集林·卷十四》（上海：远东出版社，1998），页174—183。
[5] 《有学集》卷九，页439。
[6] 《有学集》卷十二，页595。

蚁。"[1] 皆咏玄恭纵酒之状。

然玄恭不好色,牧斋尝作《和归玄恭》七律一首戏谑之:

> 樗栎余生倚不材,老颠风景只堪哀。已拼身是沟中断,未省心同劫后灰。何处青蛾供乞食,几多红袖解怜才?后堂丝竹知无分,绛帐还应为尔开。[2]

诗末自注云:

> 是日有女郎欲至,戏以玄恭道学辞之。君来诗以腐儒自解,故有斯答。[3]

诗中"几多红袖解怜才"句,遵王注云:

> 僧文莹《续湘山野录》:"孙仅与魏野敦缟素之旧。京兆尹日寄野诗,野和之,其末有'见说添苏亚苏小,随轩应是佩珊珊'之句。添苏,长安名姬也。孙以野所和诗赠之。添苏喜,如获宝,求善笔札者大署其诗于堂壁。未几,野有事抵长安。好事者密召过添苏家,不言姓字。野忽举头见壁所题,乃索笔于其侧别纪一绝曰:'谁人把我狂诗句,写向添苏绣户中?闲暇若将红袖拂,还应胜得碧纱

---

1 《有学集》卷十二,页596。
2 《有学集》卷五,页217。
3 同上。案:玄恭原唱不见今本《归庄集》。

笼。'添苏始知，大加礼遇。"[1]

"后堂丝竹知无分"句，遵王亦有注：

> 《汉书·张禹传》："禹内奢淫，后堂理丝竹管弦。弟子彭宣、戴崇二人异行，禹亲爱崇，敬宣而疏之。崇每候，禹将崇入后堂饮食，妇女相对，极乐乃罢。宣之来也，禹见之于便坐，讲论经义，赐食不过一肉卮酒，未尝得至后堂。两人皆闻知，各自得也。"[2]

合诗及注而观之，则归玄恭果好酒而不好近女色，可以明矣。牧斋至以此为笑乐，作诗戏之，则牧斋于酒色之兼爱，亦可想见矣。

牧斋生平知交之中，以"饮酒近妇人而死"者，颇不乏人。其最具兴味者，似莫若号称"公安三袁"中之袁中道（小修，1570—1623）[3]。

袁小修长牧斋十二岁，然功名之顺遂则远逊之，二人尝在京师过从甚密。前引《饮酒》组诗之第六首，即记二人燕市酒事：

> 吾怜袁小修，豁达好饮醇。开尊无好酒，往往生怒嗔。

---

1 《有学集》卷五，页218。
2 同上。
3 钱谦益：《列朝诗集小传》（上海：上海古籍出版社，1983），下册，页568—569。

长安盛宴会，宾筵正初巡。当杯但一嗅，瑟缩不沾唇。俗子共愕眙，知者嫌其真。袁生每大笑，看我头上巾。自从此人死，燕市无酒人。酒递久寂寞（自注：袁约致易州酒，属其客伍生为酒递），酒德谁与论？誓践腹痛约，南下湘水滨。满酌黄柑酒，浇君宿草坟。[1]

牧斋另有《新嘉驿壁和袁小修题会稽女子诗》[2]。而《袁祈年字田祖说》一文[3]，则记为小修子祈年改字号之缘由。皆作于小修物逝之前。晚岁作《松影和尚报恩诗草序》[4]，犹绻绻于早年从游于小修之乐，兼言因小修之故而得闻其师李贽[5]（载贽、宏父、思齐、卓吾、温陵居士，1527—1602）其人之行事，于少时所"读龙洞李秃翁书，以为乐可以歌，悲可以泣，欢可以笑，怒可以骂，非庄非老，不儒不禅"者[6]，思慕不已。

小修平生每为酒所困，深自忏悔，累为牧斋道之。付牧斋札中有云：

> 自念生平无一事不被酒误，学道无成，读书不多，名行不立，皆此物为之祟也。甚者乘兴大饮后，兼之纵欲，因而发病，几不保躯命。又念人生居家，闲而无事，乃复

---

1 《初学集》卷七，页 207。
2 《初学集》卷二，页 94。
3 《初学集》卷二十六，页 826。
4 《有学集》卷二十一，页 884。
5 同上。
6 同上。

为酒席所苦。非赴人召,即已招客,为杯勺盘餐忙了一生,故痛以招客赴席为戒。[1]

小修逝前不久,致书牧斋,言戒酒远色事,则信誓旦旦矣:

> 弟比来不喜饮酒,每饮至十余杯,即半滴不入口,入口便觉不快,亦非有意要禁之也。惟见妖冶龙阳,犹不能无动。然以病躯,不能不为性命自制。所幸入眼多鬼魅,又添我助道品耳。[2]

所著《饮酒说》一文,痛言酒与色之足以短人寿命,实亦夫子自道也:

> 人见我好居舟中,不知舟中可以养生,饮食由己,应酬绝少,无冰炭攻心之事。予赋命奇穷,然晚岁清福,延年益算之道,或出于此。不然常居城市,终日醺醺,既醉之后,淫念随作,水竭火炎,岂能久于世哉?[3]

小修终年五十四岁,不过中寿而已。牧斋于其因酒色伤身事,当知之甚悉。

---

1 袁中道:《珂雪斋集》(上海:上海古籍出版社,1989)卷二十四,《答钱受之》,页1025。
2 《珂雪斋集》卷二十五,《与钱受之》,页1102—1103。
3 《珂雪斋集》卷二十一,页906。

再者，牧斋晚年编《列朝诗集》，并为所选作者，各撰小传，于并世诗人中之醇酒美人者，多不讳言其事。兹略举例证三、五，以明牧斋平生酒侣，亦有见于其诗作之外者。

郑秀才胤骥

胤骥，字闲孟，嘉定人。……因[李]长蘅（流芳）以交于余。……数踏省门，不见收，益纵酒自放。久之得酒病，不复能沾唇。注视杯斝，呜咽而已。竟以此不起。[1]

尹提学嘉宾

嘉宾，字孔昭，江阴人。……孔昭少起孤生，编蓬土室，糟糠不厌，纵酒长啸……既贵……歌筵酒席，呼卢纵博……登蓬莱阁，望医间酹酒高歌……余为拣选[其诗]，手录数十篇，自道谋刻之，未果而死。[2]

韩国博上桂

上桂，字孟郁，南海人。……留都旧京，宾朋翕集，户屦场咽，诗酒淋漓，所得俸钱尽付取酒；不给，则典衣丐贷，以相娱乐。酒间慷慨歌老骥伏枥之诗，至于涕下，盖其中有不自得者，而坐客莫能知也，亦竟用是以死。孟郁为诗赋……不自顾惜，稿成随手散去，常问其所就于余。[3]

茅待诏元仪

元仪，字止生，归安人。……权臣恶之，勒还不许，

---

1 《列朝诗集小传》，下册，页584。
2 《列朝诗集小传》，下册，页586—587。
3 《列朝诗集小传》，下册，页587。

蚤夜呼愤，纵酒而卒。……能知之者，惟高阳（孙承宗）与余。[1]

王遗民鐕

鐕，字叔闻，金坛人。……屏居郭外，游于酒人，日沉饮自放而已。……一日，从里人饮，大醉，病卧三日，遂不起。……余游于氏父子间最久，而不知叔闻，……且叔闻或知余，而余不知叔闻，余之陋则已甚矣！[2]

王知县一鸣

一鸣，字子声，一字伯固，黄冈人。……左官，不得志，饮酒近妇人而死。[3]

观牧斋所撰传中记其同时人酒色之事，虽未尝寓劝人节欲养生之意。特以嗜酒好色之人，多能见酒色之事，直书而不为之讳。苟以牧斋与上述诸人相较，亦足稍见牧斋于酒色，究竟知所节制。其享上寿，殆非偶然。

再者，牧斋同时人中亦有因学仙佛不得其法而几致命者。《列朝诗集小传》朱主事长春条所记，颇足令人发笑。兹迻录之，以为本节作结：

长春，字大复，乌程人。万历癸未进士。……好仙学佛。大复罢官里居，修真炼形，以为登真度世，可立致也。

---

[1] 《列朝诗集小传》，下册，页591—592。
[2] 《列朝诗集小传》，下册，页612—613。
[3] 《列朝诗集小传》，下册，页624。

累几案数十重，梯而登其上，反手跂足，如鸟之学飞，以求翀举，堕地重伤，懑而不死。苕上人争揶揄之。[1]

六、结语

本篇之作，盖起兴于读牧斋《跋〈酒经〉》一文。今既考述牧斋之饮酒风尚、所饮酒又有凡间与仙佛界者之别，以及牧斋对往因转世之信仰，乃知《跋〈酒经〉》一薄物小篇，实凝聚牧斋毕生对酒与仙佛之认知。《跋》中所涉诸典，既累见于文中所引用之诗文，故不再表。以下仅就考索中所见，略拈一二事，作进一步之解释。

牧斋咏酒诸什，以体而言，则纪事与虚拟兼备。且往往于纪事之中，隐寓寄托，读其比较南北酒优劣诸什即可知。至其故设虚拟之词、发之于比兴者，当推其《采花酿酒歌》为上乘。至若纪事之作，足征牧斋饮酒风尚及其平生酒侣，其事多涉今世凡间之事；虚拟想象之章，则以其宗教之精神世界示人，事关仙佛，故设为往因托世之说，从而显示其今世立身之所在。凡此种种，皆于文中有所推求。

若牧斋所咏之长安美酒，实世间荣华终极之象征；仙家所酿，饮之可使人长寿；乃至阿修罗佛采下之花酝于大海而成之"无酒"，此三者间，境界自有高下。盖一旦世间之荣华富贵不可得，则转而倚仙佛以自慰，此"古来不得意于世缘，因而自

---

[1] 《列朝诗集小传》，下册，页621。

甘清净，以至于成仙得道者"¹之谓也。若牧斋所认知者，似又稍异于此。就其相关之诗文以观之，牧斋盖已悟及"繁华有繁华之乐，寂寞有寂寞之乐"²，二者之间，并无区别。故自牧斋视之，"若夫世乐可求，即享世间之乐；世乐必不可得，因寻世外之乐"。此牧斋洞达于世情者也。而此情又或出于不得已者，"寂寞有寂寞之乐"云者，殆亦自我宽慰之辞耳。其于世间繁华则曰："我本爱官人，侍郎不为庳。我亦爱酒人，致酒每盈几。"³及长安之美酒不可得，牧斋则以同等之热诚，访仙家佛门酿酒之方，以制"天酒"，复遍告世人，彼实仙家之后人及名僧之托世。明乎此，乃知世之以牧斋热衷于仕宦者，皆只见其入世之一面，而忘乎其出世之一面。而"热衷"云云，实牧斋临事不苟、积极进取之态度，又岂可徒据之以诟病牧斋也哉。

世之论牧斋者亦多矣！诟詈之者，目之为背君无行之贰臣；颂美之者，称之为能赎前愆之复国领袖。皆就牧斋之出处行藏、政治操守之大者而立言。今兹取径，颇异前修，盖欲于日常细微之处，略窥其隐曲之情。惟以资料之搜集，旷日弥久，解读之功，遂未臻善。博雅方家，幸垂鉴焉。

昔袁小修传其师李卓吾之生平，深致叹于李氏为人之"真有不可知者"，举例多至五六。⁴夫以小修得侍其师、亲炙其人，犹言知人之难有如是者，今又况复吾人仅得读牧斋之若干诗文

---

1 《珂雪斋集》卷二十四，《答钱受之》，页1025。
2 《答钱受之》，页1026。
3 《初学集》卷七，《饮酒七首》其五，页207。
4 《珂雪斋集》卷十七，《李温陵传》，页724—725。

于三百余载之后，其人之确可知与真不可知之间，相去又焉足以道里计？然则今之考述牧斋之酒缘与仙佛缘者，终不免浮光掠影之讥，亦可卜矣。

附录：牧斋饮酒纪事诗

《初学集》

卷	诗　题	作　年
一	丁未春与李三长蘅下第并马过滕县贳酒看花已十四年矣感叹旧游如在宿昔作此诗以寄之	泰昌元年（1620），39岁
一	佟宰饷刁酒戏题示家纯中秀才	
三	小至夜翁孝先兄弟拏舟相邀与寇白泥饮	天启五年（1625），44岁
四	金坛于润甫酿五加皮酒为南酒之冠润甫与缪仲醇友善仲醇善别酒酿法盖得之仲醇今年润甫酿成损饷而仲醇亡矣赋四十二韵奉谢并悼仲醇	天启七年（1627），46岁
四	金坛酒垂尽而孟阳方至小饮作	
四	顾炳秀才遗书索饮有醉吐丞相车茵之语作七字句报之	
四	与顾秀才饮酒作	
四	以顶骨饮器劝酒次秀才韵	
四	孟阳载酒就余同饮余方失子叠前韵志感	
四	三叠韵答孟阳慰余哭子作	
四	八月十四夜舣舟虎丘与孟阳长蘅小饮	
四	八月十五夜	
四	八月十七夜	
五	雨中仲雪招饮海棠下	崇祯元年（1628），47岁
六	张藐姑太仆许饷名酒叠前韵奉简	
七	三叠韵谢藐姑太仆送酒	

248

(续表)

卷	诗 题	作 年
七	饮酒七首	崇祯二年(1629)，48岁
七	冷饮示侍儿	
八	沧酒歌怀稼轩给事兼呈孟阳	
八	长干行	
八	后饮酒七首	
十一	谢德州张太守送酒	崇祯十年(1637)，56岁
十三	偕刘司空过应侍御小饮酒间与来吏部订西陵之游	崇祯十一年(1638)，57岁
十五	长筵歌为钱后人称寿君以九月二十七日生后余诞辰一日	崇祯十二年(1639)，58岁
十七	九日宴集含晖阁醉歌一首用乐天九日二十四韵	崇祯十三年(1640)，59岁
十八	上元夜泊舟虎丘西溪小饮沈璧甫斋中	崇祯十四年(1641)，60岁
十八	次韵（附河东君作）	
十八	次韵示河东君	
二十	江上宿缪西溪从野堂故人及诸郎君置酒感叹而作	崇祯十五年(1642)，61岁

《有学集》

卷	诗 题	作 年
二	己丑岁暮宴集连宵于是豪客远来乐府骈集纵饮失日追欢忘老即事感怀慨然有作四首	顺治六年(1649)，68岁
二	蜡日大醉席上戏示三王生三生乐府渠帅吴门白门人也	
二	赐兰堂寿宴诗四首	顺治七年(1650)，69岁
二	夏日宴新乐小侯于燕誉堂林若抚徐存永陈开仲诸同人并集二首	
三	婪归以酒炙饷韩兄古洲口占为侑	
四	朱五藏名酒肆自号陶然余为更之曰逃禅戏作四小诗	顺治八年(1651)，70岁

249

（续表）

五	圣野携妓夜饮绿水园戏题四绝句	
五	冬夜假我堂文宴诗	
五	赠袁重其（归自吴门，重其复来征诗，小至日，止宿剧谈，喜而有赠，用文字韵）	顺治十一年（1654），73岁
五	甲午仲冬六日吴门舟中夜饮饮罢放歌为朱生维章六十称寿	
五	路易公安卿置酒包山官舍即席有作二首	
五	朱内翰开宴二首	
七	高会堂酒阑杂咏	
七	陆子玄置酒墓田丙舍妓彩生持扇索诗醉后戏题八首	顺治十三年（1656），75岁
七	霞城丈置酒同鲁山彩生夜集醉后作	
七	徐武静日置酒高会堂赋赠八百字	
八	水亭承邓元昭致饩诸人偶集醉饱戏书为谢	
九	送黄生达可归岭南	
九	后送达可	顺治十五年（1658），77岁
九	采花酿酒歌示河东君	
十	己亥正月十三日过子晋湖南草堂张灯夜饮追忆昔游感而有赠凡四首	
十	酒逢知己歌赠冯生研祥	顺治十六年（1659），78岁
十	乳山道士劝酒歌	
十	徐元叹劝酒词十首	
十	锡山云间徐叟八十劝酒歌	
十一	辛丑二月四日宿述古堂张灯夜饮酒罢有作	
十一	读豫章仙音谱漫题八绝句呈太虚宗伯并雪堂梅公古严计百诸君子	顺治十八年（1661），80岁
十一	孙郎长筵劝酒歌	
十一	遵王敕先共赋胎仙阁看红豆花诗吟叹之余走笔属和八首	
十二	六日述古堂文宴作	
十二	岭南黄生遗余酒谱酿荔枝酒伊人遵王各饮一觞伊人有诗率尔和之	康熙元年（1662），81岁
十二	方生行送方尔止还金陵	

读方文《嵞山集》

——清初桐城方氏行实小议

《嵞山集》十二卷、续集《四游草》四卷（《北游》《徐杭游》《鲁游》《西江游》各一卷）、又续集五卷，明清间诗人方文嵞山（1612—1669）撰。1979年上海古籍出版社据北京图书馆藏康熙二十八年（1689）原刻本影印，线装本八册，平装本三册。

方文原名孔文，字尔止，号嵞山，又名一耒，字明农，系出安徽桐城望族。[1] 父大铉，以进士出为户部主事，立气节，能文章。[2] 其宗族亲属之得高第于明季者，五十年间，尚有七人，见下节。文生七岁而父殁京邸。母王氏，年二十余，苦节

---

1 方文，《清史》及《清史稿》均不为立传。其传记资料散见：卓尔堪：《明遗民诗》（北京：中华书局，1961）卷七，页255；阙名朝鲜人：《皇明遗民传》（北平：北京大学，1936）卷三，页83下；孙静庵：《明遗民录》（杭州：浙江古籍出版社，1985），页259；李桓：《国朝耆献类征初编》（光绪十年刻本）卷四七三，页12上及同卷"补录"；王士禛：《感旧集》（乾隆十七年刻本）卷七，页5上；陈衍：《感旧集小传拾遗》（《石遗室丛书》本）卷三，页1上；马其昶：《桐城耆旧传》（合肥：黄山书社，1990），页266；金天翮：《皖志列传稿》（1936年铅印本）卷二，页122。近人邓之诚所撰小传，最为详确，见《清诗纪事初编》（北京：中华书局，1957），页120。
2 大铉传见《桐城耆旧传》，页102；方于谷：《桐城方氏诗辑》（嘉庆间刻本）卷四十一，页1上；《续修桐城县志》（道光十四年刻本）卷十二，页12下。

鞠养。文年少有才名,与复社、几社诸君子相厚善。然不乐仕进,而专注于诗。牧斋(1582—1664)尝序其集,复与孙枝蔚(1620—1687)、姚佺合刻《三家诗》。王士禛(1634—1711)深赏其"乌衣巷口多芳草,明日重过是早春",以为名句。[1]陈维崧(1625—1682)至称其诗"字字精工费剪裁,篇篇陶冶极悲哀"[2]。是则文之工诗,当时已获好评。

夫文之于诗也,独好彭泽、少陵、香山。以三人皆生壬子年,而己亦以壬子生,乃请人作《壬子诗人图》。图中三人环坐,而文立侍焉。又遍征题咏,有"壬子同年作者同,陶公杜公与白公"[3]之句。故其诗格淡朴直至,亦自有因。论者至谓其所作淡不可及,绝类震川文章,所称"有明著作最权奇,熙甫文章尔止诗"[4]是也。凡此皆盦山文学成就不破之论也。

余读《盦山集》,每致意其诗中所及之人物与实事,盖于梨洲"以诗证史"之说有深契焉。[5]审集中诸作,皆按体编年,其创作之年月,明白可睹。尤其赠答唱酬之什,则必序其交情之新故,一字不肯虚设。凡所交游,亦一一录其姓名氏履于诗题

---

1 《清诗纪事初编》,页120。
2 《盦山续集》陈维崧题词。
3 《盦山续集》钱陆灿题词。
4 此文同里人潘江语也,见《跋盦山续集后》,附《余杭游草》后。
5 梨洲"以诗证史"说,见《南雷文定》前集卷一《万履安诗序》:
　　今之称杜诗者,以为诗史,亦信然矣。然注杜者,但见以史证诗,未闻以诗补史之阙。虽曰诗史,史固无借乎诗也。(《四部备要》本,页8下)
近代学人以诗证史,殆以邓之诚及陈寅恪二氏所得之成就为最大。见前引《清诗纪事初编》及汪荣祖《陈寅恪评传》(南昌:百花洲文艺出版社,1991)第八章"诗史互证"。又参余英时:《陈寅恪晚年诗文释证——兼论他的学术精神和晚年心境》(台北:时报出版公司,1984)。

中，间辅自注。考之同时作者，殆鲜此例。则以为文之处心积虑，有意于以诗存史者，可推见矣。兹篇之作，意在斯乎？

《螡山集》中所及之人与事，自以述及其本人并其亲族子姓于明亡后之境况者最堪注目。按文为明季诸生，满清入关后，即弃举业，以遗民自居。每值三月十九日崇祯忌辰，皆有诗以悼念先帝。集中另有《孝陵棉》《广陵观剧》等作，亦俱见其恋恋于故明之心。[1] 然文究为一介书生耳，既舍科举仕进之途，则所以存身者，在橐笔游食于公卿之门而已。集中纪自清人定鼎，至文之殁，二十五载之间，其岁岁出游，足迹遍燕蓟、齐鲁、浙赣。而文之游也，上自阁老，下至县吏，皆出于干谒，非浪游也，而当时为其解衣推食之公卿大夫，则又皆其向时神交数十年而情志不渝者，则文之境况可知也。

若文之亲属子姓，入清之后，则有仕有隐；有秉节忠义之遗民，亦有奋屈身仕清之贰臣。甚且一门之中，有逐逐然奔竞于清室之科场者，亦有参与密谋复明之运动者。凡此皆可考见于《螡山集》中。

夫朱明遗民于清初之行检，素为史家所重视；而于桐城方

---

[1] 《孝陵棉》诗见《螡山集》卷十二，页 18 上。诗小序云："金陵市上有贾木棉者，大书'孝陵卫棉'四字于门。予见而悲之，因成一绝。"《广陵观剧》诗见《续集》卷五，页 5 上。诗小序云：
　　广陵一贵家宴客，伶人呈剧目，首坐者点万年欢。予大呼曰："不可！岂有使祖宗立于堂下而我辈坐观者乎？"主人重违客意，予即奋袖而起曰："吾宁先去，留此一线于天地间。"王贻上拊几曰："壮哉！遗民也。"遂改他剧。

氏之研究，近二十年来，亦已寖成国际间之显学。[1]然似皆侧重于其族人之学术思想与名节，而于此一宗族群体为全面之探究，似尚未及留意。兹篇之作也，盖欲借《嵞山》一集，参以地方志乘，就方氏族人在清初之行实，作初步之分析。清初云者，本篇止以康熙八年（1669），即方文身故之年为下限。若此后方族子弟科宦之业迹，虽班班可考，固非斯篇之所及也。

一、方文先世之荣显及其家风

明嘉靖（1522—1566）年间，方文祖父学渐（1540—1616）曾纂方氏族谱[2]，今已不可得。查日人多贺秋五郎所辑《宗谱的研究》一书[3]，亦不列桐城方氏谱。兹据地方志乘，及近人著述[4]，考知方氏始由宋末德益公自贵池之迁桐城，历蒙元一代，颇有仕迹，至明初方法（1368—1402），得五世：

方德益——　方秀实　——　方谦——方丹——方法
（彰德主簿）　（望亭巡检）（宣抚使）

---

[1] 余英时《方以智晚节考》（香港：新亚研究所，1972）；Willard J. Peterson, Bitter Gourd, Fang I' Chih and the Impetus for Intellectual Change (Yale University Press, 1979); Hilary J. Beattie, Land and Lineage in China: A Study of T'ung-ch'eng County, Anhui, in the Ming and Ch'ing Dynasties (Cambridge University Press, 1997)；任道斌《方以智年谱》（合肥：安徽教育出版社，1983）。
[2] 《桐城耆旧传》,《方学渐传》,页101。
[3] 多贺秋五郎：《宗谱的研究》（东京：东洋文库，1960）。
[4] 主要根据《续修桐城县志》《桐城耆旧传》及 Beattie, Land and Lineage in China 诸书。

于《瀍山集》中方文之述其先祖也，则仅溯及方法。法以前之四世，皆略而不言。此固由法之先世有仕于蒙元异族者，遂为之讳，亦由方法死靖难之役，其事有足以振奋其族人者。考法出生之年，适为明洪武元年（1368）。是则方文以其族与朱明之肇始同于一时，而明前之世系，隐而不谈者，固不能无微意存焉。

法字伯通[1]，《瀍山集》中所累及之"断事公"也。生逾所而孤。时天下初定，人竞戎马。法之母程氏以纺织所得，督子就学。法以建文元年（1399）举于乡，其座师为方孝孺（1357—1402）。孝孺字希直，死靖难之役，其事甚烈。[2] 法以举人获授四川指挥使司断事，止一掌刑狱之小官吏耳。其座师既死建文之难，法亦投江自尽。此即累见于《瀍山集》中之断事公沉渊一事也。

法既为桐城方氏之始祖，亦出仕于朱明之第一人。自此至明末，方门子弟累以科名仕第，荣显于世。所谓"江东华胄推第一，方氏簪缨盛无匹"[3]，为世人津津所乐道。

朱明一代，方氏族人得进士者十人，举人三，生员六。一也。其族科名之盛，肇始于方懋诸子之连袂得第于天顺

---

1 方法，见《明史》（北京：中华书局，1974）卷一四一，《方孝孺》传附。其他资料，见《桐城方氏诗辑》卷二；《桐城耆旧传》卷一；童树桐：《桐城文物志》（桐城：桐城县文化局，1988），页 43—44。
2 方孝孺，见 F. W. Mote, "Fang Hsiao-ju," in *Dictionary of Ming Biography, 1368–1644*, edited by L. Carrington Goodrich and Chaoying Fang (Columbia University Press, 1976), pp. 426–433。
3 周茂源：《静鹤堂集》卷二。原书未见，此诗转引自李兴盛等整理之《方拱乾诗集》（哈尔滨：黑龙江教育出版社，1992）之《前言》。

（1457—1464）至成化之间（1465—1487），而以晚明为巅峰。计自万历十四年（1586），至崇祯十三年（1640），凡得进士八人，而又皆出方懋一门。二也。懋字自勉[1]，雄于资，善治产。当永乐末，历洪熙、宣德、正统四朝，以布衣任侠闻于乡里。生子五人，有"五龙"之目。其长子琳、四子瑜、幼子瓘之后人，独荣冠于一时。方文及其从子以智（1611—1671），即同出于琳之一房。而《崟山集》中所及之方门子弟，亦以出此三房者为多。三也。

至方氏族人之仕迹，殆亦有堪措意者。其居官于京师者，有至太仆少卿、大理少卿、佥都御史；其为外朝之职者，则自巡抚至知县不等。皆以廉正勤劳著称。京官之中，有"方氏累世御史著声"之论，地方官吏之中，亦有"清节盖世，作吏治勤"之评。[2] 凡此皆累累见载于地方志乘，无待详言。

若方门之以学术著称于时者，则首有学渐之讲宋儒性命理气之学。学渐字达卿，号本庵，学者称明善先生。[3] 万历间明经，不仕，而从游于顾宪成（1550—1612）、吕坤（1536—1618）、冯从吾（1556—1627）、高攀龙（1562—1626）等大儒，主江南坛席者垂二十年。著《易蠡》《性善绎》《心学宗》《桐彝迩训》《桐川语》诸书，发扬朱子学术，有声于时。达卿子孙如孔炤（1591—1655）、以智，其学术之成就，则近人已多有论述。其族人之以诗歌名者，方文以外，别有方拱乾（1596—1666）、方

---

1 《方懋传》，见《桐城耆旧传》，页14。
2 《续修桐城县志》卷十二、十三所收方氏族人诸传。
3 同上。另参蒋元卿：《皖人书录》（合肥：黄山书社，1989），页125—126。

其义（1619—1649）及方授（1627—1653），皆于明末清初诗坛占一席位。[1]是方族于朱明之世，既以科第、仕宦与学术荣显于世，则其族人教忠孝、讲节义，亦理之所当然。今方氏之家乘既不可得，幸赖《盦山》一集，于其祖德家风，反复致意。数百年后，犹得借以稍窥其族传家之礼义焉。

观方氏言忠，必举其族祖法为典范。《盦山集》卷一《小孤山诗》，小序述法以身殉建文事颇详：

> 我祖断事公，讳法，字伯通。建文朝举于乡，授四川按察司断事。靖难兵取南京，天下藩臬官皆有贺表。公不肯与名，被逮。至望江，给守者曰："此吾父母邦也，幸宽我械，容治酒北向而拜，以尽人子之思。"守者许之。于是衣冠立船首拜。拜毕，跃入江而死。妣郑孺人，会赦归。苦节四十年，怀其爪发，葬于东龙瞑山。今戊子七月，八世孙文自楚归，过望江，歔欷凭吊，求我祖所沉之处不可得。因见小孤危峰崒嵂，莫可攀跻。忠义之魂，当萃于此。故作《小孤山诗》。[2]

---

[1]《桐城方氏诗辑》凡六十七卷，收自方法至嘉庆间方氏族人诗一百三十家。明清诗之选集，如朱彝尊《明诗综》及徐世昌《晚晴簃诗汇》，均收方氏族人诗不鲜。

[2] 前引1988年出版之《桐城文物志》称方法墓在桐城县西北九公里之龙眠乡双河村（页41）。又《桐城方氏诗辑》卷一收方法诗四首。其中《绝命辞》二首云：
> 休嗟臣被逮，是报主恩时。不草归降表，聊吟绝命辞。身当殉国难，死岂论官卑？千载波涛里，无惭正学师。（其一）
> 闻到望江县，知为故国滨。衣冠拜邱垅，爪发寄家人。魂定从高帝，心将愧叛臣。相知当贺我，不用泪沾巾。（其二）

257

诗称"我孟山遗民,嗣君举乡试。厥师即正学,风节夙相励",记方法出方孝孺门。文从兄孔炤有《谒方正学先生祠》诗云:"断事只今依俎豆,吾家书种托门墙。"[1] 知其时方法得从祀于孝孺祠堂。祠在南京。崇祯九年(1636),孔炤子以智亦尝往拜之,并有《木末亭拜正学先生》一诗。[2] 皆见方氏族人于晚明之崇励忠节,实出于家风有自。

《小孤山诗》系戊子年(顺治五年[1648])。时清室初立,而方文族人乃竟有纷纷应试出仕,屈节以仕二姓,置忠义于罔顾罔闻。文抚今追昔,感慨系之。故诗末有"嗟哉逊国时,风尚惟名义。真人本同出,门内相吞噬。臣仆非二姓,九死犹未悔。……我祖设在今,悲愤复何似"之语。卷二《噉椒堂诗》,亦叹息家风之败坏:

吾乡风俗偷,所志在青紫。科名争相炫,利禄互相侈。譬如井中蛙,窥天不盈咫。

于其子侄辈,则仍谆谆以忠义相劝教:"我祖昔沉渊,家风八代传(自注:先断事公殉建文之难)。"又云:"愿尔厚自爱,明

---

1 诗见朱彝尊:《明诗综》(台北:世界书局影印康熙刻本,1970)卷六十一,页4下。又见《桐城方氏诗辑》卷二《环中堂集》:
　　钟陵松柏对苍苍,近代南山祀太常。宁可纸灰埋十族,不将志铭属三杨。氎缁江上何人在?编素军前独发丧。断事只今依俎豆,吾家书种托门墙(先五世祖讳法,洪武己卯出正学先生门。闻靖难投江,今补祀表忠祠)。
2 密之诗见任著《年谱》,系"明崇祯九年丙子一六三六,二十六岁":
　　松荫遗像泪纵横,日对钟山晚雾平。十族可怜亡姓氏,三杨终不是功名。遥看江畔烽烟色,应厌亭旁歌舞声。此地竟无能拜者,六朝风俗坏书生。(页76)

德永相辅。此意知者谁？惟我断事祖。"[1] 知方族以忠义传家，实始方法。

《崧山集》卷三有《启一子建作连理图赠予，赋此答之》七古一首。所谓《连理图》，事涉文祖父学渐，为方族孝友之典范也。

方族子弟之以科第荣显于晚明者，多出学渐一支。学渐虽未得高第，然讲学之余，多有述作；其学术成就亦有足观，已见前述。然《崧山集》独弘扬学渐躬行兄友弟恭一事。盖学渐幼贫，以文名为富家赵锐所赏识。既妻以女，复资以财。殆岳丈既卒，学渐尽得其家财，悉取以奉其兄。以孝友笃行，致其白沙岭居处，庭树有连理之祥[2]，称"连理堂"。方文于崇祯十一年（1638）重访此堂，有诗纪其事云：

> 於戏我祖明善真大贤，白沙旧有桑麻田。迎兄伯氏居其间，至性笃挚情缠绵。茅屋春回读书处，诞生二木庭阶前。左枫右杞本异质，一朝合抱相勾连。君子谓是孝德之所致，小人谓是富贵福泽之几焉。……今年与我重过白沙岭，栖息连理亭之偏。仰思二木发祥日，到今七十有九年。……於戏我祖明善真大贤，我曹子孙其勉旃。

《崧山集》中亦盛道方族妇女之贞烈。卷三有《老姑行为姚姊夫人七十寿》，系甲午年（顺治十一年 [1654]）起句云：

---

1 《崧山集》卷四，页20上；卷一，页23下。
2 事详《桐城耆旧传》卷一及《桐城方氏诗辑》卷一之《方学渐传》。

吾家先世有老姑，髫年未嫁亡其夫。竟以处子终漆室，寿介八旬贞不渝。

此守贞不渝之"老姑"，即方法之女川贞。因生于法任四川断事时，故名焉。川贞幼许盛氏，未笄而盛氏殁，终身守志。事详《桐城耆旧传》卷十二。文诗续云：

三百年间风未坠，姚吴二姊能相继。二姊十七守贞同，次第皆登七十岁。

姚姊名维仪（1585—1668）[1]，字仲贤，学渐女孙。父大镇，乃文之伯父。故维仪实文之从姊。维仪适同邑姚孙棨，年十七而寡。维仪请归母家，守志清芬阁。逮其六十岁时，文亦有诗寿之。《盦山集》卷四《寿姊氏姚夫人六十》四首，系癸未年（崇祯十六年[1643]）。第二首有句云：

簪笏夫家贵，河山嫂氏贤（自注：姊夫二弟皆成进士，而事其嫂如母）。

维仪夫之二弟，一名孙榘，天启三年（1623）进士；一名孙棐，崇祯十三年（1640）进士。是方族姻于阀阅之家之一例也。

吴姊名维则，字抚从，亦学渐女孙。出大铉，则文之胞姊

---

[1] 维仪传附方大镇传后，见《桐城方氏诗辑》卷一。

也。[1] 维则年十四适同邑儒生吴绍忠，十六而寡。一子复殇，遂矢志靡他，孀居守志七十年。

维仪长姊孟式（1582—1639），字如曜[2]，适同邑张秉文（1585—1639）。秉文为山东布政使，崇祯十二年（1639），清兵陷济南，秉文以身殉，孟式亦随夫死难。《鲁游草》有《大明湖歌》长诗一首，述孟式死事甚详。[3]

张秉文，字含之，号锺阳。[4]万历三十八年（1610）进士。殉城后，获谥"忠节"。《衁山集》卷三《题张方伯忠节卷》（诗系己卯，崇祯十二年[1639]），亦及秉文夫妇死事。[5]

张氏亦明清间桐城一望族，秉文弟秉贞（1608—1655），崇祯四年（1631）进士，官至浙江巡抚。[6]入清仕至兵部尚书。另一弟秉彝（1593—1667），有子英（1638—1708），则康熙朝一炙手可热之大吏也。

维仪、维则及孟式，时称"方门三节妇"，皆《列女传》之

---

1 维则传见《桐城方氏诗辑》卷四十一《方大铉附传》。
2 孟式死事，见其夫张秉文《明史》本传，卷二九一，页7468—7469。又见《桐城方氏诗辑》卷一《方大镇附传》。
3 《大明湖歌》述孟式随夫死难事极惨烈：
　　己卯元旦城竟破，公中一矢身先殂。吾姊闻难且不哭，立召二妾来咨谋。爷为大臣我命妇，一死以外无他图。嗟汝二姬备有子，长儿虽幼幼儿俱。于义犹可以缓死，抱儿且住民家道。小妇抗言吾弗活，愿与母氏同捐躯。两人缝纫其衣带，欣然奋身投此湖。
4 张秉文，《明史》入《忠义传》卷二九一。又见《桐城耆旧传》卷六。
5 文此诗有云：
　　济南名郡古侯国，一朝摧破如等闲。是时方伯张公立城上，战守无兵复无饷。矢将一死殉孤城，颈血虽流气犹壮。其配淑人乃吾姊，高楼晏坐闻夫死。盛服明妆出后园，顾盼从容赴湖水。
6 张秉真传，见《续修桐城县志》卷十二，页22下。张英传，见 Eminent Chinese of the Ch'ing Period, edited by Arthur Hummel (Washington D. C., 1943), pp. 64-65。

人物，又皆能诗。维仪有《清芬阁集》，维则有《茂松阁集》，孟式有《纫兰阁集》，均有声于时。[1] 今于三人之诗，各举其一，以见方氏闺门诗学之成就，亦非泛泛。维仪《死别离》诗云：

> 昔闻生别离，不言死别离。无论死与生，我身独当之。北风吹枯桑，日夜为我悲。上视苍浪天，下无黄口儿。人生不如死，父母泣相持。黄鸟各东西，秋草亦参差。余生何所为？余死何所为？白日有如此，我心当自知。[2]

维则《寄弟尔止客白下》诗云：

> 石子冈前野草花，白门疏雨又啼鸦。征帆一片随流水，故国千山急暮笳。严武有时容杜甫，鲁连何处却田巴？宾鸿寥落双鱼杳，纵拟归来鬓已华。[3]

孟式《览镜》诗云：

> 我有一片铜，不令红尘黯。相对寸心清，何事容光减？[4]

---

[1] 《皖人书录》，页89—90。
[2] 《桐城方氏诗辑》卷一，页9上。
[3] 《桐城方氏诗辑》卷四十一，页3上
[4] 《桐城方氏诗辑》卷一，页8下。

二、清初方氏族人之仕隐殊途

上节备述桐城方氏，外以科第仕宦学术，荣显于世，内以忠孝节义，传其家风。及明清易代之际，科第仕宦之荣显，与乎忠孝节义之家风，乃转而不可两兼。而方氏族人中，舍忠义而图荣显者，其人实繁。《嵞山集》中所收与其族人赠答诸什，于其人其事，皆不讳言。

《北游草》有《从兄坦庵詹事有赠谢之》五律二首，系戊戌年（顺治十五年 [1658]）。坦庵，方拱乾之号也。坦庵父大美，与方文之父大铉为从兄弟。坦庵为崇祯元年（1628）进士[1]，累官翰林院编修、詹事府少府。清顺治十一年（1654），得马国柱（？—1664）、冯铨（1595—1672）之荐，以望六之龄，入京任翰林院侍讲。历二年获复其前明詹事府原官。故坦庵实一典型之贰臣，亦方氏族人于清初居官职位之最高者。

坦庵一门六子，皆得第于清初（详后）。然坦庵之贰臣生涯，却殊不顺遂。方文诗成之同年，坦庵即因其子章钺身涉丁酉南闱科场案，连累全家被放流宁古塔。[2]三年后获赦归，定居扬州。《续集》卷四有《从兄坦庵先生招饮寓斋看菊率成二首》，系癸卯年（康熙二年 [1663]）。诗中有"此邦虽好儿孙远，归去青溪明月湾"句，文自注云："兄客邗沟，而子侄皆家白门，故欲其归也。"然

---

1 方拱乾传，见《桐城方氏诗辑》卷六十；《续修桐城县志》卷十二，页 23 上；《皖人书录》，页 121；《方拱乾诗集·前言》。
2 丁酉科场案参谢国桢：《清初东北流人考》，收入氏著《明末清初的学风》（北京：人民出版社，1982），页 116—130。

坦庵终莫得归，于康熙五年（1666）客死扬州，得年七十一。

《鑫山集》卷七《送五兄尔唯令粤东》，系己丑年（顺治六年[1649]）卷八《五兄尔唯自粤东归寄此》，系癸巳年（顺治十年[1653]）。此两题所及之"五兄尔唯"，号凝斋，即方孔一也。孔一出大铉，乃文之胞兄。《续修桐城县志·选举志》载孔一于顺治三年（1646）应试，成恩贡生。六年（1649），授广东清远知县。[1]为方门子弟仕清之另一人。

卷九《寿五兄凝斋六十》，诗系甲午年（顺治十一年[1654]）；《续集》卷四《寄怀五兄凝斋七十》诗，系甲辰年（康熙三年[1664]），知尔唯生万历二十三年（1595）。顺治三年（1646）为清室首次开科取士，尔唯汲汲应试，年已五十二。再三年始筮仕清远，则已五十五岁矣。尔唯年迈应试出仕，文之诗中，亦数数及之。《送五兄尔唯令粤东》诗结句云："却笑少游生计拙，荒村独驭短辕车。"及尔唯自粤东归，则寄诗中有云：

故园松竹未荒芜，底事从军瘴海隅？要领得全犹庆幸，资装虽薄勿嗟吁。早知披发无仙吏，悔不横经作腐儒。微禄岂应妻子饱，也教舅弟润斯须。

其《寿五兄凝斋六十》诗中亦有句云：

始悔从前过岭误，折腰翻拜少年人。

---

1 《桐城方氏诗辑》卷四十一；《皖人书录》，页88。

则尔唯于先前之出仕，又知其有悔矣。方文从兄之仕清者，尚有二人。《嵞山集》卷九有《饮从兄摺公民部》一律，系乙未年（顺治十二年 [1655]）。诗起句云，"尺书传自广陵秋"，知摺公时在扬州。此一人也。卷十有《金陵留别从兄绣山计部》，系丁酉年（顺治十四年 [1657]），知绣山时在南京。"民部"及"计部"皆六部中户部之俗称[1]，为京官。而摺公、绣山，一居扬州，一在金陵，知二人服官皆在诗成之前。二人之名字及支系待考。

方文从子之应试出仕于清初者，除前及坦庵之六子外，尚有三人。《北游草》有《入都访兄子子诒中翰》《古藤歌为兄子子诒比部作》及《闻从子蛟峰补济宁兵宪寄此》三题，皆系戊戌年（顺治十五年 [1658]）。子诒，名兆及，号蛟峰。父仲嘉，为文从兄。[2] 仲嘉父大钦，与文父大铉，同出学渐。

子诒为顺治八年（1651）优贡，十年（1653）成举人，获授内阁中书秘书。文于十五年入京，访子诒于其僦居于前门之官舍，先有《入都》诗云：

蹇驴破帽入京华，将到前门问尔家。官舍萧寒如野寺，古藤盘错对秋花。

后又作《古藤歌》，述子诒居京之情状有云：

---

1 本文所及官职之俗称，皆参考 Charles Hacker, *A Dictionary of Official Titles in Imperial China* (Stanford University Press, 1985)。
2 方兆及传见《桐城方氏诗辑》卷四十四，页 1 上；《续修桐城县志》卷十二，页 24 下；《皖人书录》，页 102。

吾家郎官僦此居，藤轩半间长读书。客来便与饮藤下，凉风习习吹人裾。独怜旅舍难久住，三年又欲迁官去。京师都无一可恋，所不能忘惟此树。

时子诒方获补济宁兵宪，文以诗贺之，有句云：

旅食京华方十暑，栖迟郎署亦三霜。无炊每日从邻借，有酒随时唤客尝。

则子诒居京已十载；郎署浮沉，亦已三年。几历艰辛，始难迁官。

文是年在京，又得晤其另一服官之从子子唯。《北游草》有《炎风行留别兄子子唯》，述二人相见情状云：

路傍倏与尔相见。握手欷歔尘满面。因访天坛道院中，短檐局促如旅店。

续又述子唯在京居卑官事：

风景萧条忧患逼，一官鸡肋未能抛。五月驱车入京国，屈指分携十四年。

考《盋山集》卷一有《寄怀从子子唯》一律，题下自注云："前中丞孩未先生第三子也。"孩未为方震孺（1585—1645），万历四十一年（1613）进士。[1]震孺一系，时已迁离桐城，移家寿州，然其子弟与桐城本支，仍往来密切。明亡之前，子唯即尝与文同受学于方孔炤。文有《从子子唯园中作》一诗纪其事：

文园西敞凤台隅，夏木阴森几百株。勿使衡门延俗客，每将疑义问潜夫。雨中莲叶鱼相戏，月下槐阴鹤自呼。不有王家痴叔在，何人来衍伏羲图？[2]

潜夫为孔炤字。"不有王家痴叔在，何人来衍伏羲图"，知潜夫当日以《易》授文及子唯（文另有"中丞晚学易"句[3]，可为佐证）。此诗系癸未年（崇祯十六年[1643]），下距二人在京见面，恰为十四年，故《炎风行》中云"屈指分携十四年"。然文固尝劝子唯勿仕，前及《寄怀从子子唯》诗结句云：

即使浮沉勿轻仕，先公昭代大名臣。

然子唯终亦出仕，遂使叔侄仕隐殊途。《续集》卷四有《喜从子还青少府见访》一题。还青为方畿别号，字奕于。[4]"少府"者，推官之俗称。考《续修桐城县志·选举志》列奕于为顺治

---

[1] 方震孺传，见《明史》卷二四八。
[2] 《鑫山集》卷六，页14下。
[3] 《续集》卷一，页13上，《为从兄绣山六十寿》有句云："中丞晚学易，爻象窥元始。世乱隐空山，憔悴不复起。"
[4] 方畿传见《桐城方氏诗辑》卷六十二，页1上；《续修桐城县志》卷七十二，页26上；《皖人书录》，页91。

五年（1648）优贡，授陕西汉中同知；而文诗云：

> 筮仕无端去极边，关西佐郡已三年。

诗系癸卯年（康熙二年[1663]），则奕于佐郡汉中，为顺治末年事。又《盦山集》卷四有《从子奕于初度》二律，乃文贺奕于四十生日而作，系辛巳年（崇祯十四年[1641]），知奕于生万历三十年（1602），长文十岁。

奕于应试前两年，文有诗纪二人文酒之会，题《人日归里饮从子奕于家》[1]，系丙戌年（顺治三年[1646]）。时国变未久，世乱孔亟，诗中以叔侄偕隐相期：

> 春溪归桨自勾吴，闾里相逢酒易呼。满地豺狼人日少，连天烽火客星孤。耕耘共指龙眠坂，渔钓还思莺脰湖。南北山川随所隐，莫将萝薜傲菰蒲。

然奕于终亦出仕。其佐郡关西，既在顺治之末，则当已及望六之龄矣。而汉中极边，地至贫苦，官职亦复卑微，故奕于宦囊羞涩，文之诗中亦尝及之：

> 程书只是多吟卷，饮水何曾问俸钱。家转贫于未选日，老仍归种故山田。等闲不肯游城市，高卧杨湾意迥然（自

---

[1] 《盦山集》卷六，页23下。

注：还青官后甚贫窘，杨湾乃还青旧居，今重事南亩也）。[1]

以上述方氏族人之仕清者，皆据《盨山集》，已得七人。其中文之族兄四人。从子三人。而七人之出仕，又皆在顺治一朝。若参以县志所载，则方门子弟之应试出仕于清初者，又不止此数矣。兹据《选举志》所列，以顺治一朝为限，成"方氏族人清初得第年表"如下：

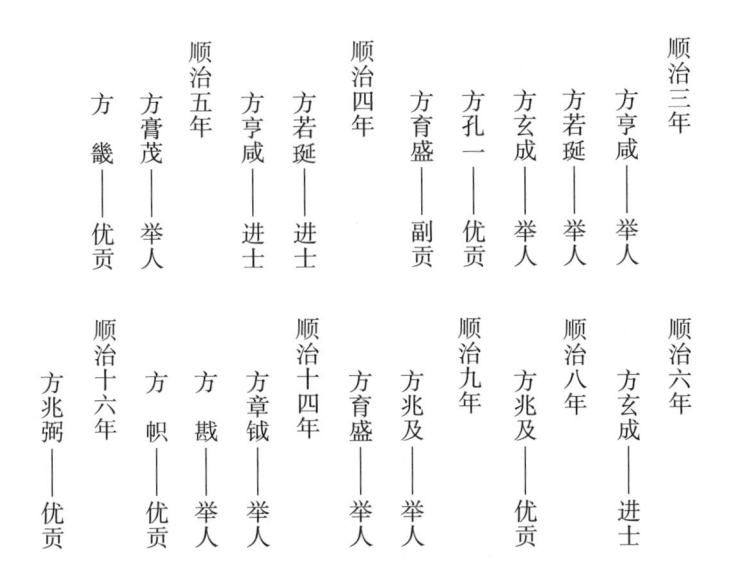

顺治三年　方亨咸——举人

　　　　　方亨咸——举人
　　　　　方若珽——举人
　　　　　方玄成——举人

顺治四年　方孔一——优贡
　　　　　方育盛——副贡

顺治五年　方若珽——进士
　　　　　方亨咸——举人
　　　　　方膏茂——举人
　　　　　方畿——优贡

顺治六年　方玄成——进士

顺治八年　方兆及——优贡

顺治九年　方兆及——举人

顺治十四年　方育盛——举人
　　　　　　方章钺——举人
　　　　　　方戡——举人
　　　　　　方帜——优贡

顺治十六年　方兆弼——优贡

方门子弟之应试出仕于清初者，合《盨山集》与县志所见载，去其重复，实得十人。夷考此十五人于族中之支系所属，则见方大美一房，独占十五人之半有余。今将此房族人在明末

---

[1]《续集》卷四，页7下。

清初之科第列表如下：

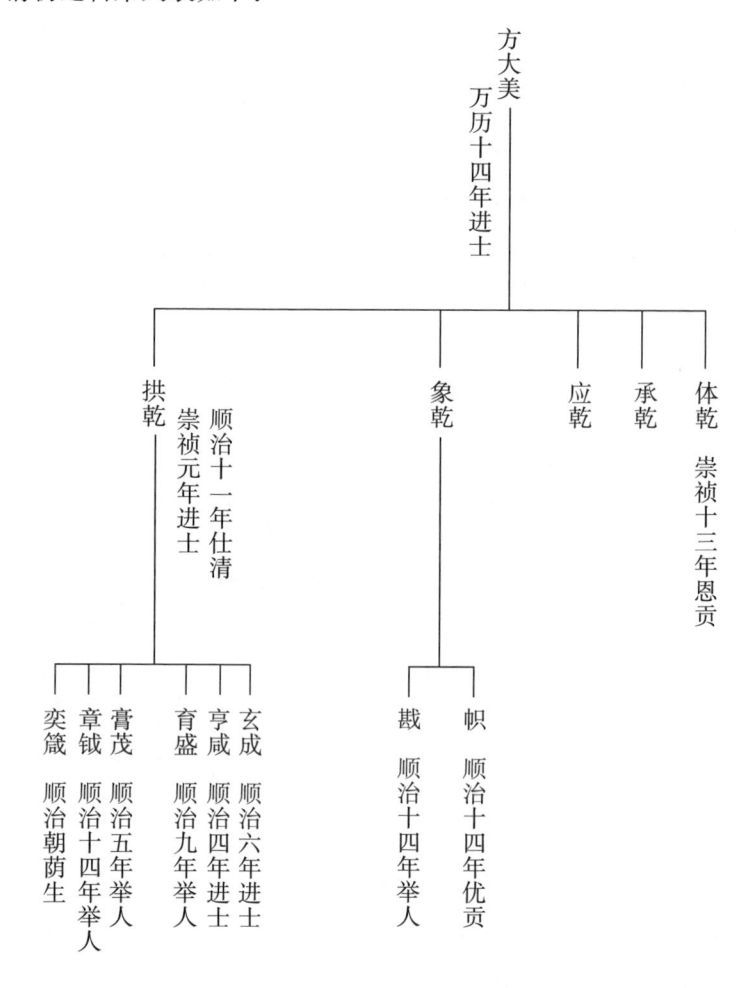

```
                        方大美
                     万历十四年进士
        ┌──────────┬──────┬──────┬──────┐
       拱乾        象乾    应乾   承乾   体乾
    顺治十一年仕清                      崇祯十三年恩贡
    崇祯元年进士
  ┌──┬──┬──┬──┬──┐        ┌───┬───┐
 奕  章  膏  育  亨  玄       戬       帜
 箴  钺  茂  盛  咸  成    顺治十四   顺治十四
 顺  顺  顺  顺  顺  顺     年举人     年优贡
 治  治  治  治  治  治
 朝  十  五  九  四  六
 荫  四  年  年  年  年
 生  年  举  进  举  进
    举  人  士  人  士
    人
```

据上表所列，知大美与子拱乾，皆前明进士。二人分别官至太仆少卿及詹事府詹事。[1] 一门恩遇，不可谓不隆，然其子孙之仕清者乃独多。拱乾既甘为贰臣矣，复驱使其子应清室科举。

---

1 方大美传见《桐城方氏诗辑》卷五十九；《续修桐城县志》；《桐城耆旧传》卷四。

六子之中，进士二人、举人三、荫生一。而顺治三年（1646）清室取士之第一科，拱乾即有两子同时中举，另一子得贡生。大美另一子象乾之所出二人，亦连袂得第。方族子弟之奔竞仕宦，独以此房为甚，可自明矣。

大美一房于清初科第之热衷，其事尚有极怪异者，则拱乾之兄应乾逼迫其子应试，以至父子反目一事也。其事关涉父子间忠义之净，极不寻常，又为世之论遗民子弟出仕所未及，故不避繁琐，表而出之。

应乾为大美第四子，号水厓，为前明恩贡。[1] 考拱乾《何陋居集》有《得水厓四兄手书》诗[2]，第三首自注云："兄以去年七十。"诗系庚子年（顺治十七年[1660]），知应乾生万历十八年（1590）。甲申之变时，年已五十五。

应乾有子名授（1627—1653），字子留，一字季子。[3] 应乾为方文从兄，故文称子留从子。叔侄二人交情甚笃。文自号明农，子留亦取号明圃；故文怀子留诗有云："平生慕明农，自号为明圃。农圃本同心，夙期在千古。"[4] 而二人所"夙期"于千古者，在不应试、不仕异姓一事也。

甲申后一年，文有《舟次赠从子子留》二律[5]，其第一首借始祖方法殉建文事，以忠义相期勉：

---

1 方应乾传见《桐城耆旧传》卷四《方大美传附》。
2 《方拱乾诗集》，页174。
3 方授传记资料见钱仲联：《清诗纪事》（南京：江苏古籍出版社，1987），页1060；《桐城方氏诗辑》卷六十一，页1上；《续修桐城县志》卷十五，页3上；《皖人书录》，页120。
4 《嵞山集》卷一，页22下。
5 《嵞山集》卷四，页20上。

> 我祖昔沉渊，家风八代传（自注：先断事公殉建文之难）。余生宁毁节，至性且逃禅。鞑靼人争喜，章缝尔自怜。同心有痴叔，期不愧前贤。

第二联用"鞑靼"二字，指北狄别种女真，可谓昌言无忌，而竟得逃越清初文网，亦可异也。

子留为父逼迫应试于清室一事，《盋山集》卷七之《寄从子明圖》一诗（系丁亥年，即顺治四年[1647]），已稍露端倪；此诗明言子留与其父执辈对明亡一事，意见分歧：

> 桥山龙去普天悲，怪尔家庭论独奇。不信陈咸为孝子，只言张垍是佳儿。茅檐困辱终成疾，蓬海翱翔莫更迟。江上小舟相待久，宵征须趁月明时。

此诗有当为注释者。盖桥山，相传为黄帝所葬也。诗首句借以寓崇祯煤山之难。颈联"不信陈咸为孝子，只言张垍是佳儿"，盖衍前句"怪尔家庭论独奇"者也，有深意焉。陈咸为西汉末尚书。王莽篡位，召咸复官，谢病不应，且悉令其子辞官归里，事详《后汉书》。[1] 张垍为唐玄宗驸马。父张说秉朝政，兄均亦为舍人。一门荣盛，冠于时人。及安禄山作乱，张垍竟背唐仕禄山，事详《新唐书》本传。[2] 文诗借陈咸、张垍故事，暗讽子留父辈之颠倒是非，其意甚明。

---

[1] 《后汉书》（北京：中华书局，1973）卷四十六，《陈宠》传，页1547—1548。
[2] 《新唐书》（北京：中华书局，1975）卷一二五，《张垍》传，页4411—4412。

顺治三年（1646），叔侄相遇于南京。时拱乾诸子亨咸与玄成等适集其地，应乡试于南闱。乃道路传言，文与子留亦将预试。及二人相见，彼此释疑。于是拍肩挹袖，相视而笑，盖有莫逆于心者矣。当日之情状，文有《喜遇从子子留即送之宁波》诗纪之：

人言汝向南闱来，我闻惊绝还疑猜。至性如汝且不保，世人宁复可信哉。汝到南中非所志，或言予亦来应试。汝闻惊绝还疑猜，世间那得有此事。顷之作客武林城，道上相逢携手行。各言前日信疑状，秋阳皎洁浮云轻。

子留时经南京去宁波，盖投其外舅也。[1] 诗中亦及之：

问汝何之甬东去，外舅张公官少府。汝之外舅我故人，为我寄声道辛苦。四明山水天下殊，神君守此美且都。汝今游览得胜概，顾我落魄歧路隅。

及子留滞留浙东，逾年不归，文有诗怀之，则明言其父应乾志在簪裾，逼迫子留应试，为子留力拒，以至失欢于父。《盦山集》卷一《久不得子留消息》诗有云：

嗟尔有顽父，所志在簪裾。千秋万岁名，弃之如敝苴。

---

[1] 《盦山集》卷三，页10上。

用此尔失欢，不得归里间。

诗系戊子年（顺治五年 [1648]），与纪其先祖方法殉建文难之《小孤山诗》作于同一年。然则《小孤山诗》结句言方氏族人屈节仕清者，正指大美一房拱乾、应乾之子侄明矣：

> 嗟哉逊国时，风尚惟名义。真人本同出，门内相吞噬。臣仆非二姓，九死犹未悔。何况□□分，礼乐悉沦弃。我祖设在今，悲愤复何似？浩浩长江水，小孤山独异。巉岩如其人，灵爽此高寄。后死者谁子？祖风得无愧。

子留不久得病于浙东，文复有诗怀之。既叹息叔侄聚面无期，且重提方法死忠一事相勉：

> ……尔独抱至性，古柏缠秋霜。……平生慕明农，自号为明圃。农圃本同心，夙期在千古。所恨遭乱离，不得聚乡土。穷困既已嗟，况乃疾病苦。愿尔厚自爱，明德永相辅。此意知者谁？惟我断事祖。

诗系庚寅年（顺治七年 [1650]）。[1]

越二年，文与子留相见于皖南于湖。时子留已自浙东归，道经皖南，往南京依天界寺觉浪道盛（1592—1659）[2]，请为剃度。

---

[1]《嵞山集》卷一，《寄怀明圃子留》，页24下。
[2] 觉浪道盛传见《皇明遗民传》卷七，页163下；《明诗综》卷九十二，页27下。

《盦山集》卷八《喜明圃至即送其东行谒浪大师》二律，系壬辰年（顺治九年 [1652]），盖纪其事也：

> 昨夜山中梦义乌，今朝游子到于湖（自注：先时予梦一僧见访，问之，曰骆宾王也，殊不可解）。逃名也似栖灵鹫，避世宁终老宓荔。镜里雪霜头早白，望中日月眼双枯。虽然持钵非求食，自有摩尼五色珠。

> 明农明圃本同心，只合幽楼共一林。流水那堪分去住，诵诗谁与测高深。江边石路才相访，天界松阴又独寻。若见浪师应喜极，四年延伫到如今。

第一首所及之骆宾王，浙之义乌人也。唐武后时附徐敬业反，为敬业传檄天下，斥武后罪。武后读檄文至"一抔之土未干，六尺之孤安在？"为之矍然。事见《新唐书》本传。文以子留拟负才叛唐之宾王，岂能无因？子留答诗，虽未敢以宾王自许，终亦不能不欣然于其族叔之所期望也。子留诗云：

> 唐骆宾王高达夫，为言昨夜梦中俱。今朝恰喜逢游子，先哲深惭望腐儒。楚蜀总戎君自有，淮阳飞檄我全无。虽然才命生来薄，附骥还思骋壮图。[1]

---

[1] 子留答诗收入全祖望：《续甬上耆旧诗》（1918 年铅印本）卷五十八，页 8 上。

子留师事觉浪道盛，圆具天界寺，未及一载而卒。其死所不在南京之天界寺，而在浙东之象山。卷八《水崖哭明圃子留》十首（系癸巳年，即顺治十年[1653]）之第五首，有"复往象山真有数"句，可证：

前岁东游入四明，三秋卧病海边城。十歌痛绝判长逝，一息纤微喜再生（自注：子留丁亥游象山，几死，有《夜悲歌》十章）。复往象山真有数，欲朝龙舸竟无成。高人自古蹈东海，此日天南是帝京。

第八首亦云："何事频游东海郡？"可见为僧后之子留，俗缘未断，仍有浙东之游。子留之频仍浙东，究为何事？《鑫山集》未明言。今据全祖望（1705—1755）《续甬上耆旧诗》，乃知子留自顺治三年（1646）往返于皖中与浙东之间者再，实因其身预两地之抗清运动。其依觉浪前，且曾一度被捕下狱：

方隐君授，字子留，一字季子，南直隶桐城人。乙酉薙发，狂走方外。丁亥来鄞，求畸士友之未得，诧曰："是非邹鲁之邦耶？"或引见华（夏）、王（家勤）诸公，则大喜。因遍交诸义侠。已而五君子之祸作，先生本参其事，幸得漏网。顾反以度辽将军不与党人为恨，遂倾囊尽周诸人之急。戊子，五君子皆死，先生亦思其母，归省。时江北山寨正踞英霍。先生复豫之。捕入牢狱，尽破其家。壬辰，复来鄞，寓湖上。悒悒呕血，神气日削。陆春明兄弟思衷资为买田。令奉母来居鄞。时先生妇翁方同知宁波府事,或疑其因此而来,而不知非也。癸巳,先生自天门山游石浦,疾动,竟不起(原注:先生释名入宗)。[1]

所谓"五君子之祸",指顺治四年(1647)十二月浙东鄞县土人密请福建之钱肃乐部来攻鄞一事。创议者五人:华夏、王家勤、杨文琦、屠献宸、董德钦。故名。然事机不密,五人于翌年五月同时遭难。[2]其时子留适在浙东。及后子留归家省母,身预皖北英山、霍山地区之抗清运动[3],至身系囹圄,则尚未得旁证。惟其于顺治七年(1650)经于湖至南京访觉浪道盛,旋再往浙东,则又与《与盋山集》所载相符。然则子留于甲申之后,离家出走浙东,又频仍往复于皖中与浙东之间,果仅为消极逃避其父之逼迫应试,抑亦为积极参加抗清运动?此则非审度子留之心意不能解决也。

考文此时期赠子留诗,凡有涉满清政权者,皆以夷狄诋之,如前引之"鞑鞨人争喜,章缝尔自怜"、"臣仆非二姓,九死犹未悔"。其挽子留诗中一律,甚至称满清为"异类":

里门裘马日纷纷,鸾鹤宁同鸡鹜群?如以衣冠坐涂炭,不徒富贵等浮云。家人愚暗还相劝,异类腥臊孰忍闻?十

---

1 《续甬上耆旧诗》卷五十八,方授小传。
2 "五君子之祸",见柴德赓:《〈鲒埼亭集〉谢三宾考》,收入氏著《史学丛考》(北京:中华书局,1982);谢国桢:《南明史略》(上海:上海人民出版社,1957),第六章。
3 《南明史略》,第七章。

世国恩蒙者众，独将破衲报明君。

所谓"家人愚暗还相劝，异类腥臊孰忍闻？"，知子留与其父所争者，固非仅为应试之一事而已。一也。

复就目前尚存子留之极少数诗作中，亦可见其积极抗清之志。如"河山若不归尧禹，从此飘零到白头"[1]，又如"论心懒岂如明瓒，截指忠犹想霁云"[2]；再如"我望杲卿惟骂贼，人谈诸葛不知兵"[3]。抒情咏志，胸襟皆非一徒为避父强迫应试而离家出走之士子所可及。其顺治五年（1648）《武林送别明农叔归京口》一律，为文而作，中有句云："黄虞风往矣，闽粤事凄然。"[4] 则明示子留虽身在浙东，然对当日福建、广东之抗清运动，甚为留意。同年，浙东之抗清将领钱肃乐（1606—1648）以忧死闽海。[5] 子留作《即事》一首吊之，其反清之意志则更明显矣：

漳海清风恩诏闻，谁教轻入虎狼群？后师表继前师表，生祭文催死祭文。绝食已传过八日，剖心容易谢三军。钟陵南向青青草，欲下山为丞相坟。[6]

1　子留原诗未见。此据方文《水崖哭明圃子留》第六首自注引。《嵞山集》卷八，页16下。
2　《赠心上人之山东》，见《续甬上耆旧诗》卷五十八，页8下。
3　《续甬上耆旧诗》方授小传引潘江《龙眠风雅序》。
4　《续甬上耆旧诗》卷五十八，页5下。
5　钱肃乐，《明史》卷二七六有传。其他传记资料，见《明人传记资料索引》（台北："国立中央图书馆"，1965），页880。
6　《续甬上耆旧诗》卷五十八，页7上。

综上所述，则全谢山记子留之身预抗清运动，当属可信。独以其所记不详，而《盋山集》又不明言为憾耳。

子留之死象山，年才廿七。盖文挽诗中有云："神寒骨瘦映梅花，对尔长忧寿不遐。也说艰难过三九，果然岁序在龙蛇。"[1]"三九"为二十七之数；而岁序龙蛇者，说见《后汉书·郑玄传》注："辰为龙，巳为蛇，岁至龙蛇贤人嗟。"子留死年为癸巳，可证。

文于子留之殁，哀痛逾恒。除前及之《水崖哭明圃子留》十首外，另有《与钱幼光入山同哭子留因有赠》一首[2]，皆系癸巳（顺治十年[1653]）。翌年逢子留之忌辰，文复有《人日哭从子子留》一律，题下自注："子留以癸巳人日卒于象山。"诗云：

> 归客逢春须纵酒，酒酣何事忽沾巾。鲁连蹈海去不返，阮籍穷途谁与亲？岂少才华在桑梓，那能节操比松筠。本期霜雪翻朝露，人日年年愁杀人。[3]

诗中以子留譬蹈海之鲁连，与痛哭途穷之嗣宗，亦岂偶然哉？

子留之丧，似为方族一大事。其以诗哭子留者，尚有方里、方畿二人。里字井公，崇祯末诸生[4]，有《秋日哭子留》一律云：

---

1 《盋山集》卷八，《水崖哭明圃子留》第三首，页16上。
2 《盋山集》卷八，页17上。
3 《盋山集》卷九，页3下。
4 方里传，见《桐城方氏诗辑》卷六十一，页17下；《续修桐城县志》卷十五，页6下。

忽有丹山信，传来不忍闻。令名惟死定，天意欲成君。血涌江河浪，魂飞岭海云。西风吹冷雨，都为泪纷纷。

诗末有注，亦及子留失欢于其父事：

闻子留先生不得于其亲故。生逢丧乱之时，又遭人伦之变，至悲愤而为僧，远游而卒，当世哭子留者，故亦多酸楚之音也。[1]

方畿，字奕于，明亡后事清，前已及之。奕于于子留为从兄弟，二人之政治立场迥异，然于子留之殁，亦不能无沉痛之哀思。足见亲属子姓之间，显隐虽殊，而亲情固犹在也。奕于《哭十三弟子留》诗云：

蜕骨惊闻返道山，僧衣犹染泪痕斑。难将此世留卿住，空说慈亲望尔还。宝剑有声沉碧海，风花无影化朱颜。文星自合归天上，所恨池塘宿草删。[2]

子留有诗三集，曰《三奔浙江草》、曰《浙游四集》、曰《奉川集》[3]，皆未见。今赖《续甬上耆旧诗》及《桐城方氏诗

---

[1] 《桐城方氏诗辑》卷六十一，页18上。
[2] 《桐城方氏诗辑》卷六十二，页14下。
[3] 《皖人书录》，页120。

辑》[1]所收子留之作，得以稍窥其家况及其所以处父母兄弟之道。其中《夜悲歌》一题，作于顺治五年（1648），自述家况颇详。第一首有云：

> 大兄备椒盘，小弟酿春酒。中子最不孝，托钵东西走。三子两母生，我母腊月寿。

知其父应乾，生子三人，子留居中。第二首云："我妣中心酸，薤露不获寿。"则子留为庶出。第三首起句云："夜悲歌，悲半吐。有姊三人有妹五。"则知应乾有女八人。第五首"我母无他儿，我翁年老矣。日日望孙儿，得孙儿。纵得孙，身在此。有孙勿似不孝儿"，知子留无子嗣。

子留于其父，虽因政治立场迥异而失欢，然终身孝思不匮。在浙东诸作，有及于其父者，皆情意真切。其《有怀家君乡行杂咏》诗云：

> 会圣岩前砦，三春此避兵。经台晨作市，佛鼓夜巡城。力惯良弓用，恩随曲突轻。解纷思往事，谁识鲁先生。

其《仆归寄书》第一首，亦恋恋于高堂：

> 乡心踯躅纸难舒，汝善为辞代我书。先劝高堂调寝食，

---

[1]《续甬上耆旧诗》收方授诗四十五首，《桐城方氏诗辑》收五十三首。本文所引方授诗，均采自《续甬上耆旧诗》。

更宽阃室倚门闾。愤诗久为严慈戒,浮气新从佛老除。若问形容憔悴否,讳吾消渴似相如。

子留于兄弟之间,亦心存忠厚。《仆归寄书》第二首云:

汝到穷乡雪意残,天涯一字一悲欢。弟兄共纸须分读,妻女常谈亦细看。鸿雁乡关传涕泪,蟪蛄客舍望平安。年来心益乖徐庶,待得琼瑶慰岁寒。

另有《水崖未出门时有作》一首,起句透露其兄弟惧子留欲分占家财,而子留则坦然处之:

但得芒鞋任所之,几双鞋破出门迟。园鸠忌我分桑椹,山笋留人看竹枝。

及幼弟之出仕浙江,子留赋《送舍弟之浙江》,亦但言各从其志,而不强求同:

各自成消息,何须问是非。得沾微禄养,不恨采薇饥。鹤立乾坤病,花分湖海辉。我存双眼在,秋看彩衣归。

然则子留一生之行谊,苟度之以方文所述其族之家风,于忠义之道,固可称无愧。即于孝悌之道,虽力不能至,心实向往焉。

考子留仆仆于皖中浙东之间，身预抗清运动之顷，正其同族亲属汲汲于清室科场之时，既如前述。然此八九年间，方门子弟亦多有讲气节而不与清朝谋妥协者。是辈或隐乡里，或参加南明抗清政权，则皆多出大镇一门，而又为子留所及见者：

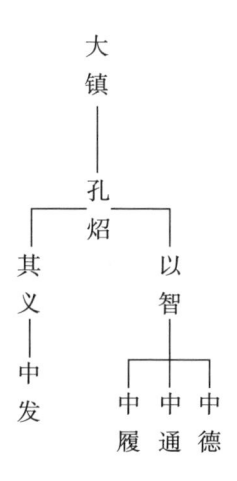

```
            大
            镇
            │
            孔
            炡
    ┌───────┴───────┐
    其               以
    义               智
    │       ┌───────┼───────┐
    中       中       中       中
    发       履       通       德
```

方大镇一房三代，于晚明得进士者三。大镇得进士于万历十七年（1589），卒于崇祯三年（1630）[1]，未及见朱明之亡。子孔炡为万历四十四年（1616）进士[2]，崇祯朝以右佥都御史巡抚湖广，又尝领兵驻北边御。后为杨嗣昌所劾，诏逮下狱。其子以智，伏阙讼父冤，得减死戍绍兴，为崇祯末年一大事。[3] 明亡之后，孔炡归隐乡里，卒于顺治十二年（1655）。

---

1 方大镇传，见《桐城方氏诗辑》卷一；《桐城耆旧传》，页123；《皖人书录》，页105。
2 方孔炡，《明史》卷二六〇有传。又见《桐城方氏诗辑》卷二；《续修桐城县志》卷十二；《皖人书录》，页88。
3 事详任著《方以智年谱》，页105。

孔炤好治《易》，欲承父学。其为二儿取名，亦据《易》理，且有《名儿以智其义》诗纪之，则世之知之者尚鲜：

大儿方以智，天下藏于密。二儿方其义，所以用乾直。连理著易蠡，荷薪以意释。两儿念此名，根本在学易。[1]

孔炤又善诗，有《环中堂诗集》。[2] 余飏为之序，盛称其"一生事君事父，敬宗尊祖，匡时拨乱，悲天悯人"[3]。故其诗，实即其性情；而其性情，"实天下之性情"。观集中有《训孙》一题，为其晚年所作。以不事新朝劝诫其子孙，知孔炤于忠义之道，终身不渝。诗云：

繁霜被燕麦，孤松怜兔丝。墓门有梅棘，维斧以斯之。长生乱离中，父母皆乖离。苦我一遗老，旦暮不可知。人情如滟滪，谣诼伤蛾眉。刀俎相鱼肉，破巢难支持。汝等既失学，何以当波靡。胝足以负药，喋血以吹虀。努力作贫士，勿谓公卿儿。[4]

《瀫山集》卷六有《除夕至白鹿庄访三兄仁植先生》，系乙酉年（顺治二年 [1645]），于孔炤之忠节，极力揄扬：

---

1 《桐城方氏诗辑》卷二，页4上。
2 《环中堂集》两卷，有《方氏七代遗书》本。《桐城方氏诗辑》收孔炤诗七十一首。
3 余飏序，见《桐城方氏诗辑》卷二。
4 《桐城方氏诗辑》卷三，页9—10。

维舟江岸怅斜晖，百里无由见母帏。在客久忘新节序，入山重访旧渔矶。家亡国破身何有？弟劝兄酬事已非。吾祖岂知王氏腊，辛盘仍荐北山薇。

仁植为孔炤别号，白鹿庄则其桐城旧居也。"吾祖岂知王氏腊"句，用汉陈咸事，前已及之，而尚未详言。盖王莽既篡汉政，咸与子偕隐，岁终祭祀，犹用汉腊。人问其故，咸曰："我先人岂知王氏腊乎？"[1] 此则恋恋于前朝，而于新朝不与认同之意也。

孔炤长子以智，字密之，崇祯十三年（1640）进士。[2] 国亡后，密之流离于岭南，一度服官于永历朝廷。后削发为僧，主青原，终而以身殉明。其事余英时于所著《方以智晚节考》中已辨析甚详。[3] 惟密之主青原前，曾受戒于觉浪道盛，时在顺治九年（1652）春，后于其从兄弟子留之往依仅数月。然则方门子弟是时连袂逃禅，而又先后投觉浪之门，可为补记。

文于密之为从叔，少密之一年。文赠密之诗有句云："与尔同学十四年，寒冬夜夜抵足眠。"[4] 具见二人交情。考《盋山集》中所及密之之篇什凡八题，作于甲申后者三，分系壬辰年（顺治九年 [1652]）、甲午年（顺治十一年 [1654]）及甲辰年（康熙三年 [1664]），皆成于密之削发之后。其中壬辰所作《庐山访无可道人即从子密之》四律，述密之国变后之流离转徙、生计盘营

---

1 《后汉书》卷四十六，《陈宠》传，页 1547—1548。
2 密之生平，以任著《年谱》所考最为详确。
3 余英时：《方以智晚节考》，页 9。
4 《盋山集》卷三，页 20 下，《庐山访从子密之同宿九夜临别作歌》起句。

及二人之交谊颇详：

> 自尔去东海，神州遂陆沉。诗书种漫灭，廉耻道浸淫。独秉雪霜操，能坚桧柏心。谁言好奇服，但不愧朝簪。

> 闻说苍梧陷，孤臣被絷维。血甘涂斧锧，信及格蛮夷。妻子散仍聚，云山归转羁。三秋才解脱，一叶下彭蠡。

> 我梦匡庐好，驰情二十年。经过曾有咏，登眺却无缘。闻尔归栖此，令人兴勃然。轻舠来远渚，曷敢惮霜天。

> 束发同师友，心期在匪躬。迹虽分显晦，道不限穷通。遇变方征学，逃禅岂慕空。明朝寻栗里，相与酹陶公。

孔炤次子其义（1619—1648），字直之，少密之九岁。[1] 直之为明诸生，入清不仕。吴伟业（1609—1672）序其《西陵杂咏》诗，既状其为人，而又盛称其才曰：

> 每见挥麈座间，谈论伉爽，则必奇之。见其扇头赠答之章，妍雅轶出。书晋唐之真草，下笔有神，抑又奇之。及与之杯酒道欢，即席唱和，千言洒洒，有手八叉而就之

---

[1] 方其义，见《清诗纪事》，页1091；《桐城方氏诗辑》卷四；《桐城耆旧传》，页209；《皖志列传稿》卷一，页70；《皖人书录》，页114。

风,抑又奇之,而后知方子为才人也。[1]

先是,直之有《拜五世祖断事公墓》一律,于方氏传家之忠义之风,拳拳致意。及国变,乃累谒"断事庙"祈死[2],则直之固忠节之士可知也。死年才三十,其父有二律哭之,颇及直之于明亡后纵饮佯狂之情状:

汝真愁乱世,痛饮不求痊。仅得过三十,空教写五千。匣存投剑气,衣恨弃襦年。不作黄门死,庞公亦谢天。(《哭次儿其义》其一)
更苦西河眼,翻登南望台。纸钱聊洒酒,老笔总成灰。缣帛追何及,箕裘愿可哀。不堪风色紧,孤雁岭头来。(其二)[3]

直之殁时,文方有丧明之痛,故其《哭从子直之》诗,有"一门丧我两才士"句。而述情之沉痛,非巧伪者所能有:

吾儿死不见其死,不见吾儿见犹子。犹子病时我在旁,其形枯瘠不忍视。闻说吾儿病笃时,其形枯瘠亦如此。伤哉天乎何不仁,一门丧我两才士。二子才调各不同,一者豪放一谦冲。所性虽殊雅相善,翘然鹤立鸡群中。奈何俱

---

[1] 梅村序,见《桐城方氏诗辑》卷四。《吴梅村全集》未见收。《桐城方氏诗辑》有其义《赠吴骏公少司成》一律,知二人于明亡前即交谊颇深。
[2] 《桐城方氏诗辑》卷四,页7下。
[3] 《桐城方氏诗辑》卷三,页9下。

婴不起疾,尔年三十几十七。尔曾富贵儿长贫,尔既有子儿无室。吾兄昨日为我悲,我今为兄涕交颐。明朝江口又相送,死别离兼生别离。[1]

密之三子中德、中通、中履,并能承父志,不应清室科举,已详余氏《方以智晚节考》。[2] 其义子中发,字有怀,亦志怀高尚,隐居白鹿山庄以终。四人皆不负其祖父之所期。《续集》有赠中发者二题,分系壬寅年(康熙元年[1662])及己酉年(康熙八年[1669]),可稍窥中发之逸士生涯:

汝向洺州省妇翁,归船恰与外家同。停桡且醉南池酒,策蹇仍观阙里风。遂有诗篇超物外,为将书信寄山中。汪生欲访幽栖处,到日相携问桂丛(自注:内侄汪策以与有怀同舟)。[3]

山房曾共阿咸居,一岁中完两汉书。本拟名成光史册,那知世变老樵渔。故乡久别归来晚,芳径重过感慨初。爱尔能承王父业,荷衣应不羡簪裾。[4]

文复有《喜从孙董次见访草堂》诗[5],系甲辰年(康熙三年[1664]):

---

1 《盔山集》卷三,页16上。
2 《方以智晚节考》,页113。
3 《续集》卷四,《送从孙有怀归江南》,页2上。
4 《续集》卷四,《白鹿山庄书怀兼示从孙有怀》,页39上。
5 《续集》卷四,页13下。

> 尔去灵岩结好因，村居虽僻远嚣尘。身闲努力为诗伯。年少甘心学逸民。交有萦河真莫逆（自注：萦河，吴超士也，与董次偕隐），才如明囿更无伦（自注：明囿，董次亲叔子留也，诗最妙）。过江每念龛山老，把酒看花日几巡。

诗自注有谓董次为子留亲侄，则大美一房，除子留外，似尚有抗志为逸民者焉。

以上三题皆成于文卒前未久。是方氏族人之不仕于清而为文所及见者，凡祖孙三代八人，而以出大镇一房者为多。

三、清初方氏族人之旅食与游幕

方文从兄应乾强迫其子授应试，父子之间有道义之争，文祖其从子而以从兄为不是，概如前述。然文于其族人之应试出仕，大体而言，尚持宽宥之态度。其从兄坦庵出仕新朝后，尝赠金于文。文有《从兄坦庵詹事有赠谢之》诗答谢，于坦庵之失节，曾未置喙：

> 残年频送酒，除夕又分金。笃念羁孤者，方知友爱深。啮人愁猛虎，急难愧微禽。此际诚何际，区区尚在心。[1]

及其胞兄尔唯筮仕粤东，文亦但云："却笑少游生计拙，荒

---

[1] 《北游草》，页17上。

村独驭短辕车。"[1] 尔唯辞官归里，则赠诗云："始悔从前过岭误，折腰翻拜少年人。"[2] 亦止于同情之中，稍置揶揄而已。其于子侄辈，虽谆谆以忠义相规诫；然苟其人应举出仕，文亦能以宽厚待之。《盋山集》中于此累有披露。其赠从子象山诗有云：

少年工篇制举文，文思如泉涌如风。[3]

赠从子泂羞、广文诗：

群从强为官，元非意所欢。[4]

赠婿马孝思诗：

今日制科原不重，少年舍此复何之？[5]

赠另一婿王概诗：

乱世科名虽可厌，少年富贵亦难忘。[6]

---

1 《盋山集》卷七，《送五兄尔唯令粤东》，页17上。
2 《盋山集》卷八，《五兄尔唯自粤东归寄此》，页17下。
3 《续集》卷二，《送兄子象山游姑孰兼寄唐祖命张兆苏曹梁父吹台孔千一诸子》，页5下。
4 《续集》卷三，《李二则职方招同兄子泂羞广文夜集》，页15下。
5 《盋山集》卷九，《马婿永公入学有赠》，页4下。
6 《续集》卷四，《王婿安节以九日诗见贻走笔答之》，页20上。

凡此皆见文之通达。盖应试筮仕，为传统读书人之主要出路；文固未尝辄执忠义以绳其子侄也。

然身遭易代之变，士之出处，除仕与隐两途外，尚有游幕与旅食之二途。方文于此二者，似亦见有心许者焉。盖游幕与旅食，既可解决生计，而亦无大碍于忠义之道。《嵞山集》中记方氏子弟游幕者三人；而旅食者，则文固身体力行之矣。

卷五《喜八弟尔孚见访即送其楚游》诗，系辛卯年（顺治八年[1651]）；及卷八《送八弟尔孚游武昌兼寄徐莘叟》，系甲午年（顺治十一年[1654]），均记尔孚游幕于武昌吏徐莘叟事。尔孚名孔炳，改名思，号退谷，与孔炤同出大镇。[1]

尔孚与其府主，虽相处融洽；然去留无定，可于《徐月鹿水部署中喜遇八弟退谷》一诗见之：

> 秋田分手时，汝云去苕霅。便道往西陵，地主颇不乏。岂知吴兴返，即至天妃闸。中途逢使车，交情夙所洽。遂邀入官舍，清江过残腊。[2]

方文所记其族人游幕事实之较详者，当为其从子子建。子建号竹西，为文胞兄孔矩之子。《嵞山集》卷五《寄怀子建李明府署中》诗有云：

---

[1] 方思，见《明遗民诗》卷十四，页565；《桐城方氏诗辑》卷六十六，页4上；《皖人书录》，页122。
[2]《续集》卷一，页1下。

世乱强为客，家贫长傍人。鹓雏称外傅（自注：明府公子出其门），马队作比邻（自注：馆与厩连）。画理静能悟，诗情老更新。时应与仙吏，披豁见天真。

诗系戊子年（顺治五年[1648]），知子建时已在幕中。其幕主李明府，则文之挚友李世洽也。世洽字溉林，河北束鹿人，顺治四年（1647）进士，其时为安徽太湖县令。溉林盖尝央文入其幕掌书记，文有诗谢之：

……遣使与之言，愿得充帷幕。为我谢使君，此意谅不薄。顾我非盛年，容华久凋落。君即不我弃，宁无自愧怍。[1]

然则子建之客溉林，当为文所荐。

子建善诗能画，文颇为之揄扬。前节所及《连理图》，即出子建手笔：

嗟我九孙绍丕业，牙签锦字罗青毡。群从又将三十人，风流文藻何翩翩。子建乃为群从长，灵心慧识通渊玄。赋诗雅似阮嗣宗，缀文不愧班孟坚。有时伸纸拂绢素，下笔辄作名山川。[2]

溉林后迁官于皖山东、河北，子建均橐笔以随，历十五年

---

1 《皖山集》卷一，《寄酬李溉林明府》，页20下。
2 《皖山集》卷三，《启一子建作连理图赠予赋此答之》，页1上。

始辞归,时康熙元年(1662)也。文复有诗,纪子建与其府主之情谊。《续集》卷四《送兄子竹西归里》云:

> 幕府相依十五年,论交谁似此缠绵?云天高义应难别,乌鸟私情汝自牵。霜月暂须归子舍,花时又可促征鞭。白头健饭休多虑,群从争推负米贤。(自注:竹西为溧林李先生客幕凡十五年,今以母老辞归。)

子建客幕十五年,得资不菲,有过于其族人之出仕者。子建又善经营,辞幕前数年即已在原籍置产,为终老之计。顺治十五年(1658),文过子建桐城之别业,有诗纪之。卷十二有《石壁寺怀从子子建》一题,自注云:"子建有庄在焉。"诗二首云:

> 数亩山田十里溪,阿咸此处有幽栖。如何转作熙城客,空谷无声猿鸟啼。

> 长松偃蹇势如虬,怪石彭亨状似牛。松石之间作亭子,他年吾与尔来游。

《北游草》有《哭从子讷二首》,系戊戌年(顺治十五年[1658]),中有句云:"翩翩书记客彭城,宾主交欢甚有情。"知方氏子弟之游幕于当时者,尚别有人在。惟方讷之族系及府主难得其详耳。

若夫方文本人,则于明亡后以遗民自居。《嵞山集》中所见其每岁于崇祯之忌辰，均有哀挽之作，可概见其志矣。文既不应试出仕，亦不游公卿之幕，所以恃为生计者，盖出旅食四方之一途也。故文之隐，非隐于乡里，而隐于公卿大夫之门而为食客。《崏山集》中所收与达官大吏之唱酬篇什，几占全部作品三分之一。即此一端，已足见文当日之旅食生涯，亦可窥度其人对仕隐之态度。

文卒前三年（康熙五年 [1666]）尝有诗总结其于甲申后之游踪云：

少贱好远游，游踪老未歇。南征历江楚，东泛穷吴越。北走燕齐间，频登岱与碣。所以十年内，竟未归林樾。[1]

其《赠内》诸作，偶亦透露其置家计于不顾之内疚。一则云：

奈何舍兹去，远涉天一涯。徐兖逾千里，屡月音讯乖。……明年誓勿出，啜粥栖茅斋。[2]

再则云：

旧京新卜筑，偕隐正悠悠。家食无长策，囊书复远游。[3]

---

1 《续集》卷一，《早春寄邬明府》，页 24 上，系丙午年。
2 《鲁游草》，五言古体，《忆内》，页 7 下。
3 《鲁游草》，五言今体，《将之兖州留别内子》，页 1 上。

壬寅年（康熙元年 [1662]）有《内子初度前此初度者二，予一在杭，一在兖》诗，为其妾所作，则尤见文上道之频频：

> 细君归我甫三秋，我去杭州复兖州。雨地遥怜悬帨日，一诗先附渡江舟。今年何幸免为客，尽室虽贫亦不愁。争似凫鸥将数子，野塘朝夕亦沉浮。[1]

文之旅食于四方，偶亦以卖卜营生；[2] 然其主要之收入，则来自其友辈之仕于清廷者所捐输。其丁酉年（顺治十四年 [1657]）之入都也，得都御史魏裔介（1616—1686）之资助至多。[3]《北游草》有《奉酬魏都宪石生》，言之至明：

> 遥遥涉江湖，行吟至辇下。冠盖盈九衢，谁肯回一顾？恤此山泽癯，魏公立台端。高义云天俱，忘其簪绂贵。乐交布衣徒，贤昆守江淮。……顷者谒公门，延纳不须臾。假馆憩我装，授餐供我餔。期我以深夜，饮我以醍醐。

文至京师前，途经通州，又干谒于时为副都御史之宋琬

---

1 《西江游草》，页 19 上。
2 方文卖卜，集中颇有记载。《嵞山集》卷七，页 6 下《卖卜润州邬沂公谈长益潘江如钱驭少玉汝秦臣溥李木仙各有诗见赠赋此答之》，又如《续集》卷一，页 71 上《癸卯三月十九日润州客舍同潘江如小饮述怀四十韵》诗云："我适无所为，卖卜润城闉。……曾将卖卜钱，买酒醉千巡。……"
3 魏传见《清诗纪事初编》，页 619。

(1614—1673)[1]。《永平访宋副宪玉叔》一首[2]叙琬昔年赠金之谊,及通州干谒之情状云:

> 君昔官司农,弭节芜江边。是时我卖卜,逃名隐市廛。故人倏相遇,执手情欢然。饮我以酒浆,和我以诗篇。更念旅食艰,分俸至万钱。……与君赋新诗,塞上他日传。岂直为升斗,区区乞人怜。

文之干谒当道,诗中累累及之。其他酬谢公卿诸作,有云"赠金累十镒,深衷犹未匮"[3],及"知我窭且贫,厚贶无吝颜"[4]等,皆见当日主政于清室之官吏而身为方文之衣食主者,除魏、宋外,尚繁有其人。而此辈之于方文,照拂备至。今略拈数例,以作说明。

《北游草》有《宋副宪玉叔见惠茧袍谢之》诗,叙宋琬兄弟先后赠夏袍之谊,而文以杜工部、白居易自况:

> 杜公居夔州,客遗细织段。逡巡不敢受,恶其太美焕。白公居江州,客寄轻绒布。爱其朴而文,受之制重裤。我今居营州,故人为监司。惠我山茧袍,古色如松脂。既非

---

1 宋传见《清诗纪事初编》,页673。
2 《北游草》,页5下。
3 《嵞山集》卷一,页24下《四令君诗》第二首《张武进环生》。环生名国枢,河北景州人,崇祯十四年(1641)进士。入清为江南武进令。
4 《嵞山集》卷二,页10上《梦崔正谊李溉林二明府见访谈笑竟夜醒而有作》。正谊名抢奇,河南夏邑人,顺治四年(1647)进士,江南高淳令。

织段华,又比轻绒贵。雅称山人服,服之有道气。忆昔润州城,与君兄弟居。衣我以莱葛,一着六年余。此茧亦莱产,视葛尤浑坚。愿言服无斁,奚止十余年。

同集另有《龚孝升总宪以古色轻绒褥见惠谢之》[1]诗述龚鼎孳(1616—1673)赠冬袍事。龚于清史为贰臣,时官都御史:

客路虚休夏,还山且过冬。只应拥败絮,曷敢借轻绒。佳贶意何厚,深辞惧不恭。南屏霜雪里,披此看岩松。

另有李世洽者,且至为方文置业养老。世洽邀文为幕宾而为文所婉拒,已见前文。《嵞山集》中赠世洽之篇什至多,惟《奉别李观察溉林先生》一首,最见二人交谊;诗且及为置产事:

二十年来江海游,交情谁似使君稠?曾于熙水分囷粟,又向彭城赠麦舟。黄爵有知犹解感,玄驹无力那能酬?南归定买青溪宅,怀溉名堂在上头。

所谓"南归定买青溪宅,怀溉名堂在上头"者,据《鲁游草》所收《李溉林副宪书来却寄》一诗,知世洽为文所构以"怀溉堂"为名之居停,乃在南京秦淮河畔之桃叶渡:

---

[1] 龚传见《清诗纪事初编》,页552。

六年厚贶不知倦,千古高风莫可攀。昨岁分司淮泗路,云龙山前与我遇。又为谋构草堂资,因买一廛桃叶渡。草堂遂以怀溉名,没齿难忘使君情。

至文于清人入关后之二十五年间,以遗民之身橐笔游于大吏之门,自南而北,文酒之会,几无虚日。以诗纪其事者,检《嵞山》一集,俯拾即得。而为文诗结集撰序书跋题词者,如施闰章(1619—1683)、周亮工(1612—1672)、周体观、王泽弘、吴百朋等,皆文之友辈而顺、康间之显宦也。文不以仕隐殊途,与此辈游,既不见忌于当日,亦不避讳于后世。然则文于仕二姓一事,固未斤斤以忠义而绳墨之,力主各从其志而已。其戊戌年(顺治十五年[1658])诗所言至为明显:

诸子皆耆旧,亡何试礼闱。便应骧首去,未许卷怀归。辇下新朝服,山中老布衣。高鹏与低鷃,各自一行飞。[1]

四、结论

士人处明清易代之际,其去就问题,久为史家所注目。故当时官修私撰之史记,既立《殉难》《遗逸》《贰臣》之名目,亦别有《殷顽》与《从周》之专录;而传事论人,褒贬抑扬之间,胥以儒家忠义之大伦为依归。苟取此以衡度桐城方氏,则

---

[1] 《北游草》,《会试榜发久不得报有怀同社诸子》,页20上。

其族人《遗逸》与《贰臣》兼备,《殷顽》与《从周》同堂。即《殉难》一目,余英时对方以智之死节已有详考,则方族子弟,亦有其类焉。

夫以同一宗族之亲属子姓,其政治操守之差别悬殊乃至有如此者,则又不独方氏一门而已。本文所及与方氏有姻娅关系之张、姚二族,其子弟之仕隐殊途,亦有仿佛于方氏者焉。第一节述方孔炤之姊孟式所适之张秉文,于崇祯十二年(1639)防守济南时为清兵杀戮,则张族与满清,盖有血海家仇之恨存焉。秉文之子三人,皆高节不仕,史有明文。[1] 然秉文之从弟秉贞(1608—1655)[2],本崇祯进士,入清后乃官至兵部尚书,与方孔炤之从弟拱乾,同为贰臣。另一族弟秉哲,亦成顺治十一年(1654)举人。[3] 方孔炤之另一姊维仪,适姚孙榮,十七岁而寡。孙榮弟孙槼、孙棐,皆明之进士,亦已详前文。孙棐入清后不仕,八子之中,文然列贰臣,文烈、文燕皆应试出仕于顺治朝;其抗节不屈者,惟文鳌一人。[4] 孙槼早卒,未及见明之亡。其子文熊,亦仕清。

清初阀阅之家,其子弟之仕隐殊途者,尚有太仓王氏一例。王氏自锡爵(1534—1610)官大学士于万历朝[5],子衡复以进士第二人及第。衡子时敏(1592—1680),文采早著,为画苑一代领袖,在崇祯朝官至太常寺少卿。故太仓王氏荣显于晚明,累

---

1 《桐城耆旧传》卷六,《张秉文传》。
2 张秉贞传,见《续修桐城县志》卷十二,页22下。
3 《续修桐城县志·选举志》,卷七,页16下。
4 姚氏子弟于明清间之行实,见《清诗纪事初编》,《姚孙棐传》,页111—112。
5 王锡爵,见周道济、杜联喆合撰 "Wang Hsi-Chüeh," in *Dictionary of Ming Biography, 1368-1644*;《明人传记资料索引》,页74—75。

世富厚，其事与桐城方氏略同。而易代之后，王门子弟之出处，亦与方族有相类似者。时敏与长子入清后归隐不出。[1]然次子揆于顺治十二年（1655）成进士，康熙十七年（1678）复应博学鸿词科；六子掞，亦于康熙九年（1670）成进士，官至文渊阁大学士。其余数子，撰、抃、撝、抶等，皆以诗名。虽未仕于新朝，然皆游食公卿大夫之门，其行实颇有类乎方文者。撝有《送藻儒弟还朝》长诗一首[2]，为送其弟掞自太仓北上入京而作。篇末数韵，述王氏子弟仕隐殊途以及亲属之聚散无常之境况云：

君王宵旰缘何事？此际乞身良不易。膝下虽深负米情，江东且缓思莼计。独怜憔悴一衰翁，药里书签泪眼中。四海烽烟忧泛梗，三秋消息问来鸿。况今门阀虽无改，兄弟穷愁几人在？君念莱衣未得还，我嗟姜被空相待。雪里芦沟一骑飞，传柑时节望南归。东园烟树西田月，暂解朝簪共钓矶。

以上叙桐城方氏、张氏、姚氏及太仓王氏四族子弟于江山易代之际之行实，所依据者，仅有数之诗集、传记及地方志乘。然已足见明清之际，世家大族子弟间之政治态度与操守，彼此悬绝。乃知旧史中用以衡量之标准，仅适用于个人；而于一宗族整体之行实，固未有作全盘之论评。

然则一宗一族，于社稷沧桑之际，果亦有整体之抉择耶？

---

1 王时敏，见 R. O. Sutter, "Wang Shih-min," in *Eminent Chinese of the Ch'ing Period*, pp. 833-834；《清诗纪事初编》页 50 有小传，复有时敏子揆、撰、撝、抃、掞五人之小传。
2 王撝：《庐中集》（上海：上海古籍出版社，1981），页 80—81。

乾隆间全祖望有记徐介与应㧑谦（1615—1683）语，事涉遗民子弟应试于清室一问题，则似尝及之矣

> 吾辈不能永锢其子弟以世袭遗民也。然听之，则可矣。又从为之谋，则失矣。[1]

谢山此记，得钱宾四先生首揭于五十余年之前。[2] 其时正值外寇入侵、国命垂危之际，钱先生目击心会，深有慨于清初遗民处境之艰危，故复之设论曰：

> 弃身草野，不登宦列，惟先朝遗老之及身而止。其历世不屈者则殊少。既已国亡政夺，光复无机，潜移默运，虽以诸老之抵死支撑，而其亲党子姓，终不免折而屈膝奴颜于异族之前。

先生三复叹息以为乃事之"至可悲而可畏者"，皆由国命中断、政权外移所致：

> 此以见国命之不可一日中断，政权之不可一日外移，否则虽以白山黑水一小蛮族，尚足以高踞横跨于我上。

谢山所记，与钱先生之申论，盖为"遗民世袭"一事而发，

1　全祖望：《鲒埼亭集》（《万有文库》本），《外编》，《题徐狷石传后》，第10册，页1091。
2　钱穆：《中国近三百年学术史》（上海：商务印书馆，1937），页71。

以见世家望族于江山易代之际，为整体之抉择，乃事之必有，而不足为怪者也。

然全、钱二先生述论遗民子弟之应试出仕，胥以为乃情势之所迫致，有不得已者。苟取此以衡桐城方氏诸子弟于清初之行谊，则稍有未安。盖满清入关之三年，方氏子弟之仕隐殊途，若泾渭之已分，固不待于明统之中绝。诚如本篇所述，清廷于顺治三年（1646）首次开科取士，方氏一族亲属子姓之得第者，数至五人。其应试而未售者，则又不知凡几。其时南明弘光朝廷虽已覆灭，然东西南各地之抗清运动，正风起云涌。南天一脉，巍然独存。国命既未中断，政权亦未全移。然方族子弟之中，乃汲汲然奔竞于新朝之科场。自民族大义之高标而观之，事诚可悲可畏。然绝非情势之所使然者则甚明。

再者，终顺治一朝，方族子弟之应试出仕者凡十五人。而此十八年间，方氏族人中亦先后有方授及方以智二人投身于抗清运动。一在皖中浙东，一在粤之西东。挥鲁阳之戈，以挽落日。足见方氏一族之中，乃有仕清与抗清者并存于一时。其事出于个人才性与襟抱之偶异耶？抑出于方族谋以自存之至术耶？尚未可知。然此固治遗民志业之事实者所必不可忽视之宗族背景者明矣。今姑略发其义，以俟有心者焉。复观《嵞山集》之作者方文，既以遗民自处，同时并后世之人，亦皆以遗民视之，则似已成事实。诗中所记其本人及其子弟之旅食游幕生涯，于清初遗民之中，固颇为普遍。读其《淮上遇姜侍御真源兼送其入都》一诗[1]，即知一区区两淮盐务使姜图南之门下食客中，即有明遗民四人：

---

[1] 《北游草》，页8下。诗系戊戌年（顺治十五年[1658]）。

> 我有四老友，漂泊江淮间。梁大寓宝城，杜二隐钟山。
> 王二与孙八，结伴栖邗阙。四子高蹈人，况复工骚雅。……
> 惟有姜使君，巡醝莅扬州。折节与之友，唱和多绸缪。饥
> 则饷其粟，寒则衣以裘。四子怀君惠，时时向人述。

此辈或橐笔游幕于官宦，出掌书记；或以能文，旅食于公卿，贵为上宾。旧史之作者以其未应试出仕，遂概列其名于《遗民》之录，置其人于《殷顽》之类。自今视之，此辈浮游于仕隐之间，其节义则远不及于顾亭林、王船山者。审其行谊，则又未至卑劣如仕清之贰臣。方其干谒旅食于大吏如徐乾学（1631—1694）、龚鼎孳、曹溶（1613—1685）、梁清标（1620—1691）之门也，文酒流连，纳粟受金，则赋咏其人之高谊隆情，曾无愧报。及至客舍凄寒，阮囊羞涩，则又兴故国之思，泛咏棘驼之感。故其发为诗篇，则景慕夷齐，以渊明自况。凡此种种，于《盦山集》中既累见不鲜，其他如纪映钟（1599—1671）《戆叟诗钞》、杜濬（1611—1667）《变雅堂集》、潘问奇（1633—1691以后）《拜鹃楼诗集》[1]，其人亦复多有。然则所谓"遗民"者，言定义，则应有宽严之别；语类型，则当视其人与其时人物风气之关系，然后区而别之，则庶几于遗民史此一重要课题之探研有深会也。

1994年3月初稿于爱荷华
同年5月定稿于香江旅次

---

[1] 纪、杜、潘三人，《清诗纪事初编》均有小传，见该书页19、184、107。

楚云：余怀《三吴游览志》解读示例

一、绪言

楚云，浙江嘉善人，一说江苏松江人，清初名妓，擅演元人关汉卿《拜月亭》。但和她在明末的前辈相比较，楚云的技艺与声名便都显逊一筹；她没有柳如是的诗才、卞玉京的琴技、顾横波的画诣。她的声名，也不像陈圆圆、李香君、董小宛那样得到诗人、文士，以至学者们为之广为揄扬。楚云在生前和死后，终究是较为寂寞的。

尽管如此，楚云早年的相知吴伟业和余怀，仍然为她留下了为数可观的诗文。苟能利用这些作品所提供的讯息，加上对余怀《三吴游览志》一书的解读，将有助于了解楚云与澹心、梅村二人先后的离合，更可稍窥澹心个人的性情好尚、士业盛衰、友朋之聚散和酬答议论，为进一步探索这位清初浪泊诗人之生平张本。

二、梅村诗中的楚云

《吴梅村全集》之《诗前集》卷八有《楚云八首》一题,诗前小序里有记梅村和楚云初次相见的时地及相关人物:

> 楚云字庆娘。余以壬辰上巳为朱子葵、子葆、子容兄弟招饮鹤洲,同集则道开师、沈孟阳、张南垣父子。妓有畹生者,与庆娘同小字,而楚云最明慧可喜,口占赠之。[1]

壬辰即顺治九年(明永历六年),上巳为三月初三日(1652年4月10日)。朱子葵、子葆、子容兄弟,浙江嘉兴人,万历初年官拜礼部尚书朱国祚(兆龙、养淳,万历十一年[1583]进士)的文孙。后来崛起于康熙文坛的朱彝尊(锡鬯、竹垞,1629—1709)便是子葵兄弟的子侄辈。鹤洲,又名鹤洲草堂,是朱家在嘉兴鸳湖所置的别业。清初诗人赋咏朱氏鹤洲草堂的宴集诗,俯拾可得。

当日同席中人,道开师指僧自扃(号闻庵,1601—1652)。张南垣名涟,父子都是叠石名家。沈孟阳和畹生,无考。

梅村和朱氏兄弟,以及同席中人之间的关系,下文还要考论。在此首要指出的是:梅村的诗序,记载了朱氏当日鹤洲之会中,有名流,有高僧,有知己,且有畹生、楚云两位美人;明末杭州人黄汝亨所提倡宴客《约款》《十二宜》之中,有关客

---

1 吴伟业著,李学颖集评标校:《吴梅村全集》(上海:上海古籍出版社,1990),页214。

人但要包括名流、高僧、知己、美人四类[1]，朱氏兄弟于此可说是谨守不逾的了。

梅村初晤楚云，说她长得"明慧可喜"。乘着酒兴，赋七绝八首赠之，且每首均有句嵌以"楚"字。按诗的顺序是："楚玉鸾雏镂碧簪"，记楚云时尚年轻；"楚润相看别有情"，借取唐人孙棨《北里志》中所引郑令敬所咏名妓楚娘（字润卿）句；"最是楚腰娇绝处"，取楚王之好细腰；"楚天归去载夷光"，以楚云比古越美女西施；"楚楚腰支总削成"，取《诗经·曹风·蜉蝣》"蜉蝣之羽，衣裳楚楚"之义；及"楚江明日上黄州"。楚云的体态仪容，及其在梅村心目中的形象，可以想见。

其年梅村四十四岁，楚云年才十九。南明的抗清运动仍在进行，时当永历六年，鲁监国七年。

次年二月，梅村与楚云在苏州相逢，邀她一同到山塘看花。梅村《山塘重赠楚云四首》即纪其事，题下自注："楚云故姓陆，云间人。"但诗第二首却说"家住横塘小院东"，横塘在苏州；又说"五茸城外新移到"，五茸城指云间。[2] 可见楚云飘泊无定居。

梅村诗中另有"宣公桥畔响轻车，二月相逢约看花"，和"那知阊阖千条柳，抛撇东风又一年"等句，都有助于二人重逢时地的考定。而且从种种的迹象来看，二人山塘看花时，可无旁人参与。

以上所述梅村赠楚云诗两题，编次在《诗前集》之末。换

---

1 黄汝亨：《不系园约》，收入汪汝谦：《不系园集》(《丛书集成续编》第122册，上海：上海书店，1994）, 页954。
2 《吴梅村全集》，页216。

言之,都作于梅村北上服官清廷的前夕。[1]从此之后,楚云的名字便再也没有在梅村的作品中出现过。换言之,在梅村一生宦途中遭逢大转折之际,楚云短暂的出现,在梅村的生命中留下了一丝若隐若现的痕迹。

其时,楚云的色艺都渐臻成熟;她对自己和鼎鼎大名的诗人吴梅村间的交往,除了职业上的责任外,总难免是有些惊喜的。但对这种种,也只有揣测而已。

可以确定的是,在和梅村初晤于嘉兴鸳湖之前两年,楚云和梅村的一位挚友余怀在江苏松江共度过一个多月快乐的时光;在余怀当地友人为他所设不同的盛宴里,楚云唱曲侑酒,喁语交心;在众目睽睽之下,楚云和余怀合演了一出才子佳人的恋剧。

三、余怀笔下的楚云

余怀(澹心、曼翁、广霞,1616—1696)将他和楚云在松江从初面到别离间的种种,都坦白地记录在他的《三吴游览志》里。澹心的生平与他在明清易代之际在江浙地区的游事和交往,乃至《三吴游览志》的解读,暂按不表。且先述澹心和楚云在松江的情事。

顺治七年(1650)四月初,余澹心自南京出发,到丹阳舍陆买舟往三吴地区访友。十四夜抵松江。翌日在友人王广心、李愫、徐允贞所设宴席中,"观女郎楚云演《拜月亭》"。澹心在

---

[1] 梅村北上服官前后之动向,见冯其庸、叶君远《吴梅村年谱》(南京:江苏古籍出版社,1990)有关诸条。

《游览志》里记道:

> 是时,[楚]云为一伧父所阨,蛾眉敛愁,低首含泪。讯之,云是郡守客逞势狼戾,非人所堪。观其态色,真东坡所谓"石榴半吐红巾蹙"也。[1]

这里所用"伧父"一词,颇堪注意。澹心后来在《板桥杂记》中忆述顾眉娘于明末归龚鼎孳为妾之前,在秦淮艳帜高张,声名藉甚,乃至文酒之宴,"座无眉娘不乐,而尤艳顾家厨食",同行为之侧目,而妒忌顾横波者复不少。[2] 澹心接着说:

> 适浙来一伧父,与一词客争宠。合江右某孝廉互谋,使酒骂座,讼之仪司,诬以盗匿金犀酒器,意在逮辱眉娘也。[3]

这个和词客争宠的"伧父",在澹心的笔下,显然是有钱有势、俗不可耐的男人。楚云当日在松江,正是被这样的一个"伧父"所阨。

有趣的是,当年顾眉娘被浙江的伧父所欺辱时,澹心为之"义愤填膺,作檄讨罪",终让横波免于受辱。《板桥杂记》里于此有颇详的记述。事隔十余年,澹心作客松江,又碰上歌妓为"伧

---

[1] 余怀著,李金堂校注:《三吴游览志》,附于《板桥杂记》(上海:上海古籍出版社,2000)后,页91—92。
[2] 孟森:《横波夫人考》,收入氏著《明清史论著集刊续编》(北京:中华书局,1986),页128—161;《板桥杂记》,页30。
[3] 《板桥杂记》,页30。

父"恃势挟持,澹心闻之,为抱不平,一如故我。不同的是,澹心不仅是要维护楚云,免为他人所得,竟索性将楚云从"伧父"的怀里抢夺过来;换言之,澹心已是为楚云而不惜与"伧父"争宠的词客。《游览志》记澹心观楚云演《拜月亭》翌日事说:

> 十六日。晴,访楚云。其母浣月,故善歌舞。窗壁洁清,几榻香静,正引人着胜地也。[1]

浣月姓陆,和梅村诗注中说"楚云故陆姓"者相合。陆浣月究为楚云的亲娘或养母,澹心未作交代。但说她"故善歌舞",则显然是个退休了的歌妓。

澹心拜访陆浣月后,似乎得到陆氏默许,让他继续和楚云相见。越一日,澹心应约赴友人张一鹄霱堂之宴:

> 是日,诸君次第集,而楚云泛一叶,穿复道,出万绿之丛,以至亭下。于焉举酒,晶盘海错,杂然前陈。[2]

张氏霱堂,似即筑在水傍;澹心记"楚云泛一叶,穿复道"而至,可知楚云的香居,虽置于陆地,但自置有舟子,在江南水乡间穿插往复,颇称便利。所以后此二年,楚云得亲侍酒之役于浙江嘉兴,又一年,又得轻舟到苏州与梅村相见。像她那样具流动性的"船妓",当与秦淮河旁纯然陆居者不同。清末陈

---

[1] 《三吴游览志》,页92。
[2] 《三吴游览志》,页93。

去病(佩忍、巢南,1874—1933)记其乡吴江的习俗中有道:

> 明时旧院姝丽,赋性好游。往往雅慕金阊繁盛,轻装一舸,翩然戾止。于是白傅堤边,真娘墓畔,载赁皋庑,小辟香巢。吴中人士以其南都来也,特号曰"京帮",所以别于"土著"也。其中若卞玉京、董小宛诸姬,风流文采,倾倒一时。厥后至者益众,遂于吴船外,俨然别树一帜。而维扬帮托庇其宇,不啻附庸。嗣亦牵混不复可分。今且土客杂揉,数典忘祖矣。[1]

按陈氏的说法,楚云应算是来自松江的"华亭帮"了!

自四月十七日起,楚云和澹心在后者的舟中双栖双宿。这期间澹心访友赴宴,楚云亦多相从。直至五月初四日,楚云终迫不过前此那位"伧父"的纠缠,不得不洒泪和澹心挥别。楚云临行,澹心赠诗六首。[2]

次日适逢端阳,澹心应十数友人之约,移舟当地卧龙桥边,画舫笙歌,麻饮赋诗,以吊屈原。在"接席快饮,酒行若流"之际,澹心自承:

> 独恨楚云为铜将军攫去,一水盈盈,脉脉不得语,殊难为怀。[3]

---

[1] 陈去病:《五石脂》(南京:江苏古籍出版社,1999),页354—355。
[2] 《三吴游览志》,页101—102。
[3] 同上。

"铜将军"者,直指夺楚云而去的多财之"伧父"无疑矣!

但事亦往往有出人意表者:楚云在多金的伧父与负才的词客之间,竟舍前而就后;她对澹心,终究不能忘怀!在端阳当夜,乘众人或醉或卧之后、人静潭空之时,楚云忽然在澹心舟子附近出现,令澹心既惊且喜。《游览志》里记道:

> 忽闻柳外唤人甚急,亟呼[王]公沂曰:"异哉!此楚云之声也。"启户视之,雾鬟烟发,娇嘶若病。携之入舟,凭窗呕吐。酒气拂拂从衣袂中出。公沂大笑欲绝,几如陆士龙之堕水。余抚摩其胸,口占一诗以嘲之。[1]

楚云辞去才一日,意外归来,不禁使澹心为之大乐。自此至五月二十日澹心解缆往青浦为止,澹心无论品茶饮酒,观乐赏曲,展览书画;或放舟中流,或柳堤漫步,或倩人作画像,或往访彝器图籍,楚云便都无一不相陪了!

计从四月十五日初晤,到五月二十日为止,澹心和楚云相处达三十六天之多。

四、易代前后的余怀及其游事

余澹心晚年所撰《板桥杂记》一书,"三百年来,人所习读"[2]。然澹心中年以前的行止,为世所熟知者仍不多。殆或由于

---

[1] 《三吴游览志》,页102—103。
[2] 陈寅恪:《柳如是别传》(上海:上海古籍出版社,1980),页1082。

澹心其他的撰述，尤其是他的诗歌词曲，还没有得到普遍流传。《板桥杂记》和本文要讨论的《三吴游览志》，一为晚年的回忆录，一为当时的日记，虽皆薄物小篇，然均为探索澹心生平极重要之资料。以下利用《杂记》和《游览志》所提供的线索，再证之以所见澹心的部分诗文和相关别集，试将余澹心二十五岁后十年间在南京的活动和交往，以及他在江浙一带的游事作一初步的考察。所涉年份约为崇祯十三年（1640）至顺治七年（1650）之间。

澹心以福建莆田人随父移居南京，已有人据方文（尔止、嵞山，1612—1669）《余先生六十澹心尊人》一诗考出。嵞山诗按体编年，此诗系辛巳，崇祯十四年（1641），时澹心二十六岁。诗开篇云：

瑶岛移来自八闽，却依京国寄闲身。书藏万卷儿能读，酒泛千钟家不贫。[1]

余家自福建迁南京，家富饶而知书；澹心老父家居嗜酒，而澹心能读书不倦，凡此种种，方嵞山都作了清楚的交代。

嵞山为澹心尊翁撰寿诗，自因嵞山和澹心为朋友之故。前此二年，澹心自己过生日，方嵞山的族兄应乾（水厓、瞿庵，1590—？）尝在其家中为澹心庆寿，并请得顾眉娘登场演剧为澹心寿。澹心晚年忆及，尚感念不忘。《板桥杂记》里又记述了方

---

[1] 方文：《嵞山集》（上海：上海古籍出版社影印康熙刻本，1979），上册，页296。

以智年轻时在秦淮和澹心一共冶游的往事,可见澹心和桐城方氏子弟早年便往来密切。[1]

澹心与桐城方氏的往来,连带使他和安徽贵池籍、以草撰《留都防乱公揭》而名满大江南北的吴应箕(风之、次尾,1594—1645)[2]也攀上了关系。次尾《楼山堂集》收有《答赠余澹心怀》一题,知澹心是先投诗给次尾的。次尾诗系辛巳(崇祯十四年 [1641]),不数年,南都陷,次尾也以身殉明。澹心和次尾间的友情也因此而没有获得进展。但从次尾诗开篇的数行,便足以看出当日吴氏对澹心的推重:

南京佳士如山积,谁揽云霓手自擘。读君文字叹君诗,风神况在貌姑射。[3]

吴次尾的同乡挚友、和次尾被称作"贵池二妙"的刘城(伯宗、存宗,1598—1650)《寄白门余澹心》也曾对澹心的文才恭维备至:

江左经年景物移,有人悱恻对侏离。草堂犹傍黔王里,椽笔徒追轩帝辞。橘颂盟心成往事,兰桡怜友见新诗。伤

---

1 《板桥杂记》,页 30、63—64。
2 柴德赓:《明季留都防乱诸人事迹考上》,收入氏著《史学丛考》(北京:中华书局,1982),页 1—49。
3 吴应箕:《楼山堂集》(《丛书集成初编》本,上海:商务印书馆,1935),页 303。次尾与方以智、陈贞慧、孙临及松江几社诸人均有往还,见集中相关诗。

心异地兴思日,落月梁间独梦知。[1]

当时以诗名重江南的邢昉(孟贞,1590—1653)亦曾和澹心诗酒唱酬。《石臼集》之《前集》有《青溪歌赠别余澹心》一题,中有句云:"城中余郎最少年,与我邂逅青溪陌。余郎词赋方飙起,蔼蔼佳名满人耳。"[2] 可知澹心以高才追随前辈杖履,得名甚早,至《后集》中所收《十六夜月同林茂之张群玉陈澹仙朱汉生何霖明余澹心集顾与治新斋次群玉韵》[3] 一题,更足见澹心在明清之际交游之广。题中所及如林古度(茂之、那子,1580—1666)、顾梦游(与治,1599—1660)、何霖明,均与钱谦益(受之、牧斋,1582—1664)私交甚笃[4],澹心后来得牧斋之见赏当不能与此无关;朱金芝(汉生)是浙江鄞县人,尝问学于黄道周(幼平、若斋,1585—1646),且以收藏鼎彝金石名,和澹心有共同嗜好;[5] 至于陈澹仙,名素,崇祯七年(1634)进士,与澹心的交谊更不寻常。《板桥杂记》中述澹心在明末在秦淮所欢有名李媚姐者,二人已论婚嫁,后竟归澹仙。可见余、陈二人都是秦淮的常客。

---

1 刘城:《峄桐诗集》,见《贵池二妙集》(《丛书集成续编》第120册,上海:上海书店,1994)卷四十六,页6上、下。另有《忆余澹心》七律一首,见卷四十六,页24下。
2 邢昉:《石臼集》(《丛书集成续编》第120册,上海:上海书店,1994),《前集》卷三,页10。
3 《石臼集》,《后集》卷五,页3—4。
4 钱谦益著,钱曾笺注,钱仲联标校:《牧斋有学集》(上海:上海古籍出版社,1996)有关诸诗。又《柳如是别传》,页950—958。
5 范金民、谢正光:《明遗民录汇辑》(南京:南京大学出版社,1995),页140。全祖望著,朱铸禹汇校集注:《全祖望集汇校集注》(上海:上海古籍出版社,2000),《忍辱道人些词》,页264—266。

上述与澹心在明末南京论交诸人，年齿皆比澹心为长，但均视澹心为同路人，且对他倾心推重。

然明亡前对澹心一生所具关键性的人物，似当为范景文（梦章、质公、思仁，1587—1644）。

范梦章以万历四十一年（1613）进士，于崇祯间官陪京兵部尚书。后因上书救黄道周、劾杨嗣昌，被削籍为民，由是声名大振。澹心在《板桥杂记》里说他二十五六岁时，曾在范氏幕中作客，因此得"与四方宾客交游"[1]。又自承他当年秦淮之狭邪游，即始于入范幕之后。《板桥杂记》中累及范景文明末秦淮事，不无原因。[2]

甲申三月之变，范景文在京师投水死。顺治九年（1652），清廷赐谥前明殉难大臣四十余人，范景文名居首，获谥"文忠"，又赐"地七十亩，建祠致祭"。[3]乾隆时修《四库全书》，复将范氏生前所上奏疏及所撰诗文十二卷，整理出版，题作《文忠集》。[4]范景文以身殉明之大节，遂得确立不移。

范梦章好谈兵说剑，但亦有其诗酒风流的一面。钱牧斋在《列朝诗集小传》里说他"秀羸文弱，身不胜衣"，但喜"啜茶品香，论诗顾曲，每以江左风流自命"。[5]这和澹心所记他礼遇扬州书画名家顾不盈，又引说书人柳敬亭为上客二事[6]，是一致的。

1　《板桥杂记》，页 20。
2　《板桥杂记》，页 46、60。
3　范景文：《文忠集》（影印《文渊阁四库全书》本，台北：台湾商务印书馆，1983），卷前《题要》，页 440。
4　《文忠集》，页 440。
5　钱谦益：《列朝诗集小传》（上海：上海古籍出版社，1983），页 558。
6　《板桥杂记》，页 46、60。

至于梦章在诗歌创作上的成就,所获评价亦高。牧斋诗"扬花删竹吴桥句",拈出梦章"扫花便欲亲苔坐,删竹尝防碍月行",以其"最为清趣"。朱彝尊《静志居诗话》甚至称誉他"博综旧章,领袖群雅。其诗发扬而不厉,新警而不佻,独自成家,不饮狂泉之水"[1]。可见梦章不是一般无才学的大吏。

余澹心以二十五岁之龄,为范梦章招为幕客,专掌文书,说明了澹心的文才出众,也兼见范氏能知人善任。

《四库全书》所收梦章《文忠集》里无一字及钱牧斋,但他和牧斋却是无所不谈的挚友。《初学集》中所收《范司马参机奏疏序》一文,及《山中得范质兵司马削籍报闻将卜居吴下喜而有作》一诗[2],都是范梦章一生中极相关的文字。牧斋又记梦章于天启间,曾走访牧斋,表述自己对政坛的意见。[3]可见二人是政坛上的同路人。梦章罢官后,友人为作《将相谈兵图》,梦章即以此图征题于牧斋,足见二人皆以将帅之才自命,互相标榜。[4]读牧斋《饮酒》诗中"昔与范郎饮,班荆剪葵韭"及"闲闲桑者园,在彼官道旁"等句[5],知范、钱二人契缘甚深。

---

1 钱谦益著,钱曾笺注,钱仲联标校:《牧斋初学集》(上海:上海古籍出版社,1985)卷十七,《与姚叔祥论诗戏题十六首》其十三,页607。朱彝尊著,黄君坦校点:《静志居诗话》(北京:人民文学出版社,1990),页611。
2 《初学集》,页540、897。
3 《列朝诗集小传》,页558。
4 钱牧斋诗《题将相谈兵图为范司马禁将军作》,见《初学集》,页691—692。陈寅恪于此诗有论考,见《柳如是别传》,页666—668。
5 钱牧斋《饮酒七首》,《初学集》,页204—208。其一有:"昔与范郎饮,班荆剪葵韭。"自注:"天启辛酉过吴桥,饮酒范质公斋中,质公时为吏部郎。"天启辛酉为天启元年,即1621年,时牧斋四十岁。其二有:"闲闲桑者园,在彼官道旁。"自注:"桑园在德州东界,为范质公别业。"

范梦章和牧斋的爱妾柳如是亦尝有诗歌唱和。今人周书田、范景中辑校《柳如是集》有北京故宫博物院所藏柳氏手书《赋范司马嘉莲作》七律一首的影印本。诗云：

风流不坠莫愁城，司马池台胜已并。只觉花逢连理好，尽缘人重合欢名。双凌芍药阶前艳，并照芙蓉幕里清。从此三生怀渌水，年年开发倍含情。[1]

题作"范司马"，知当作于梦章罢南京兵部尚书以后，起为北京刑部尚书、改工部之前。诗首句云，"风流不坠莫愁城"，知梦章仍居南京。时柳氏已归牧斋，而牧斋集中乃无同题之作，不知何故？惟牧斋门生、本籍江宁之顾梦游则有《范大司马朗照堂咏并头莲》七律二首。[2] 梦游生长陪京，足迹不出金陵，益知柳如是所咏之嘉莲，即范梦章在南京朗照堂中之物无疑。

范梦章既与钱牧斋有这样密切的关系，余澹心日后与牧斋保持往还，是顺理成章的。

现存的《文忠集》，还保留有梦章《秦淮》《北吴和歌》及《庚申元夕仁常招饮灯市》等诗，皆艳而不淫，楚楚有风致，置诸澹心集中，几欲乱真。这些便都是年少多才的澹心得见赏于

---

1 周书田、范景中辑校：《柳如是集》（北京：中央美术学院出版社，2002）。复印件第 11 幅。诗又见页 168，惟题作《嘉莲》，似欠妥。
2 此据周、范二氏辑校之《柳如是集》。顾梦游诗见《顾与治诗》，《丛书集成续编》第 120 册，页 250 上。陈寅恪自承未见柳如是所赋之并头莲诗，见《柳如是别传》，页 541。

梦章的原因。至于集中与方文、章闇、僧汰如、方震孺等人唱酬之作[1]，更说明了澹心以后与这些人的结交，实非意外的事。

梦章知交中对澹心交游影响较深者尚有松江籍的陈子龙（卧子、大樽，1608—1647）。卧子《自撰年谱》崇祯十七年甲申（1644）条有云：

吴桥相公，先君乙卯房师也。[2]

乙卯为万历四十三年（1615），卧子父陈所闻（无声，1587—1626）于是年成举人，而和他同年生的河北吴桥人范梦章（吴桥相公）正是他的房师。陈所闻早卒，年才四十。卧子《自撰年谱》里又说：

［吴桥相公］素惜先君未展其才，爱予甚笃。[3]

指的是范梦章力荐陈卧子于朝事。

现在流通的《陈子龙诗集》卷十四收有《献留都范大司马》七律二首[4]，审其内容词气，应作于梦章南京兵部尚书任内（崇祯七年至十一年[1634—1638]）。可见梦章对故旧门生的遗孤，始终保持往来。后来梦章和卧子先后以身殉明，相隔仅三载，亦

---

1 《文忠集》，页620、622。
2 陈子龙著，施蛰存、马祖熙标校：《陈子龙诗集》（上海：上海古籍出版社，1983），《附录二·陈子龙年谱卷上》，页687。
3 同上。
4 《陈子龙诗集》，页454。

可说是南北后先辉映了。

卧子集中所收酬赠之作，所涉人物如钱牧斋、吴次尾、孙克临、吴梅村，以至桐城方氏子弟，都和澹心投契。至于卧子在松江原籍的诗文之友，后来也先后与澹心厚善。下文将再作交代。

以上考述与澹心有直接或间接关系的若干人物，意在说明澹心于清初数游江浙之时，他所获得当地士人丰厚的礼遇，和他早年在南京的交游，实有莫大的关系；换言之，澹心在晚明的交游，大有助于他日后交游网络的扩张。

余澹心和楚云于顺治七年（1650）相遇于松江之前，曾数次从南京出发作江浙之游。就目前所见的诗文中，可确知澹心在清初七年之间，曾先后访游江浙地区至少五次：

崇祯十七年（1644）三月：经苏州、嘉兴至杭州、绍兴等地

顺治四年（1647）

顺治五年（1648）

顺治六年（1649）：苏州、浙江

顺治七年（1650）：苏州、松江、太仓

澹心游江浙，多有诗纪其事，但以日记体裁纪游的，则仅有顺治七年（1650）所撰的《三吴游览志》一书而已。

五、《三吴游览志》解读示例

《三吴游览志》共约一万字左右，可说是薄物小篇。书前有吴梅村短序一篇，编梅村集及年谱的人都列此序为"佚文"。

《游览志》中记和梅村相见,且录有澹心赠梅村的长诗一首。[1]兼以梅村在南京任国子监司业时(崇祯十三年[1640]),澹心曾"游学南雍",所以二人当早便相识。梅村为《游览志》撰序,是很有可能的。

和澹心晚年所撰的《板桥杂记》相比,《三吴游览志》的声名显然远有不如。《游览志》据说有清初刊本,但似乎已经流失。现在流通的只有三个本子,但都同出1920年代上海进步书局印行的《笔记小说大观》中所收。1984年江苏广陵古籍刻印社予以重印。2000年上海古籍出版社印行了李金堂为《游览志》所作的校注本,是至今惟一的现代标点本。[2]李氏所据,便是1984年的广陵本。

《游览志》声名虽远不逮《板桥杂记》,但其史料价值却不容忽视。首先,《游览志》对澹心的行程(自四月初一日至六月十九日)逐日记录,或陆行水行,或晴或雨,所见或山或水,姑无论矣。即所与之宴会、所赏之戏曲、所观之书画、所购之图籍、所月旦之人物、所畅论之艺文,乃至品茗着棋,分韵赋诗,都有记录。这些记载对了解清初江南文人的生活,无疑是很重要的资源。

其次,《游览志》记澹心在游程中所见的人物独详。计自丹阳经苏州、昆山、松江至太仓等地,与澹心见面的达七十余人。澹心和这些人物间的种种关系,当为研究澹心生平者所乐闻。

再者,《游览志》中收澹心此行所撰各体诗歌共三十二题

---

1 《三吴游览志》,页119—120、122—125。
2 《板桥杂记》,页12—13。

八十八首、文三篇。这些诗文是否已收入澹心已刊的几个集子里,自然也是值得关心的。

最后,澹心撰《三吴游览志》时,基本上是记即日之事,即偶有事后追记的痕迹,相去时日亦应不远。《板桥杂记》为澹心晚年之作(亦有至早不能先于康熙八年[1669]之说[1]),《游览志》记事较《板桥杂记》较为得实,是可以推见的。

上文提及李金堂所撰《三吴游览志校注》(以下简称"校注本")是作为李氏所撰《板桥杂记校注》的"外一种"而收入在《明清小品丛刊》之中出版的。李氏对《游览志》的校注工作,目的在"对文中出现的人名、地名、典故、术语加以简明的注释",以"给读者阅读(该书)提供参考和帮助"。[2] 读过校注本的人,都会认同李氏对《三吴游览志》的注释翔实,可读性也很高。

当然,余澹心在《三吴游览志》中所留下的记载,也有好些是不为作传统注释工作者所留心,且为一般读者所不加关注的。因为这些问题,已涉及专门性的文本解读的范围。以下所举数例,意在说明《三吴游览志》对研究余澹心的重要性,以及传统注释工作力有所未逮之处。这和李金堂先生在校注本中所取得的成就,是不相干的。

(一)余怀的交游网络

上文提及《游览志》中所记录的人物达七十余人。可是澹

---

1 陈寅恪说见《柳如是别传》,页1085。
2 《板桥杂记》,页1—5。

心所记的人物,都只称姓氏及字号,其人的"名"都付阙如。校注本利用大量的方志资料,考出姓名及简历者几四十人,占所涉人物半数以上。给读者提供了不少的方便。

但是,校注本对人物的考释,乃至对澹心当日的交游网络所提供的讯息仍是有限的:因为李先生在注释人物时,只注意澹心与该人之间直线式的关系,而不去考求澹心和该人相交的"来龙去脉"。至于澹心和该人共有的知交及相关的交情网络的推求[1],便更在校注本垂意之外了。以下试举些例证来说明。

《三吴游览志》四月初二日条记澹心离南京后翌日,在丹阳城"晤方坦庵太史于莲堂庵"。校注本于此句有注,考出"方坦庵太史"即方拱乾,并附注其生平颇详。[2]

《志》中又说澹心访坦庵于丹阳,时正染疾未愈,然抵掌论诗甚欢。澹心至谓"忽不知沉疴之去于体也"。临别,澹心作二诗赠坦庵。

但澹心与坦庵间究有何种关系?

方坦庵为桐城人。上文说及崇祯十二年(1639)在南京为澹心庆寿的方应乾,便是坦庵的胞兄。因此为澹心父亲撰六十寿诗的方肃山称坦庵为族叔,而曾和澹心在秦淮冶游的方密之便是坦庵的族孙辈了![3]可见澹心和方氏三代都有极深厚的交谊。

方坦庵中崇祯元年(1628)进士,先后在翰林院及詹事府

---

1 谢正光:《顾亭林书札考释四则》,《中华文史论丛》第67辑(上海:上海古籍出版社,2001),页270—271。
2 《板桥杂记》,页84—85。
3 谢正光:《读方文〈嵞山集〉——清初桐城方氏行实小议》,收入氏著《清初诗文与士人交游考》(南京:南京大学出版社,2001),页109—181,及书末所附方氏世系表。

任官。顺治十一年（1654）被清廷起用，复原官。但不久即为顺治十四年（1657）丁酉南闱科场案牵连，与数子同被流徙宁古塔。顺治十八年（1661）冬始放归。[1] 翌年，坦庵有诗纪余澹心事，题作《仲侄述余澹心称诗，因忆黄东崖》[2]，仲侄，指方文，东崖，则福建晋江籍诗人黄景昉（太稚）也。诗中有及澹心句云："仲侄归自姑苏道，告我诗人余子老。"又云："闻说余子耽清古，主持风雅心应苦。"[3] 时距方、余二人丹阳之会，已十二年了。

坦庵长子玄成（孝标，顺治六年 [1649] 进士）、次子亨咸（邵村，顺治四年 [1647] 进士）亦与澹心投契。《钝斋诗选》中《金叔侃招饮桂花依韵和澹心》诗，作于方氏自塞外归来之后，其第三首及诗自注中即可见澹心与方氏兄弟当日之游兴不减少年：

> 丛花翠袖两飘香，瑟引湘灵箫引凤。杂坐五更倾一石，淳于重学少年狂。（自注：静容生花歌新辞，刘梦锡及家弟邵村倚箫和之，为之大醉。）[4]

---

1 孟森：《科场案》，收入氏著《明清史论著集刊》（北京：中华书局，1959），页391—433。
2 方拱乾著，李兴盛等标校：《方拱乾诗集》（哈尔滨：黑龙江教育出版社，1992），页442。
3 《方拱乾诗集》，页442。
4 方孝标著，唐根生等点校：《钝斋诗选》（合肥：黄山书社，1996），页391。又：《续四库全书》本《钝斋诗选》卷十，页377有《泛舟虎丘遇余澹心》二首。曹溶《静惕堂诗集》（清雍正刻本）卷二十二，页7《园次香为澹心邵村敦四过集寓中分韵三首》，应作于顺治初年。

以上因澹心于顺治七年（1650）与方坦庵丹阳之会，乃考述他和方氏子弟在此事之前及其后之往还，意在说明《三吴游览志》中所记的人物，多与澹心早已建立直接或间接的友谊。他和松江很多士人的关系，也是如此。

澹心此行在松江停留最久（共三十七日），固然和迷恋楚云不无关系，但在此前一年，澹心曾访松江，和当地的很多士子，早便结识，也是重要的原因。[1]其中声名较著的，如宋征璧（尚木，原名存楠）宋存标（子健、秋士）兄弟、徐致远（武静、武子，1614—1671）、张一鹄（友鸿）、章闇（少章）、王广心（伊人、农山，1612—？）、徐允贞（丽冲）及计南阳（又名安，子山）等人，又都是陈子龙早年所创的几社中的成员。[2]宋氏兄弟和徐致远等且和钱牧斋及吴梅村等友好，澹心和这些人的交往，可说是交谊重重叠复了。若单靠方志中所收的传记来介绍这些人的生平，澹心和松江士人之间错综复杂的关系便无法显示得清楚了。

当然，澹心此行也不无新交。但即使新交，也多与旧日的情谊有关。以下姑举张昂之（冷石、匪石）一人为例。

《三吴游览志》记与张冷石第一次见面在五月初二日[3]，地点在冷石的藏书阁。是日二人分韵赋诗，澹心所作二首，说的都是冷石在干戈满眼的年代中，如何隐居自得。次日二人有诗往

---

1 《板桥杂记》，页95，《赠计子山》诗自注："去年来此，未见子山而归。"
2 杜登春：《社事本末》，见《陈子龙诗集》附录二，页728—737；朱倓：《明季社党研究》（重庆：商务印书馆，1945），页165—304。
3 《三吴游览志》，页100—102。

还，澹心有句云，"旁览追前古，结交忘少年"，足见二人年辈不齐。又一日，冷石送惠山泉水至澹心舟，盖已知澹心有茶癖。二人投契，已可推见。

及五月十五日，澹心再访冷石于其藏书阁，则《游览志》所记遂更详矣：

> 屋凡九间，连绵似欧阳公舫斋；分经、史、子、集、稗官小说、佛经梵志，各置架格，装帙精严；皆手自批评，丹黄烂漫。……先生名进士，官重庆太守。归见世涂多梗，以冠服投蜀江，示无宦情，志绝仕进。今年六十余，闭门晏坐，稀见宾客。或风日晴朗，则扶童子，手一编，倚宅边柳树观之，至倦乃返。先生最爱予，每到则洗盏烹茗。饭则设一豆，白米赤盐，绿葵紫蓼，道味冲和，使人之意也消。[1]

校注本引方志中所收张冷石传，于其平生梗概，略见一二。但冷石一生中除早年之科第仕迹及晚年隐居白龙潭二事，其与陈子龙之关系，则方志皆略去不谈。

张冷石与陈大樽，曾结姻亲关系：大樽之三妹即冷石之媳。此事大樽有文纪之。冷石赴四川任太守，大樽有诗送行。[2] 甲申之后，大樽一度在松江、嘉兴、嘉善之间往来频繁。其门人王沄所续成之《陈子龙年谱》记当时与之往来者，松江人中，"故

---

[1] 《三吴游览志》，页 109—110。
[2] 《陈子龙诗集》，页 440。

人惟张冷石先生"[1]及其他二三子而已。此顺治三年（1646）事。越一载，大樽投河死，友辈驾小舟访得尸身于"乱苇间水次"，载以归。而为之购棺木、制衣冠具敛者，即为冷石。王沄续谱中记大樽死后之窘状说：

> 所至苦者，囊无一钱，家无一仆，张空拳，疲两足，烈日暴雨，奔走西郊，足迹所至，几同怪鸟。[2]

言下不胜愤懑。王氏继云：

> 相助为理者，张冷石先生，则先生之执友且姻也。[3]

则冷石之风义可以见矣！上文叙澹心之幕主范吴桥为陈大樽父亲之座师，大樽又累得吴桥之提携。张冷石既为大樽生前之执友兼姻娅，其与澹心相见，距大樽之死仅三载，则二人除了诗酒文心以外，必另有足以维系彼此情谊者存焉，是亦可以卜也！

《三吴游览志》中所记人物，自不能逐一介绍。就整体来说，这些人物的性别、年龄、科第、仕宦，乃至其对明清两朝所持之态度，均有足述者。

就性别而论，女性只有四人，都是歌伎。年龄方面，最长

---

1 《陈子龙诗集》，页716。
2 《陈子龙诗集》，页726。
3 同上。

者是苏州诗人林若抚（云凤）。[1] 林殁于顺治十二年（1655），钱牧斋挽诗中称之"大历诗人"及"贞元朝士"[2]，当生于万历早年，盖与牧斋年齿相近者。而年最幼者当为宋存标（子建）之子思玉（楚鸿），澹心称曰"童子甫十岁，诗赋词曲，淹雅葳蕤"[3]。牧斋《次韵答子建长君楚鸿》有云："千里儿驹腾汗血，九皋子鹤和鸣阴。"诗系于丙申（顺治十三年[1656]）。[4] 后此六载，楚鸿亦只十六岁耳。吴梅村序其父子建诗亦云："楚鸿，子建子也，年十五六，其为诗则已含咀汉魏，规摹三唐，即子建且当避之矣。"[5] 楚鸿当时锋芒之劲，可以想见。惜楚鸿不见有集行世，仅于黄传祖《扶轮广集》《扶轮新集》及邓汉仪《诗观二集》中仍可见其作品一二而已。[6]

澹心在三吴地区的友朋之中，先后在明清得第者也不少。

在明朝得进士者有张昂之（天启二年[1622]）、方拱乾（崇祯元年[1628]）、吴伟业（崇祯四年[1631]）、姜垓及胡其章（俱崇祯十三年[1640]）、宋征璧（崇祯十六年[1643]）。他如张豳之、王挺、王鉴等，亦得举人及生员不等。此九人之中，在清朝出仕的有方拱乾、吴伟业及宋征璧，事皆在澹心此游之后。

入清后应试服官的共八人。除王广心第进士于澹心此游之前，其他皆得第于澹心此行之后：顾大南（顺治九年[1652]进

---

1 《三吴游览志》，页127。六月十二日条："林若抚来。不见经年，老而愈健，可喜也。"
2 《有学集》，页245。牧斋挽诗中有"即看大历诗人尽，更许贞元朝士多"句。
3 《三吴游览志》，页97。
4 《有学集》，页328。
5 《吴梅村全集》，页667。梅村序云宋子建诗集附有楚鸿诸作。子建集未见。冯、叶二氏所著《吴梅村年谱》系此序于顺治十年（1653）。《吴梅村年谱》，页252、260。
6 谢正光、陈谦平合编：《清初诗人索引》（未刊稿）。

士）、陆庆曾（顺治十四年[1657]举人）、王揆（顺治十二年[1655]进士）、周肇（顺治十四年[1657]举人）、张一鹄（顺治十五年[1658]进士）、陆庆裕（顺治九年[1652]贡生）、王昊（康熙博学鸿儒）。其中陆庆曾和上举的方拱乾均因牵连顺治十四年（1657）科场案而被遣戍尚阳堡。

曾经参加抗清运动者有姜垓和徐致远。姜如须及其兄在浙江参加鲁王政权事，已另有文字讨论。[1] 徐致远及其兄弟等与钱牧斋复明运动的关系，则陈寅恪先生已有详考。[2] 俱不赘。

澹心友朋之中，亦有以作幕为生者，如许旭；以绘事谋食者，如冯鐩、叶有莲；有擅鉴赏者如董其昌后人孟履；有善度曲者如王公沂；有行医者如顾右民；有好治园林者如唐薛雨。[3]

总而言之，澹心嗜好多，故所交多且品类广，然均与其气类相近。兹举《游览志》四月二十七、五月初一、五月十四诸条所记，以为此说之注脚：

> 友鸿（张一鹄）携馔具，文饶（陆庆裕）持酒枪，玄升择笙簧、载歌姬，随风而至，酒行数巡，即席成句。[4]

> 赴董孟履之招，纵观宗伯公书画。乃知：书之疏挺老

---

1 谢正光：《清初忠君典范之塑造与合流：山东莱阳姜氏行谊考论》（未刊稿）。
2 《柳如是别传》，页1124—1128。又：澹心此游在松江即下榻于徐致远（武静）家（《三吴游览志》，页91）。武静时在南京（页99）。此即钱牧斋于顺治十三年（1656）游松江时之居所。《有学集》卷七有《徐武静生日置酒高会堂赋赠八百字》等题。
3 以上所列皆见《三吴游览志》，不另出注。
4 《三吴游览志》，页98。

润、整斜无径者，皆真；绵密软美、刻划有痕者，皆伪。[1]

集素心（李愫）宅。君山（叶有莲）画《双柳图》。震雉（顾大申）作一大舫，宗汉写余小像，而补楚云醉卧于其旁。[2]

澹心与三吴一带文士错综复杂的关系，下文将再论及。现在先回头讨论解读《三吴游览志》过程中所出现的另一问题：澹心诗文中引用古典的多重涵义。以下试拈出三个例证来说明。

（二）余怀用典的多层涵义
1. 庾子山及其《枯树赋》

上文说澹心道出丹阳，和方拱乾谈诗竟日，临别赋诗二首。第二首云：

青青河畔草如烟，夜雨频吹估客船。病里每吟枯树赋，到来先读帝京篇。一庵香绕莲华幕，十里莺啼麦秀天。对语寒山无片石，还将消息问龙眠。[3]

颈联以《枯树赋》对《帝京篇》，可云工整。唐时骆宾王（？—684）有《帝京篇》咏首都长安之盛。澹心同时人顾炎武（宁人、亭林，1613—1682）亦有《帝京篇》颂南都"旋旋焉与平

1　《三吴游览志》，页99。
2　《三吴游览志》，页109。
3　《三吴游览志》，页84。

康之世无异"[1]。则澹心所读之《帝京篇》,实泛指对故国康盛之记忆。这里暂置不论。相对而言,上句所及的《枯树赋》,则牵涉较广。校注本先指出《枯树赋》乃庾信(子山,513—580)所作,继言"《枯树赋》以树'婆娑生意尽矣',进而对人生'沉沦穷巷,芜没荆扉,既伤摇落,弥嗟变衰'产生悲鸣"。并引桓温之语发出慨叹:"昔年种柳,依依汉南。今看摇落,凄怆江潭。树犹如此,人何以堪!"[2]

澹心病里吟诵庾子山的《枯树赋》之际,当不能无"树犹如此,人何以堪"的沧桑之感,这是可以肯定的。但澹心运用此一典故的涵义,恐尚不止于此。

清初诗人经历易代沧桑,于迁播流离之际,对庾子山当年乡关之思,认同感自当甚为强烈。他们俯仰身世,怀旧忆往,遂多以子山相譬,甚或以子山自比。梅村《听朱乐隆歌六首》末首:

坐中谁是沾裳者,词客哀时庾子山。[3]

《白门遇北来友人》:

庾信有书谈北上,杜林无恙问西州。[4]

---

1 王蘧常:《顾亭林诗集汇注》(上海:上海古籍出版社,1983),页46—65。王冀民:《顾亭林诗笺释》(北京:中华书局,1998),页25—38。王冀民氏题亭林此诗作《京阙篇》。
2 《三吴游览志》,页84。
3 《吴梅村全集》,页208。
4 《吴梅村全集》,页136。

龚鼎孳《和答澹心兼寿其五十初度》：

> 哀吟庾开府，霸才陈子璋。[1]

钱曾《有论诗者戏以绝句八首答之》：

> 新赋悲哀去国情，白头流落庾兰成。[2]

王士禛《余澹心寄金陵咏怀古迹却寄二首》：

> 江南戎马后，愁杀庾兰成。[3]

姜垓《山中逢毛晋周荣起兼忆高起之亡》：

> 亡国子山仍寂寞，渡江公瑾最风流。[4]

姜埰《哭友二首》：

> 丝竹苏卿酒，梁周庾信书。[5]

---

[1] 龚鼎孳：《龚端毅公定山堂诗集》（民国甲子龚氏瞻麓斋重校本）卷二，页24下。
[2] 钱曾著，谢正光笺校：《钱遵王诗集笺校》（香港：三联书店，1990），页144。
[3] 王士禛著，李毓芙、牟通、李茂肃整理：《渔洋精华录集释》（上海：上海古籍出版社，1999），页136。
[4] 姜垓：《浏览堂残稿》（光绪二十六年王懿荣序刊本）卷六，页25上。
[5] 姜埰：《敬亭集》（台南：庄严文化事业有限公司，1997）卷三，《四库全书存目丛书》集部第193册，页587。

《广陵遇嘉禾友感赋》:

> 娄东学士三词伯,身世伤心庾子山。[1]

曹溶《伍铁山自香山来晤赋赠》:

> 诗书隔代桓荣老,山海联床庾信哀。[2]

以上所举,都是比较明显的例子。

至余澹心的诗文中,用庾子山的典故,也是常见的。像他此行到太仓,访吴梅村于五亩之园,所赠梅村长句中便有云:

> 君不见梁朝庾子山,暮年诗赋动江关。[3]

其《沁园春·寄怀龚芝麓尚书即用陈其年韵》:

> 愧哀时词客,江关萧瑟。[4]

澹心所用,出杜甫《咏怀古迹五首》:

---

1 《敬亭集》,页605。
2 《静惕堂诗集》卷三十二,页12下。
3 《三吴游览志》,页119。又:页114,《坐如须草堂话旧分赋》第二首结句云,"此去娄江何所见,子山词赋仲宣楼",则以梅村比庾子山。时梅村尚未出山也。
4 南京大学中国语言文学系《全清词》编纂委员会编:《全清词·顺康卷》(北京:中华书局,1994),页1267。又页1265,《满江红祝金孝章七十》:"湖海元龙常啸傲,江关庾信终萧瑟。"前阕以身为贰臣之芝麓比子山,此则以遗民比子山矣。

> 羯胡事主终无赖，词客哀时且未还。庾信平生最萧瑟，暮年诗赋动江关。[1]

澹心子宾硕（鸿客）《金陵览古》中栖霞寺条：

> 不辞临眺伤摇落，词客哀时酒一杯。[2]

后来吴绮（园次，1619—1694）《过拂水山庄》悼牧斋诗，亦用少陵此一典：

> 词赋可怜萧瑟尽，不留红豆在江南。[3]

至于余澹心赠方坦庵诗中所及子山的《枯树赋》，便更是清初人所熟诵。顾亭林《日知录》卷二十一"庾子山赋误"所辨，即《枯树赋》。[4] 如刘逢源《秋柳》：

> 婆娑生意同枯树，惨淡风光异早春。[5]

亦明出《枯树赋》中"此树婆娑，生意尽矣"两句。

澹心《莒溪四时艳歌》第四首亦有及《枯树赋》者：

---

1 钱谦益：《钱注杜诗》（上海：上海古籍出版社，1979），页511。
2 余宾硕：《金陵览古》（上海：上海古籍出版社，1983），页271。
3 吴绮：《林蕙堂全集》（康熙三十九年刻本）。
4 顾炎武著，黄汝成集释：《日知录集释》（长沙：岳麓书社，1996），页749。
5 刘逢源：《积书岩诗集》（影印《畿辅丛书》本，台北：艺文印书馆），页14上。

千峰万峰半夜白,赋成枯树归未得。[1]

陈维崧(其年、维崧,1625—1682)序余鸿客《金陵览古》:

然而路出乌衣,惟多枯树;桥经红板,止剩荒台。

继云:

父是肩善,乃生小庾。[2]

则直以鸿客为子山,而澹心为庾肩吾矣。

钱牧斋于明亡后所撰诗章,亦尝用《枯树赋》典。《秋槐诗集》之《再次茂之他字韵》第四首:

凉风摵摵凛秋过,枯树婆娑奈尔何。[3]

《次韵答皖城盛集陶见赠二首》第一首:

枯树婆娑陨涕攀,只余萧瑟傍江关。[4]

---

1 康爵辑:《味外轩诗辑》(上海图书馆藏抄本),无页码,录自《莆风清籁集》。
2 《金陵览古》,页248—249。
3 《有学集》,页24。
4 《有学集》,页39。

则集子山赋与少陵诗而成。至《和盛集陶落叶诗二首》之一"最是风流殷太守，不堪惆怅自攀条"[1]，所谓殷太守，即《枯树赋》开篇所称"风流儒雅，海内知名，代异时移，出为东阳太守"的殷仲文了！

以上所考述者，限于清初诗文中习见和庾子山及其《枯树赋》有关典故的运用。作者或以子山自比，或以譬喻友人。于《枯树赋》中所显露的乡关之思，尤低徊再三。基本上仍是追随杜少陵对庾子山的爱重。庾子山被目为失节贰臣的象征，应为全祖望以牧斋比拟子山以后的发展。[2] 此事当另外撰文考述之。

至《枯树赋》以法书实物之出现，明清间人似亦颇宝爱之。余澹心的知交、身为贰臣的龚鼎孳以所藏褚遂良所书《枯树赋》遍请友人题诗，便是一个例证。

龚芝麓在崇祯五年（1632）任京官时，和澹心的府主范梦章为同路人。梦章因事罢官，芝麓曾寄诗慰之[3]，事与牧斋、梅村所为者同。崇祯死后，梦章以身殉主，芝麓则先降大顺、继降满清。然与当时之先朝遗民，始终保持往还。顺治三年（1646），亦即澹心《三吴游览志》所纪之游前四年，芝麓自北都南归奔父丧，回程经南京，邀集澹心等江南友辈，饮酒赋诗，

1　《有学集》，页38。
2　全祖望《题哀江南赋后》有云："予尝谓近人如东涧，信之徒也。"（《全祖望集汇校集注》，页1410）
3　《龚端毅公定山堂诗集》卷十六，页1下。诗题作《范质公司马抗疏谪归寄怀二首和方孩未先生韵》。方孩未，方震孺也。芝麓诗第二首开篇四句云："俯仰通津老不能，手排阊阖最高层。四朝宠辱心如水，万古云霄道得朋。"范梦章当日之声名，可以想见。又：梦章罢官，牧斋亦有诗，见《初学集》，页897。吴梅村亦有赠梦章诗：《赠范司马质公偕钱职方大鹤》，《吴梅村全集》，页46—47。

流连浃旬。[1] 在其中一次的宴集中，紫桂燃膏，红牙按板之余，芝麓出所藏褚遂良书《枯树赋》碑拓本，遍请在座者题诗，澹心有应时之作，题为《褚河南书枯树赋为孝升作》。中篇八韵，最为相关：

> 就中一卷索题诗，六朝词赋初唐字。平生萧瑟庾子山，婆娑枯树动江关。树犹如此嗟何及，繁弦急管天应泣。临池者谁褚潭州，诘倔瘦健拔老揪。银钩铁画更妩媚，行间自带英雄气。当时欧虞八法工，文皇睿赏君臣同。岂知牝晨乱天纪，须眉竟向蛮烟徙。好书此赋十本余，汉南摇落增欷歔。[2]

所谓"牝晨乱天纪"，当指武后登基事，上距褚遂良书《枯树赋》（贞观四年 [630]）已逾五十年。澹心盖借此泛指明清间之乱事。至诗中"今宵沉醉太常斋，飞笺擘轴皆奇才"，当日与宴的众"奇才"，尚待考出。

芝麓出所藏"六朝词赋初唐字"之《枯树赋》遍示当日的宾客，当亦有意示人自拟为赋中所及之殷仲文。审子山描写殷氏之经历有"殷仲文风流儒雅，海内知名，代异时移，出为东阳太守，常忽忽不乐"等语，除"出为东阳太守"一事外，无一不与芝麓在明清易代前后之遭际相合。其中"常忽忽不乐"，尤写出芝麓于顺治初年遭父丧前后累为弹章所攻击因而官阶被

---

[1] 《板桥杂记》，页 30。
[2] 《味外轩诗辑》；陈田：《明诗纪事》，页 3134—3135。

贬降后之心境。毋怪乎澹心作此诗后数年，芝麓再过南京，"秋杪集澹心道归堂时园次自广陵髯孙自姑熟至"一会中，仍有"九月菊因彭泽放，十园树到子山枯"[1]之叹了！

近人杨震方所编《碑帖叙录》中称褚书《枯树赋》"真迹不传于世，仅见刻本"[2]。又谓"明王世贞所刻单行本最佳，次则清周于礼《听雨轩帖》所刻。又有《玉烟堂》《至宝斋》等帖，但刻俱不精"。近代书家沈尹默自承是学褚体起家的，他所见的褚书《枯树赋》也"非出于登善真墨，而临仿所为"[3]。都是说明褚书《枯树赋》在当时普遍流行因而有一定的"市场需求"。又据汪庆正《董其昌法书刻帖简述》一文[4]，董其昌亦好书《枯树赋》。汪文所著录，即有《玉虹鉴真续帖》《延清堂帖》《过云楼藏帖》及《百石堂藏帖》等本。后者且有董氏跋文。[5]

汪先生所著录，皆尚无缘过目。惟寒舍藏有王鸿绪书《枯树赋》绢本中堂一幅，亦有足述者。王氏所书乃赋中"昔之三河徙殖"至"汉则将军坐焉"一段，下署"王鸿绪临"。无款。考王鸿绪（度心、季友、横云山人，1645—1723），华亭人，以《明史稿》为世所知。其父王广心（伊人、农山，1611—？）为余澹心知交；澹心此行至松江，最初接待澹心者，王农山即其中之一。时王鸿绪才六龄耳。澹心当尝见之。忆余于十载前购

---

1 《龚端毅公定山堂诗集》卷三十四，页3下。
2 杨震方：《碑帖叙录》（上海：上海古籍出版社，1988），页107。
3 马国权：《沈尹默论书丛稿》（香港：三联书店，1982），页182。
4 汪文见 Wai-kam Ho, ed., *The Century of Tung Ch'i-ch'ang, 1555–1636* (The Nelson Atkins Museum of Art, 1992), pp. 335–348.
5 *The Century of Tung Ch'i-ch'ang, 1555–1636*, p. 343.

王氏此帧时,乃因其为王氏手迹,初未知王家与澹心之关系如此密切也。

龚芝麓定山堂所藏本,今已不知归何处。余所据者,乃日人冈本白涛为东京二玄社《书道技法讲座(32)行书》系列所编者,题作《枯树赋——褚遂良》[1],所附拓本亦为节本。

2. "是岁庚寅吊楚湘"

澹心《三吴游览志》中用古典每有多重涵义,又见书中五月初五日记与松江诸士于卧龙桥舟中祭屈原一事。《志》云:

> 南薰展爽,丽景垂炎,箫鼓沸天,楼船匝地。移舟卧龙桥边。焚一炉香,炊茶灶。几上置《楚辞》,且读且哭。……有客乘小艇,高吟"是岁庚寅吊楚湘"诗,音节慷慨,波浪皆出。余曰:"此必少章也。"呼之,果然。面色赪,已半醉矣。……诸君淋漓颠仆,备极酣呼,倏忽之间,前后逃散,若兵败而避敌然。人静潭空,……余复秉烛和少章,诗云:
> 是岁庚寅吊楚湘,满船箫鼓泣高阳。
> 云旗出入斗山鬼,兰佩分明隔帝乡。
> 续命有丝人寂寂,问天无语泪茫茫。
> 水深浪阔蛟龙恶,空使招魂一断肠。[2]

杜少陵《梦李白》诗:"水深波浪阔,无使蛟龙得。"此澹

---

1 冈本白涛:《枯树赋——褚遂良》(东京:二玄社,1979)。
2 《三吴游览志》,页102—103。

心"水深浪阔蛟龙恶"所由出也。

澹心等人于端阳节诗酒哭屈原,事似寻常。但审度《志》中章少章(闇)首唱"是岁庚寅吊楚湘"句及澹心所和诗,则知其事之意义甚深。《离骚》:"惟庚寅吾以降。"知屈原生年为庚寅。则当日吊屈原,不独吊其汨罗赴水,亦纪其诞生之年。

再者,少章辈分甚高,早岁与陈子龙父所闻有同门之谊。后大樽等人创几社,少章亦为社友,与陈氏两世皆友好。[1]

少章诗全貌已不可见,但其首句(亦澹心和作之首句)"是岁庚寅吊楚湘",表面为纪实,盖顺治七年(1650)岁值"庚寅"故也。但若上推甲子六周(即元世祖至元二十七年 [1290]),岁亦"庚寅"。是年南宋遗民谢翱(皋羽、皋父,1249—1295)哭文天祥(履善,1236—1282)于严子陵之钓台,并撰有《西台恸哭记》,叙其于文信国之关系。此二"庚寅",相去三百六十年,虽属巧合,但就余、章等人言之,意义却不寻常。

考明清间人对皋羽于西台恸哭文山,无论其事或其文,均多熟悉。范梦章尝记谢翱事云:

> 皋羽,闽人。当文信公制置时,上书幕府,为上客,资筹划。迨信公成仁柴市,皋羽往来洒泣于吴越间。有纪游、有歌诗,总以写其沉伉郁烈之气,卒不归闽。归骨于严滩之南,与严祠相望,示千秋知己焉。[2]

---

[1] 杜登春:《社事本末》,页 730;朱倓:《明季社党研究》,页 296。
[2] 《文忠集》,《三山游日记小序》,页 514。

皋羽所撰《西台恸哭记》，尝得黄宗羲（太冲、南雷、梨洲，1610—1695）为之"信笔注释"[1]，国变之后，梨洲感"所遇之境一如皋羽"，至有"此注不可不谓之谶也"的慨叹！梨洲集中不见有澹心的名字，但梨洲之父与澹心府主范景文为知交、且为崇祯政坛之同路人。梨洲于其父被政敌迫害而死后，"持状衔哀"，乞梦章识其父生平。梦章为撰《黄太仆传》，今仍存集中。[2] 况且当日作"是岁庚寅吊楚湘"原唱之章闇，早年曾与范梦章有酬唱之雅？[3] 可推知澹心及其友人，对梨洲《西台恸哭记注》，以及谢皋羽之遗民生涯，均应知之甚悉。

再者，顺治五年（1648），吴梅村访常熟，于尚湖毛子晋斋中得读明成化间人吴宽手抄《西台恸哭记》[4]，作五古长诗纪其事。诗中有云："北堂学士钞，南宋遗民疢。"[5] 事与余澹心咏龚芝麓所藏子山《枯树赋》所说的"六朝词赋初唐字"，至为相似。梅村诗中且叙皋羽之哭文山，及其先前相随文山于幕府，以至文山被戮于柴市事：

> 言过富春渚，登望文山哭。……庐陵赴急难，幕府从羁仆。运去须武侯，君存即文叔。臣心誓弗谖，汉祚忧难复。……即今钱塘潮，莫救厓山麓。空坑战士尽，柴市孤忠戮。[6]

---

1 黄宗羲：《黄宗羲全集》（杭州：浙江古籍出版社，1986），第2册，页243。
2 《文忠集》，页539—541。
3 《文忠集》，《途中见红叶用少章韵》，页620。
4 《吴梅村全集》，页10—11。
5 《吴梅村全集》，页10。
6 《吴梅村全集》，页112。

衡以梅村与澹心之友谊，澹心于梅村此诗，不能不知。而梅村诗中所咏谢翱与文天祥幕府宾主的关系，实与澹心和范梦章间的关系，同出一辙。况范梦章于北都沦陷之后，一死以报崇祯，亦犹文山当年就戮于柴市以报宋主也。然则澹心于庚寅端午在松江设位祭屈原，其所哭者不徒止屈原，实亦仿甲子六周之前谢翱哭文天祥之事，哭其府主范景文也。

余澹心于庚寅年在松江吊祭屈原，因联想及南宋遗民谢翱于西台之恸哭史文山，亦庚寅岁也，此事亦非一孤立之事件。因为在澹心吊祭屈原之同日，钱牧斋亦在富春江钓台吊屈原。《有学集》之《庚寅夏五集》有《五日钓台舟中》云：

> 纬划江山气未开，扁舟天地独沿洄。空哀故鬼投湘水，谁伴新魂哭钓台。五日缠丝仍汉缕，三年灼艾有秦灰。吴昌此际痴儿女，竞渡欢呶尽室回。[1]

颈联"空哀故鬼投湘水"，明指吊灵均；"谁伴新魂哭钓台"，则指谢翱恸哭西台事。

牧斋《庚寅夏五集》序云：

> 岁庚寅之五月，访伏波将军于婺州。以初一日渡罗刹江。[2]

---

[1] 《有学集》，页84。此诗前一首《早发七里滩》有云："欲哭西台还未忍，唳空朱嘒响云端。"又：陈寅恪先生解牧斋此行之目的为游说马进宝反清复明。
[2] 《有学集》，页83。

知《五日钓台舟中》之"五日"指五月五日,即澹心等人在松江吊屈原之时也。

同日,牧斋有《五日夜泊睦州》诗,其中"千里江山殊故国,一环天地在西台"[1],亦用谢翱哭文山典。及其赋归,作《归舟过严先生祠下留别》诗,有"林木犹传唐恸哭"句,且自注云:"皋羽记云'故人唐开府',讹宋为唐,故从之"[2],见牧斋于皋羽恸哭事,三致意焉。

《夏五集》结集后,牧斋有《书夏五集后示河东君》,颈联云:

> 南国今年仍甲子,西台昔日亦庚寅(自注:皋羽西台恸哭,亦庚寅岁也)。[3]

时牧斋已返抵常熟。可见牧斋当日在西台确是带着怀念谢翱的心情来吊祭屈原的。

回头再说余澹心在松江吊屈原,所吊者除范梦章外,亦当包括数年以来在松江地区投水死的陈子龙和其他抗清人士。考大樽死后,当时即颇有人将他比拟为屈原。顾亭林《哭陈太仆子龙》诗说:"耻污东夷刀,竟从彭咸则"[4];周兆龙挽诗说:"友

---

1 《有学集》,页85。
2 《有学集》,页86。
3 《有学集》,页111。又:牧斋《列朝诗集小传》王逢传有云:"呜呼,皋羽之于宋也,原吉之于元也,其为遗民一也。然老于明之世二十余年矣,不可谓非明世之逸民也。"《初学集》卷八十四,《跋王原吉梧溪集》:"谢皋羽之于亡宋也,西台之记,冬青之引,其人则以甲乙为目,其年则以羊犬为纪。廋辞谲语,喑哑相向。"(页1765)
4 王蘧常:《顾亭林诗集汇注》,页182。亭林诗又见《陈子龙诗集》附录四,此两句作"耻为南冠囚,竟从彭咸则",王冀民《笺释》从此本。

我汨罗，媲彼洁白"[1]，又说："九秋悲宋玉，五日吊灵均"[2]；宋征璧哀挽诗说："屈子含文扬洁清，离忧坎坷生不见"[3]；陈鉴《哭卧子陈公文》也说："既友屈原而从水滨兮，奚访皋陶而来我屋"[4]。事隔多时之后，王广心偶遇宋存标，二人忆及昔年与大樽抵掌谈诗，还说"一榻早悬陈仲举，九歌亲授屈灵均"[5]。及梅村晚年得见大樽孤子，亦云"无家二子同哀郢"[6]。这些都是较明显的证据，说明澹心于陈大樽之死，亦尝借吊祭屈原之时，致其哀伤之情。

余澹心游松江前三数年间，除陈大樽之外，还有哪些以身殉明，且与澹心有深交，而可能为当日哭吊对象的士人呢？要解决这个问题，便不能不举出澹心所用古典以连结今情的第三个例子了。

3. 嘉善钱氏"南园"与"仿村"

《三吴游览志》记澹心离开松江前二日，在友人张一鹄家与楚云絮语时，楚云向澹心说出一段让他惊心动魄的往事：

> 姬（楚云）嘉善人。年十二，阿母携之佐酒。甲申遁武塘，止南园，憩仿村，意气甚都，声伎最盛。座有二小鬟，盼睐殊韵。余赠诗有"小玉娇痴玉蔻胎"之句，今乃

---

1 《陈子龙诗集》，页794。
2 《陈子龙诗集》，页797。
3 《陈子龙诗集》，页795。
4 《陈子龙诗集》，页723。
5 《陈子龙诗集》，页798。
6 《吴梅村全集》，页267—269，题为《九峰草堂歌》。

知其一即姬也。异哉,地轴已翻,天河莫挽。南园既从彭咸所居,仿村更懼衔须之祸。余向昵一丽人,询姬,亦云物故。义士青萍,朱颜黄土,浩歌盈把,如何可言![1]

少陵《晦日寻崔戢李封》诗:"地轴为之翻,百川皆乱流";《洗兵马》篇云:"安得壮士挽天河,净洗甲兵长不用"。此"地轴已翻,天河莫挽"之所从出。澹心之熟诵杜诗,可想见。

澹心所记,即于战乱频仍的明末清初,亦一少有的"传奇"。但若要了解此一传奇之可惊可异处,亦须先仔细解读澹心所记,乃能得其详。

首先,楚云自言甲申在武塘侑酒时,年十二,则当生于崇祯六年(1633)。本文开篇叙楚云于顺治九年(1652)与吴梅村于嘉兴初晤,年才十九,所据者即此。

其次,记中所及之武塘,属浙江嘉善县治;最相关的两个人物,均当地名门子弟。南园指钱棅(仲驭、豹庵),仿村指钱栴(彦林)。

陈济生《天启崇祯两朝遗诗》卷五钱御冷诗有《南园即事诗》七首。同卷钱仲驭诗有《南园即事敬和家大人韵》三首。[2] 知南园为钱氏园林,此澹心称南园为钱棅之所依据也。

《光绪嘉善县志》卷二十称钱栴筑两别业,郭以内名仿村,郭以外名半村。此仿村为钱栴之确据也。

钱棅、钱栴兄弟显赫的家世亦彰彰可考。棅父士升(抑之、

---

1 《三吴游览志》,页111。
2 陈济生:《天启崇祯两朝遗诗》(北京:中华书局,1958),页407—408、413。

御冷，1575—1652）以万历四十四年（1616）状元，于崇祯朝官至礼部尚书兼体仁阁学士。梅父士晋（康侯、昭自，1577—1635）第万历四十一年（1613）进士，官至右副都御史，巡抚云南，有政声。朱彝尊《明诗综》卷七十五钱栴条引《诗话》云："吾乡科第之盛，数嘉善钱氏，相国二房，联华接武。相国有仲驭，抚军有彦林，后先以死勤事，贤子弟固自难。"[1] 可见钱氏当年家声之盛与死事之烈。

仲驭、彦林死难事，清初史乘多有记载。[2] 仲驭于顺治二年（1645）集义军抗清，事败投水死。故澹心说"南园既从彭咸之所居"，以钱栴比屈原。后二年，钱彦林因牵连陈子龙案，为清人所执杀。澹心说"仿村更罹衔须之祸"，典出《后汉书·温序传》述温序被苟宇拘劫，"不降，赐以剑，序受剑衔须于口"，伏剑而死。[3]

钱氏子弟均能诗。士升、栴、梅生前均有结集。仲驭则文武兼修。其《从军行》开篇八韵，述自幼即习武事，非徒文士之发奇想也：

> 塞下榆皮八月寒，男儿慷慨投重关。自怜家世本三吴，生长渔阳上谷间。弯弧驰马小时习，十五能吹羌管急。二十出身羽林郎，白草黄芦戍北方。遥念骨肉不能寐，同

---

[1] 朱彝尊：《明诗综》（台北：世界书局影印康熙刻本）卷七十五，页19下。
[2] 钱氏兄弟传记资料，见《八十九种明代传记综合引得》（北京：中华书局，1959），第3册，页272所列诸书。
[3] 《三吴游览志》，页111—112。

是负戈老边地。阿兄曾隶魏云中,小弟今随霍骠骑。独我顾盼少奇勋,辕门惟事李将军。阴山雪暗边旗合,青海风高猎火分。[1]

诗中"黄芦"、"辕门"、"李将军"皆有出处。王昌龄《塞上曲》:"出塞复入塞,处处黄芦草";岑参《白雪歌送武判官归京》:"纷纷暮雪下辕门";高适《燕歌行》:"君不见沙场征战苦,至今犹忆李将军"。

仲驭平生志业,盖有与陈子龙相埒者。则大樽与钱氏兄弟为举生死友,固亦宜矣。陈大樽《自撰年谱》天启六年(1626)条记是年始交"武塘钱彦林昆弟",时大樽十八岁。[2] 王沄所撰大樽续谱则记清兵南下后大樽与钱氏之往来频密,且和彦林子漱广、不识,及婿夏完淳友善。[3] 同时人俞右吉也说钱栴"平生与卧子交最深"[4]。可确知顺治四年(1647)丁亥之案,钱氏死难独多,和陈子龙是分不开的。

澹心于《三吴游览志》忆述甲申北都之难前,访钱氏兄弟于武塘,并于钱家园林(南园与仿村)征歌选伎,因得与十二岁之楚云相见。澹心《星带草堂歌》前序亦云:"甲申季春,余游鸳湖。"[5] 鸳湖在嘉兴,与嘉善之武塘,相去甚近。可为佐证。

陈田《明诗纪事》引姜垓(如须,1614—1653)记钱栴与

---

1 《有学集》,页411—412。
2 《陈子龙诗集》,页639。
3 《陈子龙诗集》,页713、716。
4 《明诗综》卷七十五,页19下。
5 余怀:《五湖游稿》,《晨风阁丛书》第1集,页3086。

346

澹心赌诵《汉书》事云：

> 仲驭好学，能下士。筑南隅以待宾客。击钵成吟，天葩灿发，或有未惬，应手改窜。性颖敏，尝与余澹心赌诵《汉书》相如、扬雄、吕后等十数传，晨而上口，西而背抄，澹心差十余字，仲驭差三十字。仲驭谢曰："仆去君远，奚啻三十里？"其谦下若此。[1]

"仆去君远，奚啻三十里？"盖用《世说新语·捷悟》曹操与杨修过曹娥碑下，二人分猜碑字之典故。

澹心与如须为挚友，《三吴游览志》记二人同游邓尉联句事甚详。如须所记，当非虚构。然则仲驭不惟与澹心"美人杂坐酒盈觞"，且尝以问学相砥砺。及"地轴已翻，天河莫挽"，故旧多成新鬼，盛衰聚散之由，皆不可问，又焉能不哭？哭又岂能不哀？明乎此，则澹心于松江舟中"几上置《楚辞》，且读且哭"之心境，可思过半矣。而当日旁观者，乃皆目摄澹心为"狂生"，则又何足异哉？

澹心暮年寓居苏州，犹未能忘情于其松江旧交。撰《板桥杂记》时，于终篇处尚忆写钱彦林婿夏完淳《青楼篇与溦广同赋》七古中末段八韵。[2] 夏完淳与其岳丈彦林同殉"丁亥之难"，前文已及之。溦广名熙，为彦林长子，先二年（丙戌 [1646]）

---

[1] 《明诗纪事》，页 2930。
[2] 《板桥杂记》，页 70。

卒。完淳诗成于乙酉、丙戌（1645—1646）间。[1] 澹心当日回首前事，则盖又已五十载矣。

最后必须指出的是：澹心和他的友人于顺治七年（1650）端午节在松江借吊祭屈原来纪念南宋遗民谢翱的志业，以及追怀过去数年间他们一些为抗清而捐躯的挚友之时，他们的心中，当不能忘记七年之前北京陷敌、崇祯帝自杀于煤山的消息，便是端午节的那一天传到江南的！[2]

六、再论梅村与楚云鸳湖之会

顺治七年（1650）五月二十一日，余澹心自松江解缆往青浦，结束了他此行在松江一个多月的盘桓。后两天，《三吴游览志》里有"楚姬入梦，醒而成诗"的记载，并录有七绝六首及短序一篇，极尽思忆之苦。[3]

翌年冬天，亦即吴梅村与楚云在嘉兴朱氏兄弟席上初晤前

---

1 夏完淳著，白坚笺校：《夏完淳集笺校》（上海：上海古籍出版社，1991），页161—164。白先生此书于钱氏家世，多有翔实之考证。附录五引王沄《仿村夜雨追悼漱广同大樽师夏存古及其仲弟不识》题下自注："仿村，钱氏别墅。"知余澹心甲申季春游武塘，止南园，憩仿村，所寓居处确为钱氏别业无疑。
2 《柳如是别传》，页681—682引《侯峒曾集》卷八《答史大司马书崇祯甲申》："地坼天崩，骨惊肠裂。端午闻变，恸哭辞家。"又引同书侯元瀞撰其父年谱下崇祯十七年（1644）甲申条："三月中江南始闻李贼犯关。未几，北来消息甚恶，府君终不忍信。至端午日闻变既真，乃始发声长恸。"
3 《三吴游览志》，页112—113。

之数月,澹心携长子鸿客作嘉兴之游[1],在南湖的舟中恋上了名为陈畹的歌伎。根据澹心《南湖宴歌贻舟中同座》[2]一诗,陈畹是松江人,故与楚云为"小同乡"。澹心和她相见时,正值"辛卯之冬游南湖,云花片片仙峤孤"。诗又云:

> 座中陆生弹三弦,激昂顿挫声扬天。妙伎吴中称第一,人间绝调谁为传。五茸弟子名陈畹(自注:畹字蕙如,云间名妓,与余善),秋水盈盈濯河汉。曲房私语小更衣,自鼓灵湘写幽怨(自注:畹善鼓瑟弈棋)。余时薄幸倚红妆,美人不数邯郸倡。坐客竞云善弦索,当年传自陆君旸。畹也从容动三指,朱唇乍启如流水。[3]

澹心自承视这位善"鼓瑟弈棋"、复学得三弦绝艺的陈蕙如为知交,确实不错。但澹心却没有说出他和蕙如相识便在一年前他游松江,且恰在他和楚云相恋之时。《三吴游览志》四月二十四条叙陈蕙如乃友人之邻居女:

---

1 澹心长子鸿客,名宾硕。著有《金陵览古》一书。谢国桢尝为影印行世,收入《瓜蒂庵藏明清掌故丛刊》(上海:上海古籍出版社,1983)。谢氏跋文见该书页366。又:澹心《咏怀古迹》诗一卷亦咏金陵名胜。澹心幼子名兰硕,字少霞,号香祖,文名亦著。有《团扇词》一卷。又:澹心于康熙八年(1669)移居苏州后,与李渔(仙侣、谪凡、笠翁,1611—1680)过往渐密。李笠翁有《端阳后七日诸君重集寓斋备观新剧,澹心又叠前韵,即席和之》一题。第二首题下自注云:"澹心幼子甫七岁,解辨歌声,以手按板,无不合拍。"盖指余兰硕。笠翁诗系康熙十年(1671)。是兰硕生于康熙四年(1665)。笠翁诗见《李渔全集》(杭州:浙江古籍出版社,1992),第1册,页348,又参单锦珩:《李渔年谱》,收入《李渔全集》,第12册,页73。
2 《五湖游稿》,页3083。
3 《五湖游稿》,页3083—3084。

> 过唐薛雨园居。……篱边与女郎蕙如门径通。暮霭晨吹,芳馨相接矣。[1]

五月初六日条则记澹心往访蕙如,且有赠诗矣:

> 薛雨招至山居。……渡小桥,扣竹扉,蕙如幅巾纨扇,扶病以出。真可称南方有佳人矣。[2]

澹心和陈蕙如在嘉兴重逢,是否出于巧合,或为主人刻意安排,皆不可考。但从上引澹心诗中"余时薄幸倚红妆,美人不数邯郸倡"二句看来,他和蕙如的关系,恐亦不止于南湖赏雪而已。

澹心顺治八年(1651)之游,至迟亦当在是年八月初,所据者乃澹心《鸳湖中秋诗》序中"辛卯八月寄居萧寺"[3]一句。及入冬后,仍在南湖赏雪,因得和陈蕙如重逢。但何以在翌年三月初吴梅村到嘉兴作客前遽尔离开,因而失去和楚云相见的机会?澹心是否刻意回避?这都是不能解答的问题了。

然有一事可确知者,即澹心虽未参加朱氏兄弟于顺治九年(1652)上巳为梅村所设的盛宴,但他和主人朱氏兄弟和在座的僧道开和梅村都极稔熟。

澹心和朱家相识,至迟应在崇祯十七年(1644),亦即上文

---

1 《三吴游览志》,页97。
2 《三吴游览志》,页103—104。
3 《五湖游稿》,页3102。

所及他于甲申季春游杭州而过嘉兴、嘉善等地之时。而澹心于顺治八年(1651)中秋至入冬后在嘉兴作客,亦为朱氏兄弟所接待。除上引《鸳湖中秋诗》外,另有《东溪草堂歌为朱子蓉作》《向朱子葵使君乞黄竹制杖歌》《中秋同俞右吉屠闇伯集朱子葆山楼待月》《游集鹤洲草堂》《重过东溪访朱子蓉》《客醉李遇林衡者即同诸子晚集朱子葆山楼》《赠朱子葵鹤洲草堂》等诗[1],都是此行所作而与朱氏兄弟有关的。其中子蓉名茂暘、子葵名茂时,而"东溪草堂"、"山楼"、"鹤洲草堂"等,都是朱家在鸳湖的别业。

澹心和僧道开也是早便相识。道开僧名自扃,工诗善画。师事苍雪读彻、汰如明河。他和澹心的友情,可从澹心《题道开所赠钱舜举画二乔图歌》[2]一题推见。

钱舜举,元初画家,浙江吴兴人。与赵孟頫等人同称吴兴八俊。道开所赠舜举《二乔图歌》,所值当不菲。道开之视澹心,已自可见。而澹心诗中结篇四韵,尤见二人相契之深:

> 要知画也全非真,画者赠者各有神。出家岂是将相事,好色应推豁达人。莫知粉碎虚空少,情死情生何日了。但将真作画图观,山鸡一鸣天下晓。[3]

---

1 《五湖游稿》,页3084、3086、3095、3098。
2 《五湖游稿》,页3092—3083。道开生平,详见王培孙辑:《南来堂诗集》(1940年刊本)卷一,页5,《砚山为道开题》诗笺。
3 《五湖游稿》,页3093。

澹心少道开十五岁，乃竟以"情色"之事与身着袈裟的道开明言不讳。苟非挚友，何能至此？

澹心与吴梅村的关系，上文已指出二人最初相识，远溯明末的南京，时梅村任国子监祭酒，而澹心适游学南雍，又指出《三吴游览志》有梅村之序，而澹心当日且专程访梅村，并有赠诗。凡此皆顺治九年（1652）梅村与楚云相见前之事。

及康熙七年（1668），梅村甲子一周庆生，澹心为赋《水调歌头》及《摸鱼儿》词两阕祝寿。[1]《水调歌头》中有"君自低头东野，我自倾心北海，难与俗人言"[2]，充满知己之感。后三年春，梅村为澹心序其《玉琴斋词》[3]，自谓"比垂老而其气渐已衰矣"[4]，同年十一月，梅村遂下世。

上述澹心与朱氏兄弟、道开及吴梅村之关系，仅限于一般论古人交游所惯作之直线式考述而已。若推而广之，则此数人之间，又多有共同之朋好相知者。今试举三数例证以明之。

澹心与梅村皆与姜垓往还甚密。梅村集中与姜氏酬赠之作凡二见：《姜如须从越中寄诗次韵》《东莱行》是也。[5]兹不赘。如须《浏览堂残稿》则有《放歌行赠吴宫尹》《寄吴学士》，皆为梅村所作。至澹心与如须之关系，仅《三吴游览志》中所记，

1　《全清词·顺康卷》，页1249。
2　梅村有《满江红·赠南中余澹心》一阕，见《全清词·顺康卷》，页392，当作于清初。澹心有《满江红·重游娄上，小饮梅村》，见页1236，似作于顺治七年（1650）之行。
3　《吴梅村年谱》，页532。
4　《吴梅村年谱》，页534。
5　梅村与姜氏兄弟之关系，见谢正光：《清初忠君典范之塑造与合流：山东莱阳姜氏行谊考论》。

已足见其不寻常：

> （四月初十）摇棹至半塘，过姜如须旧宅，作诗寄之。[1]
> （五月二十七）大雨。坐如须思美草堂话旧。分赋。[2]
> （二十九）自阊门抵昆山，作《孤舟夜雨歌简如须圣野》。[3]
> （六月十一）如须招余为玄墓游。[4]
> （十五）理归楫，过尧峰。与如须联句。[5]

澹心此行自苏州经松江往太仓。在他拜问吴梅村之前，在如须家中曾共赏梅村的法书。此事最是说明三人间的友情。澹心赠梅村诗是这样说的：

> 娄江之水千尺流，芳草碧色我始愁。苑柳城鸦年代改，青枫白苎苏台秋。山东姜生饮我酒，袖出一卷风惊牖。纸上分别宫尹辞，淋漓墨汁倾两肘。[6]

如须原籍山东莱阳，故曰"山东姜生"；吴梅村在弘光朝曾官少詹事，故称"宫尹"。

此余澹心、吴梅村二人交游共有之网络也。

---

1 《三吴游览志》，页89。
2 《三吴游览志》，页114。
3 《三吴游览志》，页115。
4 《三吴游览志》，页125。
5 《三吴游览志》，页131。
6 《三吴游览志》，页119。

若再推而广之，则澹心、梅村、道开三人之间亦有共同之师友同好，而彼此间之关系又较上举之例为复杂矣。

首先，三人皆与钱谦益有极密切的关系。道开之殁，在嘉兴朱氏宴游之同年六月。牧斋为撰《道开法师塔铭》，开篇即云：

> 余有方外之友曰道开肩公，长身疏眉，风仪高秀。能诗，好石门。能画，宗巨然。[1]

至澹心与牧斋最初见面于何地何时，尚未可考，然澹心此次游三吴，似曾往虞山访牧斋。《五湖游稿》中《鸳湖中秋诗》序中"庚寅中秋飘泊虞山之下"[2]一语，可证。及顺治十三年（1656）牧斋访金陵，有《留题水阁三十绝句》，第十四首即为赠澹心者：

> 钟山倒影浸南溪，静夜欣看紫翠齐。小妇妆成无个事，为怜明月坐花西。（自注：寒铁道人余怀居面南溪，钟山峰影下垂。杜诗云"半陂已南纯浸山"也。）[3]

考澹心《咏怀古迹》诗有《钟山纪略》一文，记其在金陵

---

[1]《有学集》，页1268。
[2]《五湖游稿》，页3102。
[3]《有学集》，页284。牧斋赠诗共二首。又：牧斋《题龚孝升书近诗册子》："往在白下，余澹心采诗及余。"（《有学集》卷四十七）；《留题丁家水阁绝句》："余澹心采诗来索近作。"下署丙申仲春，盖顺治十三年（1656）。见潘景郑：《绛云楼题跋》（上海：中华书局，1958），页194。

所居处，与牧斋诗注中所云正同。澹心记云：

> 余所居南溪陂岸之东，有钟山影，峰峦倒垂，若石钟乳。予朝夕徘徊其上，不能舍去。[1]

再者，道开之师苍雪读彻与梅村、牧斋三人之间，彼此亦甚相得。钱、吴二人之相交，世多知之，兹不赘。苍雪《南来堂诗集》有牧斋《题辞》，署"虞山俗衲"[2]。集中有《过访钱虞山北归》，起句"廿载藤溪路不忘，重过溪上认茅堂"[3]，已见交谊之长。及苍雪之殁，牧斋撰《中峰苍雪法师塔铭》，叙二人交谊云："余老归空门，与师结契尤深。"[4] 具见牧斋与苍雪关系之深。

梅村之与苍雪，关系亦非泛泛。今流行之梅村集，第一首即《赠苍雪》五首。[5]《梅村诗话》中且记梅村自嘉兴宴席归来之同年腊月，在其五亩之园中聆苍雪默诵其诗作一事。梅村叙当时之情景，可谓栩栩如生：

> 是夜风雪大作，师（苍雪）音伧重，撼动四壁，痰动喉间，咯咯有声，已呼茶复话，不为倦。漏下三鼓，得数十

---

1 余怀：《咏怀古迹》（上海图书馆藏清初刻本），页15上。
2 释读彻：《苍雪和尚南来堂诗集》（《丛书集成续编》第122册，上海：上海书店，1994），页970。
3 《苍雪和尚南来堂诗集》卷三，页1010。
4 《有学集》，页1265。
5 《吴梅村全集》，页1。

篇，视阶下雪深二尺矣。当其得意，轩眉抵掌，慷慨击案。[1]

苍雪集中亦有《海印庵解制赋谢吴太史骏公》：

> 风自为波海不扬，城南一夜冷秋霜。护持太史情偏剧，惭愧真僧世未忘。到岸不知春水浅，还山开遍菜花香。茆庵住久今犹在，莫负闲偷半日长。[2]

颈联"护持太史情偏剧，惭愧真僧世未忘"，写二人虽僧俗殊途，其未能忘世者一也。

上述考述澹心、梅村、道开三人交游网络，当然可继续向外扩张。譬如，将龚鼎孳加入澹心、梅村与牧斋三人间之关系，则将另见一新局面；其中所涉的人物自然亦相应增加，网络亦将更形重叠交错，可无疑矣。

七、结语

清初人邓汉仪评吴梅村诗有云："典古壮丽，妙合今情。"借此以喻所见澹心之诗文，似亦恰当。本文解读《三吴游览志》，盖本斯义。所举诸例，皆传统注释方法所不注意及不能解决者。若古典今情之相兼为解读明清诗文之要诀一事，则时贤

---

[1] 吴伟业：《梅村诗话》，收入郭绍虞编：《清诗话》（上海：上海古籍出版社，1978），上册，页76。
[2] 《苍雪和尚南来堂诗集》，页1011—1012。

发挥已多，何得置喙？

至尚论古人之交游，亦宜纵横兼顾；纵则考渊源之所自，横则观网络之所及。若复加之以当事人之诗文，交叉互证，终能见聚散盛衰之踪迹。然此恐亦所谓"知易行难"之事。本文所见澹心中岁以前之交游，不过稍示其一二端倪而已。读者幸垂览焉。

近人论澹心，多本陈寅恪先生之说；谓其为清初复明之一积极分子。[1]读《板桥杂记》者，遂亦颇有泥于作者自称其书"即一代之兴衰、千秋之感慨所系，而非徒狭邪之是述、艳冶之是传也"[2]等语，甚至视澹心及其友好当日之歌舞湖山为亡国幽思之寄托，盖有不得不如此者焉。可见"复明"与"寄托"之说，实有互为依据之处。

考陈先生"复明"之说，所倚借者不过钱牧斋于顺治十三年（1656）所撰《留题水阁三十绝句》中赠澹心诗二首，而二诗所述亦不过澹心金陵之居处及其采诗之役二事。在澹心参与复明运动之确证出现前，陈先生之说亦只能暂置不论。

至"寄托"一说，则由来实久。道咸桐乡吕堃（简坡）作《题余澹心〈板桥志〉后》诗，其前序即尝发斯义：

> 曼翁当鼎革时，剩水残山，潸潸泪眼。祖香草美人之遗意，记南曲珠市诸名姬。述其盛衰，悲其聚散。一寓眷眷故国之思，至一唱三叹，著淑慝，寄褒讥，抑微而显矣。

---

1 《柳如是别传》，页1082。
2 《板桥杂记》，页3。

此自序有知我罪我之说，不诬也。特借酒于歌儿狎客，冶游艳遇之胜，使人目眩神荡，历百数十年，都被瞒过。其曰雪衣、曰眉楼、曰董宛、曰马娇诸名色，大抵行役大夫之彼黍彼稷耳。所见不同，兴怀则一。尤西堂一代才人，以平康记、北里志拟之。陋矣。[1]

吕简坡自视为澹心之异代知己，可以见矣！然澹心暮年之述明季秦淮桃叶故事，自以系一代兴亡，其中亦实有为其故交隐讳之意存，偶读《资治通鉴》晋成帝咸康七年刘翔因睹江南士大夫以骄奢酗纵之习尚而发之议论有云：

> 四海板荡，奄踰三纪，宗社为墟，黎民涂炭，斯乃庙堂焦虑之时，忠臣毕命之秋也。而诸君宴安江沱，肆情纵欲，以奢靡为荣，以傲诞为贤，謇谔之言不闻，征伐之功不立，将何以尊主济民乎！[2]

刘氏之所攻击，借以比澹心于《板桥杂记》中之叙述，何曰不宜？故知澹心自序中"系一代兴亡"之说之必不可无。而后人泥于其说，遂谓明清之际江南文人好"借艳冶宴游之事，发黍离麦秀之思"[3]，于其"艳冶宴游"之事，亦一笔掩过；此则不免本末倒置、掩耳盗铃矣。

---

1 杨钟义：《雪桥诗话续集》（刘氏求恕斋刊本）卷三，页90。
2 陈垣：《通鉴胡注表微》（北京：中华书局，1962），页62—63。
3 《夏完淳集笺校》，页20、163。

以本文所考论之余澹心而言，其于崇祯甲申季春北都沦贼之前夕，放舟浙江，过嘉善，寓钱氏园林，"意气甚都，声伎最盛"[1]，既昵一丽人，复得与年才十二之楚云相见。其时澹心已及而立之年，与妻结缡十载，且育有两男一女矣。[2]

及七年之后，澹心与楚云于松江再逢，初未知其为旧交，一见倾倒。观其赠楚云诗，可思过半矣：

细雨长丝系钓船，一莺啼破夕阳天。情知只是逢场戏，漫结巫山窈窕缘。[3]

然澹心与楚云于松江双栖双宿期间，即曾瞒着楚云暗访当地另一名妓陈蕙如。二人初晤，澹心赠以诗，所言亦仅情色之事：

我亦销魂者，逢君喜欲狂。艳深霍小玉，韵胜杜秋娘。何事香痕湿，教人梦影长。盈盈兼脉脉，却悔到西堂。[4]

及与楚云作别后，澹心又急与陈蕙如于苏州相见。有所撰《千人石遇陈蕙如》及《蕙叹》二题为证。[5]然澹心薄幸，依然故

---

1 《三吴游览志》，页111。
2 余怀：《七歌》。转引自黄裳：《关于余澹心》，收入《黄裳文集·榆下卷》（上海：上海书店，1998），页309。
3 《三吴游览志》，页101。
4 《三吴游览志》，页104。
5 此据《三吴游览志》，页97。原诗未见。

我。越一年，二人再逢于嘉兴南湖舟中，蕙如已"归叱利"[1]，琵琶别抱矣。澹心乃不免叹息云：

> 不如意事常八九，萧条已作章台柳。闻生再弹令心哀，停歌且进杯中酒。[2]

以上皆澹心中岁前之事。及晚年移居吴门，与李笠翁过从渐密。风月之事，仍未能忘。今仅录其《赠小姬陈掌珠》一律，以见澹心暮年仍寄情于声色：

> 生平能得几销魂，到此方知有泪痕。乍见藐姑来白昼，忽疑神女伫黄昏。最怜冰雪聪明净，犹喜闺房性格存。老我是乡赢薄幸，春风搜出小柴门。[3]

细读所录赠楚云、蕙如、掌珠三诗，皆"惊艳"纪实之作。又何尝有寄托可言？

综而观之，本文就所见之澹心诗文及相关之别集，考述其平生言行与交游，力求审其虚实；于寄托与纪实之间，多所辨析。故澹心所隐伏故国黍离之思，既表而出之矣，其艳冶宴游、歌舞湖山之行，又未为之讳。乃至集录铺列，不厌其繁，无非

---

1 "叱利"，诸桥辙次：《大汉和辞典》卷二，页760，引《通志氏族略·代北复姓》谓为"西部大人，世为酋帅"。疑澹心用以指满清军人。
2 《五湖游稿》，页3086。
3 徐釚：《本事诗》（《丛书集成续编》第147册，上海：上海书店，1994），页161。

旨在说明澹心之一生，有其终生固执不废者，亦有其具时段性而变格多端者；严肃之中，往往亦参之以浪谑。其心境之跳跃跌宕，遂鲜有投射于某一固点者焉。吾人于数百载之下，既不能见澹心之面，苟欲稍窥其心，则又安能甘心屈从于某一特定之程序也耶？

2003 年 3 月 26 日初稿于白下
同年 5 月 30 日定稿于爱荷华停云阁

后记

暇日重读明清间人别集，见有用庾信典而为文中所未及者数条。兹特迻录于后，兼志岁月。

姜垓《兰江岁晏杂感》：

> 未遇孙登啸，犹工庾信哀。（《集外诗辑》）

钱谦益《次韵刘敬仲寒夜六首》：

> 憔悴移时枯树赋，凄凉绕居北风图。（《初学集》卷十二）

吴伟业《吾谷行》：

君不见,庾信伤心枯树赋,纵吟风月是他乡。(《吴梅村全集》卷十)

阎尔梅《华阴书王山史斋中》:

自可刘琨啸,何劳庾信哀。(《徐州二遗民集》卷三)

朱彝尊《曝书亭偶然作》:

须知庾信园虽小,诗赋江关独易传。(《曝书亭集》卷十七)

2007年5月5日记于荒村

图书在版编目（CIP）数据

清初之遗民与贰臣 / 谢正光著. -- 上海：上海文艺出版社,2021（2021.11重印）
（六合丛书）
ISBN 978-7-5321-7989-3

Ⅰ.①清… Ⅱ.①谢… Ⅲ.①人物—研究—中国—清前期
Ⅳ.①K820.49

中国版本图书馆CIP数据核字(2021)第113733号

发 行 人：毕　胜
策 划 人：肖海鸥
责任编辑：余静双
特约编辑：宋希於
装帧设计：常　亭

书　　名：清初之遗民与贰臣
作　　者：谢正光
出　　版：上海世纪出版集团　上海文艺出版社
地　　址：上海市闵行区号景路159弄A座2楼　201101
发　　行：上海文艺出版社发行中心
　　　　　上海市闵行区号景路159弄A座2楼206室　201101　www.ewen.co
印　　刷：苏州市越洋印刷有限公司
开　　本：1240×890　1/32
印　　张：11.5
插　　页：2
字　　数：219,000
印　　次：2021年7月第1版　2021年11月第2次印刷
Ｉ Ｓ Ｂ Ｎ：978-7-5321-7989-3/K.430
定　　价：54.00元
告 读 者：如发现本书有质量问题请与印刷厂质量科联系　T:0512-68180628